MICHAEL PFROMMER

ALEXANDER DER GROSSE

AUF DEN SPUREN EINES MYTHOS

SONDERBÄNDE DER ANTIKEN WELT

Zaberns Bildbände zur Archäologie

VERLAG PHILIPP VON ZABERN · GEGRÜNDET 1785 · MAINZ

MICHAEL PFROMMER

Alexander der Große

AUF DEN SPUREN EINES MYTHOS

VERLAG PHILIPP VON ZABERN · MAINZ AM RHEIN

IV, 122 Seiten mit 88 Farb-, 41 Schwarzweiß- und 15 Strichabbildungen

Umschlag vorne: Alexander der Große starb 323 v. Chr. in Babylon, das er vielleicht zur Hauptstadt seines Weltreiches auserkoren hatte. Ansicht Babylons mit dem Turm von Babel, den Alexander abtragen ließ. © (2000) Firma Panasensor. Marmorkopf Alexanders aus Pella, der Hauptstadt des antiken Makedonien. 3. Jh. v. Chr. Photo Museum Pella.

Umschlag hinten: Der Kopf Alexanders auf dem Alexandermosaik. Das wilde Gesicht mit seiner «charaktervollen Häßlichkeit» fand in der modernen Literatur höchste Anerkennung und wurde oftmals als Realismus gewertet. Das Porträt ist jedoch mit den physiognomischen Charakteristika des Makedonenkönigs, wie sie uns die antike Literatur überliefert, nicht in Einklang zu bringen (vgl. auch Abb. 44, S. 42). Photo AKG, Berlin.

Vorsatz vorne: Phantasie vom Grabmal Alexanders des Großen. Das Grab in Alexandria zählte zu den großen Wallfahrtsorten der Antike, doch wissen wir kaum etwas zu seiner baulichen Gestalt. Die Gräber der schon zu Lebzeiten vergöttlichten Könige der Ptolemäer umringten den Tumulus und bildeten einen einzigartigen Friedhof der Götter. Modell © (2000) Firma Panasensor, Bernd P. Kammermeier.

Vorsatz hinten: Phantasie vom Grabmal Alexanders des Großen. Der letzte römische Kaiser, der mit Sicherheit Alexanders Grab besuchte, war Caracalla (211–217 n. Chr.). Danach verschwindet das Grab im Nebel der Geschichte, selbst der genaue Ort ist unbekannt. Der Leichnam wurde nie gefunden, doch Mythen brauchen keine Gräber. Modell © (2000) Firma Panasensor, Bernd P. Kammermeier.

Frontispiz: Alexander als thronender Zeus auf einer Wanddekoration aus Pompeji, Haus der Vettier, Wintertriklinium. Die Darstellung verrät, wie weitgehend der König mit der Ikonographie seines göttlichen Vaters verschmelzen konnte. Vierter Stil, wohl zwischen 62 und 79 n. Chr. (Photo nach P. Mingazzini, JBerlMus 3 [1961] 7–17 Abb. 1).

Die Deutsche Bibliothek – CIP-Einheitsaufnahme

Alexander der Große: auf den Spuren eines Mythos / Michael Pfrommer. –
Mainz am Rhein : von Zabern, 2001
(Antike Welt ; Sonderbd.)
(Zaberns Bildbände zur Archäologie)
ISBN 3-8053-2729-3

ISBN 3-8053-2729-3
Gestaltung: Ilka Schmidt, Verlag Philipp von Zabern, Mainz
Redaktion: Annette Nünnerich-Asmus und Beatrice Zucker, Verlag Philipp von Zabern, Mainz
Lithos: Scan Comp GmbH, Wiesbaden

Printed in Germany by Aumüller Druck KG, Regensburg
Printed on fade resistant and archival quality paper (PH 7 neutral) · tcf

Inhalt

Einleitung

Die Literatur zu Alexander dem Großen ist schier uferlos[1] und so ist dies keine historische Analyse, es ist ein Buch über einen Mythos, über einen Menschen, der schon zu Lebzeiten zur Legende wurde.

Für die Antike war der König Realität und Märchen in einem, für die Nachwelt unerreichbares Vorbild. Sein schier unglaubliches Leben blieb eine permanente Herausforderung für Kaiser und Könige – von Augustus über Ludwig XIV. bis Napoleon. Diesmal geht es nicht um historische Wahrheit, sondern um Märchen und Legenden und um ihr Spiegelbild in der Kunst der Antike. Und so fragen wir nach Rätseln und Mythen und nach ihrem historischen Kern. Wir sprechen über Kunst und Propaganda und forschen nach den drei Vätern des Königs: nach einem zaubernden Pharao, nach einem Gott und nach einem Herrscher. Wir begleiten einen Helden bis an die Grenzen Indiens und in den Märchenschatz des Alexanderromans. Wir sehen, wie er den Himmel erkundet und die Tiefen des Meeres. Unsere Suche gilt dem Grab seines Vaters und dem Alexandergrab selbst, das noch heute Millionen vor die Bildschirme zieht – zur besten Sendezeit.

Wir studieren Strategie und Taktik und skizzieren die Schlachten des wohl größten Reiterführers der Antike, den man den «Unbesiegbaren» nannte. Wie sah er aus, dieser Eroberer der Welt? Was wissen wir vom geistigen Horizont dieses Machtmenschen, von seinem Menschenbild oder von seinem Verhältnis zum anderen Geschlecht?

Welche Visionen hatte ein Mann, der in zwölf Jahren eine Supermacht schuf? Und so analysieren wir sein verwegenstes Ziel: den Traum von einer multikulturellen Elite, die der König regelrecht züchten wollte. War es Zufall, daß er seine letzte Vision nur kurz überlebte? Oder stoßen wir hier auf die Spuren eines Komplotts? Gab es die «Mordsache Alexander» oder ist auch das nur Legende?

Der König flog durch ein rauschhaftes Leben, das die Kunst vieler Epochen inspirierte. Alexander faszinierte das Mittelalter, die Renaissance oder den Klassizismus – Mythen sind zeitlos und so lebt manche Episode seines Wirkens heute vor allem in den Illustrationen des Mittelalters, in den Werken eines LeBrun, eines Altdorfer oder eines Thorvaldsen. Auch wenn die nachantike Rezeption nicht Thema dieser Zeilen ist, so ist sie doch Teil der Legende und bildhaft präsent, um Lücken zu schließen und um einzuspringen, wenn uns die Antike ein Zeugnis verwehrt.

Für die Gelegenheit zu diesem Band ist der Verfasser Franz Rutzen und dem Verlag Philipp von Zabern zu großem Dank verpflichtet. Verbunden bin ich jedoch vor allem Annette Nünnerich-Asmus für ihre außerordentliche Mühe bei der Redaktion und für zahlreiche Anregungen. Ohne ihr Engagement und ohne den Professionalismus ihres Stabes hätte das Buch seine Drucklegung nie erlebt. Mancher Hinweis von Kollegenseite hat Eingang in den Text gefunden. Ich nenne hier vor allem H. Heinen, G. Grimm, J. Zeidler, V. A. Daszewski, B. Kramer, E. Winter, M. Minas, P. Bachmann, M. Waschek, N. Quenouille, V. Schmitt, R. Beck, C. Schenk oder I. Herr. Für Zeichnungen und Photos bin ich wie immer A. Paul und U. Denis verpflichtet. Mein Dank gilt vor allem J. Zeidler, der großzügigerweise eine «Stammtafel» des Alexanderromans beisteuerte.

Die Firma Panasensor und Bernd P. Kammermeier gestatteten die Abbildung ihrer Filmmodelle von Babylon und des Alexandergrabes, wofür ihnen auch an dieser Stelle herzlich gedankt sei.

Frontispiz

Alexander und die Makedonen sahen sich als Nachkommen des Herakles und damit letztlich als Nachfahren des Zeus. Das gilt vor allem für Alexander selbst, der schon zu Lebzeiten von dem großen Maler Apelles mit dem Blitz des Zeus dargestellt wurde. Das Gemälde hing im Tempel der Artemis in Ephesos, der göttlichen Geburtshelferin des Königs. Trug Alexander nur den Blitz als Zeichen seiner Abstammung oder firmierte er gar als jugendlicher Zeus? Unser kleines Wandgemälde aus dem Wintertriklinium, des Hauses der Vettier in Pompeji zeigt uns einen thronenden Zeus mit hohem Götterzepter und Blitz, ganz die vertraute Ikonographie des Göttervaters. Im Gegensatz zum Herrn des Olymps ist unser «Zeus» bartlos und entspricht damit der Ikonographie Alexanders, der die Bartlosigkeit in die Herrschermode einführte. Wir haben also einen Alexander-Zeus vor uns, eine Verschmelzung des Eroberers mit dem höchsten Gott, der als Zeus-Amun auch ganz faktisch als Vater des Königs galt. Der Alexander mit dem Blitz des Apelles war hochberühmt, auch wenn man an dem Bild die dunkle Hauttönung des Königs als realitätsfern tadelte, da Alexander hellhäutig war. Die dunkle Haut sehen wir auf dem pompejanischen Bild, doch man berichtet auch, daß Apelles die Hand mit dem Blitz so meisterhaft gestaltet habe, daß sie geradezu plastisch aus dem Gemälde hervorzutreten schien. Es liegt also nahe, daß der Maler das Licht vor allem auf das Attribut konzentriert hatte. Dies ist nun bei unserem Gemälde nicht der Fall, so daß es sich vielleicht doch nicht um eine Kopie des berühmten Bildes handelt, auch wenn wir da nicht völlig sicher sein können. Vierter Stil, wohl zwischen 62 und 79 n. Chr.

Das Staunen der Welt

Ein Leben wie im Rausch

Blutige Epen wie der Kampf um Troja oder die Nibelungen sind Teil unserer Kultur. Nicht zuletzt Hollywood präsentiert uns Jahr für Jahr die Fiktion vom Tat- und Machtmenschen, der nach Anfechtung und Fall am Ende doch zum Retter reift. Doch vergessen wir Siegfried oder die Helden Homers, denn die wahre Legende vom Krieger war einst aus Fleisch und Blut und hieß Alexander.

Der König war der Herr der Schlachten, der unbesiegbare Ritter, der im Felde niemals versagte. Ein Mann, der stets voranritt, sobald es ans Sterben ging, ein Kämpfer, der an der Spitze seiner Reiter Geschichte schrieb. Er war ein gewalttätiger Mensch und stürmte durch ein gewaltsames Leben – mit einem Touch von Noblesse. Skrupellosigkeit war ihm nicht fremd und Mord an Freunden nicht ausgeschlossen. Ein gebildeter Mann, ein charismatischer Führer, der mit seiner Galanterie verblüffte und verwirrte. Er war ein begnadeter Selbstdarsteller, ein «Medientyp», eine fleischgewordene Hollywoodlegende, die menschlichen Maßstäben zu entgleiten scheint – Lichtgestalt und Monster in einem. Zu straucheln schien er nie. Welche Ziele er sich auch setzte, er verwirklichte sie und so kam sein Tod früh und unerwartet, auf dem Höhepunkt, unbezwungen. Sein Wirken, das ist die Realität des Unmöglichen, sein Leben ist der Stoff, aus dem Legenden sind.

Die Geschichte seines Lebens ist rasch umrissen (Abb. 1). Alexander ist ein geborener König, ein Sohn von Philipp II. (359–336 v. Chr.) und von Olympias, einer epeirotischen Königstochter (s. S. 23 ff.). Makedonien, das Königreich seines Vaters, liegt an der Grenze balkanischer Völkerschaften im Norden Griechenlands. Hellenen seien das nicht, eher Barbaren, so urteilt man in Griechenland. Der junge König sieht das fraglos anders. Herakles und der homerische Achill seien seine Ahnen, und so ist schon seine Geburt im Jahre 356 v. Chr. legendenumrankt.

Zur Erziehung des Thronfolgers beruft der Vater einen der größten Denker an den Hof von Pella – Aristoteles (s. S. 39 ff.). Der Philosoph vermittelt seinem Schüler Grundlagen aller Wissensgebiete. Homer und der Kampf um Troja werden seine Lieblingslektüre, die ihn sogar in die Steppen Zentralasiens begleitet. Seine Ilias legt er später in ein kostbares Behältnis aus dem Besitz des Perserkönigs und unter sein Kopfkissen. Die von Aristoteles persönlich edierte Ausgabe machte sogar Literaturgeschichte. Man nannte sie «die aus dem Kasten».

Mit dreiunddreißig ist der junge König Herr eines Reiches, das von den Grenzen Indiens bis nach Griechenland und von Ägypten bis nach Zentralasien reicht. Ein Herrscher aus eigener Kraft, der eine Epoche beendet und eine neue ins Leben ruft – den Hellenismus (Abb. 2. 3).

Wie eine echte Mythengestalt trifft er natürlich schon als Prinz sein Pferd fürs Leben, einen Hengst, der ihn in alle Schlachten trägt: Bukephalos, Stierschädel, so nennt man den Rappen. Niemand außer dem jungen Alexander wagt es, das Pferd zu besteigen, so daß man später dem Tier gar Menschenfresserei andichtet (Abb. 4). Auf jeden Fall weigert sich der Vater, den hohen Kaufpreis zu zahlen, zumal das Pferd bei jeder Annäherung scheut. Alexander imponiert das

1

***Abb. 1** Kopf Alexanders des Großen von einer verlorenen Statue; aus Pella, der Hauptstadt Makedoniens. Der junge Eroberer machte seine Bartlosigkeit und das im Gegensatz zur zeitgenössischen Mode mittellange Haar zu seinem Markenzeichen. Marmor. H. 30 cm. 3. Jh. v. Chr. Pella, Museum Inv. G L 15.*

***Abb. 2** Machtbereich des persischen Weltreichs der Achämeniden (559–331 v. Chr.) zur Zeit seiner größten Expansion (um 480 v. Chr.). Im 4. Jh. v. Chr. war der europäische Teil im Bereich des heutigen Bulgarien und der europäischen Türkei bereits wieder verloren.*

***Abb. 3** Das Reich Alexanders des Großen, geschaffen auf dem legendären Feldzug zwischen 335 und 323 v. Chr.*

2

3

stolze Tier und so provoziert er den Hof mit der Bemerkung, sie könnten nicht einmal mit Pferden umgehen. Er würde den Hengst bezahlen, falls es ihm nicht gelänge, das Tier zu reiten. Der Vater nimmt die Herausforderung an. Ein Fehler, denn der Sohn hat längst bemerkt, daß Bukephalos weniger vor Menschen, als vor seinem Schatten scheut. Deshalb stellt er das Tier mit dem Kopf zur Sonne und ist tatsächlich in der Lage, den Hengst zu reiten.

Philipp II. ist fasziniert und rät dem Sohn, sich später ein neues Königreich zu suchen, da das ererbte zu klein werden könnte. Er sollte recht behalten. Reiter und Hengst haben einander nie verlassen und als das Tier im fernen Indien seinen Verletzungen erliegt (Abb. 5), gründet Alexander ihm zu Ehren eine Stadt – Bukephala.

Doch noch sind wir nicht so weit und Alexander ist immer noch ein hoffnungsvoller Kronprinz. Im Alter von 18 Jahren führt er in der Schlacht von Chaironeia den finalen Reiterangriff gegen die thebanischen Elitetruppen. Wir schreiben das Jahr 338 v. Chr. und der Sieg zementiert Makedoniens Hegemonie über Griechenland. Das Ende der Klassik hat begonnen.

Wenig später fällt der Vater am Vorabend seines eigenen Perserkriegs unter dem Dolch eines Mörders (s. S. 23 ff.). Der Sohn zögert nicht, liquidiert alle Konkurrenten, wirft die illyrischen Stämme im Norden nieder und erscheint wie ein Unwetter vor den Toren Thebens. Die Stadt rüstet zum Aufstand gegen die

4

makedonische Macht, doch sie hat keine Chance. Trotz heroischen Widerstands geht sie in Flammen auf, ausgelöscht für Jahrzehnte. Ein düsteres Fanal für Griechenland, das nun den jungen König mit gesamtgriechischer Autorität versieht – notgedrungen.

Das Ziel hieß Krieg und die Vorgeschichte liegt Generationen zurück. Früh im 5. Jh. v. Chr. erreichten persische Heere griechischen Boden. Unter Xerxes verwüsteten sie Athen und verbrannten die Akropolis. Man schlug sie zurück, unter Aufbietung aller Reserven. Es folgten anderthalb Jahrhunderte feindseliger Koexistenz, stets unterbrochen von neuen Kriegen. Doch nun, nach fünf Generationen, nun soll er beginnen, der große Rachekrieg. Die Vorbereitungen sind gigantisch und der angehende Eroberer ist wirtschaftlich ruiniert. Alexander beginnt seinen Feldzug mit einem Kredit (Plutarch, *Alexander* 15), was seine Entschlossenheit nur steigert. 334 v. Chr. überschreitet er mit etwa 40 000 Mann den Hellespont. Kaum in Kleinasien, wendet sich der «neue Achill» nach Troja, um am Grab des homerischen Ahnherrn zu opfern (s. S. 28 f.). Dann nimmt er sich die Waffen des mythischen Achill, die man damals im Tempel von Ilion aufbewahrt. Eine sprechende Geste: So wie einst Achill vor Troja die orientalische Amazonenkönigin tötete, so will nun sein Enkel den Orient erobern. Mit der Lanze Achills, so hat ihn der Bildhauer Lysipp gesehen (s. S. 47 f.).

***Abb. 4** Alexanderteppich von Tournai 1459, gewirkt für Philipp den Guten. Zur Linken steht der Kronprinz Alexander vor Gericht und wird dazu verurteilt, Bukephalos zu reiten, weil er die Hofgesellschaft mit seiner Prahlerei beleidigt hat. Er hatte ihnen erklärt, sie alle verstünden nichts von Pferden. Niemand glaubte ihm, daß er den Hengst zähmen könne. In der Mitte hält Alexander bereits den gezähmten Hengst und wird von seinen Eltern belobigt. In der*

Doch der Orient war keineswegs wehrlos, und schon die persischen Satrapen (Statthalter) Nordwestkleinasiens stellen das Glück des jungen Strategen auf eine harte Probe. In ihren Reihen stehen Tausende griechischer Söldner, die nicht daran denken, zu Alexander überzulaufen. Am Granikos in Nordwestkleinasien attackiert der König mit seinen Reitern gegen den Rat erfahrener Offiziere und erzwingt den Sieg, auch wenn er nur um Haaresbreite dem Tod entgeht (s. S. 70). Ein Kampfgefährte trennt einem Perser den Arm vom Rumpf, als der Gegner schon zum Schlag ausholt. Der Sieg öffnet den Weg zur kleinasiatischen Westküste, doch so manche Griechenstadt ist alles andere als begeistert von ihrer «Befreiung», zumal wohl kaum jemand die folgenden Ereignisse vorausahnt. Ephesos muß der Erlöser vom persischen Joch gar belagern.

Partie oben rechts liegt König Philipp im Sterben, der seinen Sohn schließlich unten rechts bekrönt. Der Teppich gehörte einst zu einer Serie von sechs Teppichen, in denen vor allem Episoden aus der legendenhaften Alexanderüberlieferung dargestellt waren. Die literarische Grundlage bildete nach A. Warburg der mittelalterliche Alexanderroman des Jean Wauquelin von 1448. Zwei der Teppiche sind heute noch im Palazzo Doria in Rom erhalten. Rom, Palazzo Doria.

Der König zieht nach Gordion und zerschlägt den gordischen Knoten, das Symbol für die Herrschaft über Asien. Das Orakel sollte Recht behalten, denn das Jahr 333 v. Chr. bringt die ersehnte Konfrontation mit dem achämenidischen Reichsheer. Kommandiert wird es von Dareios III. persönlich. Er ist der König der Könige und Herr eines Imperiums, dessen Grenzen von Ägypten bis nach Afghanistan reichen. Bei Issos in Südkleinasien treffen sie aufeinander. Das Glück des Tages steht auf des Messers Schneide. Die makedonische Phalanx mit

5

6

Abb. 5 Tod des Bukephalos. Der berühmte Hengst wird im Kampf gegen den Inderkönig Poros tödlich verwundet. Um den alten Kampfgefährten zu ehren, gründet Alexander bei dem Grab des Hengstes im Pandschab die Stadt Bukephala. In der Antike war man sich uneins, worauf der Name Bukephalos-Stierschädel zurückging. Die einen meinten, der Kopf des Hengstes habe einem Stierschädel geähnelt, die anderen sprechen von einer Fellzeichnung oder einem Brandzeichen in Form eines Stierschädels. Die Miniatur stammt aus der mittelalterlichen Handschrift «Histoire du bon roi Alexandre». Das Mittelalter bietet geradezu eine Flut von Illustrationen, in denen der Makedonenkönig in der Regel ganz im Stile eines mittelalterlichen Königs oder Kaisers als christlicher Herrscher dargestellt wurde. Nach Paul Wescher handelt es sich bei unserer Handschrift um das Werk einer flämischen Schule vom Anfang des 14. Jhs. Wasser- und Deckfarben auf Pergament. Berlin, Kupferstichkabinett Ms 78 C 1.

Abb. 6 Die Ermordung des Dareios, aus der mittelalterlichen Miniatur-Handschrift «Histoire du bon roi Alexandre». Der Perserkönig trägt hier eine mittelalterliche Krone und wird zu Pferd von zweien seiner Freunde ermordet (330 v. Chr.). Alexander, der sich als Rechtsnachfolger der Perserkönige sah, ließ die Attentäter später grausam hinrichten.

Abb. 7 Blick über Ai Khanoum, wohl eine der vielen von Alexander zur Sicherung seines Reiches gegründeten Städte. Möglicherweise identisch mit Alexandreia am Oxos. Die Ruinenstadt liegt heute in Afghanistan an der Grenze zu Tadschikistan.

Abb. 8 Der Plan von Ai Khanoum nach den französischen Ausgrabungen. Die Ruinen stammen zum Teil erst aus dem 2. Jh. v. Chr., wenige Jahrzehnte vor der Zerstörung der Stadt durch einen Nomadensturm.

ihren überlangen Lanzen steht im Zentrum und ihnen gegenüber Tausende von griechischen Söldnern in persischem Dienst, wie am Granikos. Wie zwei Völker hätten sie gerungen, so berichtet Arrian. Zwei Völker mit gemeinsamer Kultur und Sprache.

Auf dem Höhepunkt führt Alexander auf dem rechten Flügel seine Reiter gegen den Großkönig, der hoch auf seinem Wagen steht (s. S. 52 ff.). Die besten Kämpfer des Orients opfern sich vor dem Herrscher. Die Gefangennahme vor Augen, wählt Dareios die Flucht und läßt Armee und Familie zurück. Mutter, Geschwister, Frau und Thronfolger fallen in die Hand des Siegers (s. S. 71 f.). Die Staatsraison triumphiert, doch das Desaster für sein Renommee ist vollkommen. Der Sieger behandelt die Königsfamilie mit einer Ritterlichkeit, die für Aufsehen sorgt und so wird das Mittelalter später von Alexander sprechen, «dem guten und edlen Ritter». Leben und Status der Gefangenen bleiben unangetastet. Ein Mediencoup? Auf jeden Fall eine große Geste für den schwer getroffenen Osten.

Alexander verzichtet auf die Verfolgung des flüchtigen Gegners. Zunächst gilt es, der in seinem Rücken operierenden Perserflotte die Häfen zu sperren. Und so zieht er nach Süden, die syrisch-libanesische Küste hinunter. In Sidon, der alten Metropole Phönikiens kommt er als Befreier, die Stadt war erst vor kurzem von Persien zerstört worden. Das stolze Tyros jedoch, das will nicht kapitulieren, und der Grimm des Eroberers erwacht wie weiland vor Theben. In einer legendären Belagerung baut man einen künstlichen Damm, um das Inselzentrum zu stürmen und bricht die Mauern. Phönikien ist gefallen und das Nilland liegt offen.

332 v. Chr. dringt Alexander in Ägypten ein. Die Einheimischen jubeln dem König zu und der letzte Statthalter Persiens kapituliert ohne Kampf. Er zieht nach Memphis und schließlich durch die Wüste zur Oase Siwah, wo ihm das gefeierte Ammonorakel göttliche Abkunft attestiert – angeblich. Seither firmiert er als Sohn des Ammon und trägt gelegentlich die Widderhörner des Gottes (Abb. 39). Nach Ägypten zurückgekehrt, berichtet der «Alexanderroman» von seiner Erhebung zum Pharao.

Ehe der König das Nilland verläßt, gründet er an der Küste seine berühmteste Stadt: Alexandria «bei» Ägypten, Alexandrea ad Aegyptum, wie sie später apostrophiert wurde. Sie wird einst den Leichnam des Eroberers aufnehmen (s. S. 92 ff.).

Im Herbst 331 v. Chr. sehen wir die Armee auf dem Rückmarsch nach Syrien, der Entscheidung entgegen. Doch der Feind sucht Frieden. Der Großkönig bietet ihm halb Asien und die Hand seiner Tochter und 10 000 Talente Lösegeld für seine Familie. Selbst Alexanders verdientester General, der alte Parmenion, favorisiert die Offerte. «Das würde ich annehmen, wenn ich Alexander wäre», wird ihm in den Mund gelegt, und der König soll gespottet haben: «Ich auch, wenn ich Parmenion hieße.»

Die Schlacht ist unausweichlich. Dareios führt eine gewaltige Armee, rekrutiert aus den Ostprovinzen seines Reiches und verstärkt durch griechische Söldner, die selbst jetzt noch allzu bereit sind, makedonische Klingen zu kreuzen. Bei Gaugamela (Arbela) fällt die Entscheidung nicht nur über zwei Völker, sondern über zwei Kulturen. Die Perser wissen nur zu gut, daß es um nichts weniger geht als um das Schicksal ihrer Welt und sie fechten mit letztem Einsatz. Selbst Parmenion sendet schließlich um Hilfe, und der König orakelt düster vom Tod auf dem Schlachtfeld, mit dem Schwert in der Hand. Das Schicksal scheint dem Osten ein letztes Mal zu lächeln, man stürmt gar das makedonische Lager.

Da öffnet sich auf dem Höhepunkt des Gemetzels die Gasse zum finalen Reiterangriff und die berühmteste Kavallerie der Antike tritt an, nur wenige tausend Mann – mit dem König an der Spitze. Ob sie wußten, daß es ein Ritt in die Weltgeschichte war?

Was im Grunde niemand für möglich gehalten hatte, es ist geschehen. Der Großkönig ist geschlagen, die persische

7

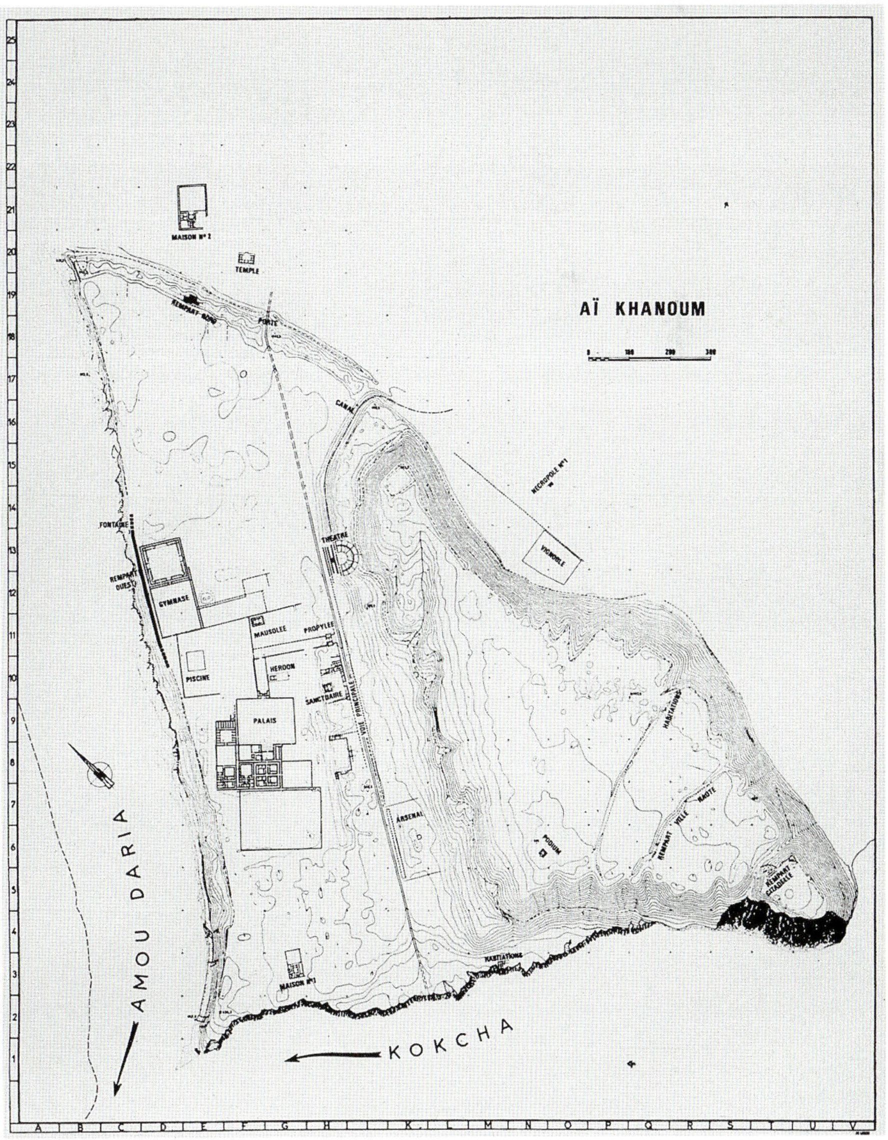

8

9

10

Macht gebrochen, der Kampf zweier Kulturen entschieden. Am «Tor von Asien» erzwingt Alexander den Aufstieg zur persischen Hochebene. Persepolis fällt, das ideelle Zentrum des persischen Reiches. Die große Audienzhalle der Achämeniden, der Wunderbau eines Dareios und Xerxes wird zum Raub der Flammen. Rache für Athen, für den Brand der Akropolis. Der in Griechenland weidlich verhaßte Alexander profiliert sich als Rächer mit einem Akt der Barbarei (s. S. 74 f.). Der Okzident triumphiert und verfolgt den flüchtigen Herrscher, der Monate später ermordet wird – von den eigenen Leuten (Abb. 6).

Ein mythischer Feldzug scheint am Ziel, doch der König kennt keine Pause. Er fürchtet die militärische Macht der Nordprovinzen, das «Land der tausend Städte» um die Zentren der späteren Seidenstraße in Usbekistan oder Afghanistan. Und nicht nur das – Alexander ist längst auf der Suche nach den eigenen Grenzen und nach dem Ende der Welt. Hat er tatsächlich das Kaspische Meer für den Nordozean gehalten?

Mit Alexander erreicht die Kultur Griechenlands die Steppen Zentralasiens. Schließlich steht man vor dem Berg des Herakles. Bis hierher sei der Heros auf seiner Wanderung vorgedrungen. Die Truppe will nach Hause, doch das Beispiel des Herakles spornt sie an. Erfolgreicher zu sein, als der mythische Stammvater des eigenen Volkes, erfolgreicher als der Ahnherr des Königs selbst, das ist ein Ziel. Die Große Armee zieht weiter, erzwingt die Entscheidung in den zentralasiatischen Provinzen und der König erobert Roxane, vielleicht die einzige Frau, die er je geliebt hat. Und er erobert sie im wörtlichen Sinn. Bei der Erstürmung

***Abb. 9** Korinthisches Kapitell aus einem Palast von Ai Khanoum. Kalkstein. Auch wenn die Formen etwas grob wirken, so ist der griechische Normaltypus doch vorzüglich getroffen. Späteres 3., früheres 2. Jh. v. Chr.*

***Abb. 10** Die Sandale einer einst aus vielen Einzelteilen zusammengefügten Götterstatue, von der nur der Fuß erhalten blieb. Der geflügelte Blitz spricht für ein Standbild des Zeus, dem Hauptgott des Gräkobaktrischen Reiches. Marmor. 2. Jh. v. Chr.*

***Abb. 11a** Blick auf den Hindukusch.*

***Abb. 11b** Der Anstieg zum Kaiberpaß, über viele Epochen hinweg die Einfallspforte für die Eroberer Indiens.*

11a

11b

12

auf dem Marsch, noch zwingt der charismatische Führer seine Männer vorwärts, selbst über die eisigen Höhen des Hindukusch nach Osten, nach Indien (Abb. 11).

Plötzlich steht die Große Armee vor einer Stadt namens Nisa. Ist es tatsächlich jener mythische Ort, an dem Hermes einst das Dionysoskind versteckte? Ist es jener Ort, an dem der Gott in einer Grotte und in der Obhut von Nymphen zum Eroberer Indiens reifte? Man verschont die Stadt, um den Gott zu ehren – und zieht weiter.

Wieder bleibt eine göttliche Marke zurück. Und dann liegt der Subkontinent offen. Des Königs Krieg wird barbarischer, Terror steht auf der Agenda.[2] Der Inderkönig Poros ist der letzte, der Alexander mit seinen Elefanten zur Feldschlacht fordert – und verliert. So wie alle vor ihm (Abb. 57).

Der König will weiter ostwärts, wie er meint, dem Ende der Welt entgegen. Doch an den Grenzen des indischen Subkontinents ist es die eigene Armee, die ihn zur Umkehr zwingt. Die Überlebenden des großen Marsches wollen nur noch eins – in die Heimat. Nur noch das Erreichte sei zu sichern, dann will man zurück. Im Felde unbesiegt beugt sich der König der eigenen Truppe. Zähneknirschend. Noch einmal werden Städte erstürmt und Mauern gebrochen. In einer Mallerstadt im Norden Indiens ersteigt Alexander als erster die Mauerkrone, da brechen die Leitern zusammen. Der König steht allein auf der Zinne, wer ihm zu nahe kommt, stirbt. Ein Dämon des Krieges. Keiner wagt sich in seine Nähe und so beschießt man ihn aus der Ferne, eine unhaltbare Situation. Der ultimative Test einer schier uneinnehmbaren Bergfestung fällt sie in seine Hand. Doch der Eroberer verschmäht das barbarische Recht des Siegers. Die Hochzeit beendet den Krieg (s. S. 75 f.).

Stadt auf Stadt wird gegründet, um das Erreichte zu sichern, darunter «Alexandria eschate», das «entfernteste Alexandria». Vielleicht war sie so wie jene Stadt am Oxos, die vor Jahrzehnten unser Bild von den Konsequenzen dieses Weltkriegs revolutionierte. Ihre Entdeckung allein ist wert eines Romans. Der König von Afghanistan war angeblich auf der Jagd und ritt plötzlich hinein in eine versunkene Welt (Abb. 7. 8): Ai Khanoum. Plötzlich war eine neue Epoche mit Leben erfüllt. Mitten in Zentralasien traten die Forscher in ein griechisches Theater. In einem Heiligtum fand man die Lebensmaximen griechischer Philosophie in Stein gehauen. Paläste wurden der Erde entrissen, halb orientalisch – halb griechisch. Man fand Gebäude mit korinthischen Säulen und Fragmente eines Götterbilds in griechischem Stil (Abb. 9. 10). Auf der Sandale prangt noch heute der Blitz des Zeus. Und Zeus war nicht nur der Vater des Herakles, er war der Vater des Königs, vielleicht gar der König selbst (s. S. 34 ff. und Frontispiz).

Doch der Schüler des Aristoteles beginnt, seine eigene Welt zu verlassen, ja zu verraten. Orientalische Sitten führt er ein, will fußfällige Anbetung erzwingen. Seine stolzen Makedonen lehnen ab, zumal sein Jähzorn selbst Freunde gefährdet. Im Rausch tötet er Kleitos, der ihm am Granikos das Leben rettete (s. S. 70, 76 f.). Doch noch immer ist das Heer

***Abb. 12** Der berühmte Maler Pietro da Cortona (1596–1669) und Deinokrates, der legendäre Architekt der Alexander- und Diadochenzeit überreichen Papst Alexander VII. (1655–1667) die Genieskizze des Berges Athos, den der Architekt angeblich in ein gigantisches Bildnis Alexanders des Großen verwandeln wollte. Der Legende nach lehnte der König ab. London, British Museum.*

***Abb. 13** Alexander trifft an den Grenzen der Welt auf unbekannte Tiere. Illustration zu Johann Hartliebs Alexanderroman, der gegen 1444 entstand. Die Vorstellung, daß an den Grenzen der Welt allerlei Fabelwesen wohnen, war nicht nur in der Antike, sondern vor allem auch in späterer Zeit weit verbreitet. Im Alexanderroman Hartliebs ziehen die Makedonen am Ende sogar nach Deutschland. Darmstadt, Hessische Landes- und Hochschulbibliothek Hs. 1256; fol. 79 v.*

scheint erreicht und so springt er hinunter, hinein in die Stadt, mitten unter die Feinde. Das Heer rennt wie toll gegen die Tore. Sie wissen, wer sie nach Indien geführt hat und wer sie nach Hause bringen soll. Sie brechen hinein und retten den König in letzter Sekunde, tragen ihn in sein Zelt, einen Pfeil in der Brust. Banges Warten senkt sich über das Lager und über eine Armee, die noch jeden Gegner bezwang. Doch der König erholt sich, scheint ausgestattet mit sieben Leben, wie eine große Katze, so wie sein Wappentier – der Löwe.

Die Große Armee zieht schließlich zum Indischen Ozean und dann westwärts, dem Persischen Golf entgegen – eine verhängnisvolle Fehlentscheidung. Was kein Feind vermochte, die Wüsten Gedrosiens erreichen es, Tausende von Opfern. Selbst dem Verschmachten nahe, taumelt ein Makedone zu seinem König und reicht ihm brackiges Wasser in einem Helm, doch Alexander schüttet es in den Sand.

Noch einmal triumphiert das Glück des Königs und die Überlebenden kehren zurück in die Zentren der Zivilisation – nach Susa, in die alte Metropole des persischen Reiches. Nun sollte man denken, daß der König nach Jahren der Abwesenheit auf Revolten stoßen würde, daß die persische Reaktion längst die Besatzer zu Paaren getrieben habe, doch nichts davon. Der König wird begrüßt und er beginnt mit der Realisierung seines verwegensten Plans – mit der zwangsweisen Verschmelzung zweier Völker. Der Krieger, der zum Schlächter wurde, wandelt sich zum Visionär. Größenwahn eines Menschen, der auf dem Höhepunkt davon träumt, Gott zu spielen? Wie auch immer, man feiert eine Massenhochzeit, da nimmt ihm das Schicksal den besten Freund. Hephaistion stirbt nach kurzem Siechtum. Lebensmittelvergiftung, sagt man.

Der König ist wie von Sinnen. Rasend überfällt er ein Bergvolk und rottet es aus. Doch vorher sendet er nach Ägypten: Das Ammonorakel solle entscheiden, ob der tote Freund als Heros oder als Gott zu verehren sei. Als Heros, bescheidet Alexanders göttlicher Vater, und der König bringt den Toten nach Babylon. Unter prunkvollsten Umständen wird er eingeäschert, begleitet von unheilvollen Vorzeichen für den König (s. S. 84 ff.). Orakel künden sein nahendes Ende, doch Alexander beginnt bereits wieder zu planen, hat neue Eroberungen im Sinn: Arabien und dann das westliche Mittelmeer. Haarsträubende Pläne kursieren in dieser fiebernden Zeit. Deinokrates, der berühmte Architekt, regte gar an, den Berg Athos in ein Bild Alexanders zu verwandeln, doch der König weist ihn zurück (Abb. 12).

Alexander rüstet erneut zum Aufbruch, mit einer Armee, die in Zukunft mehr aus Orientalen denn aus Makedonen bestehen soll. Doch unter den Makedonen gärt es, zumal altgediente Kontingente nach Hause entlassen werden. Den König ficht es nicht an, er weiß alles unter Kontrolle. Unheilvolle Vorzeichen oder nicht, er richtet den Blick nach vorn, neuen Ufern entgegen. Da wirft ihn ein Fieber aufs Lager – kurzes Siechtum, seine Kräfte schwinden von Tag zu Tag. In zwölf dramatischen Jahren hat er seine Grenzen gesucht und nie gefunden. Doch nun überschreitet er die ultimative Linie zwischen Leben und Tod.

Er stirbt am 10. Juni 323 v. Chr. nach einem Leben wie im Rausch, 33 Jahre alt – ein Blitz in der Weltgeschichte. Stupor mundi, das Staunen der Welt, so nannte man den Stauferkaiser Friedrich II. Was wäre passender für Alexander den Großen?

Der Roman eines Lebens als Weltliteratur

Alexander überließ wenig dem Zufall und schon gar nicht die Darstellung seiner eigenen Taten. Man führte Tagebücher, die später als Ephemeriden Berühmtheit erlangten und in denen natürlich auch die letzten Tage des Königs dokumentiert wurden (s. S. 87). Schriftsteller und Geographen begleiteten den Feldzug und hatten die Aufgabe, die Leistungen des Königs zu feiern und neue Erkenntnisse zu dokumentieren. Allen voran Kallisthenes von Olynth, ein Neffe des Aristoteles. Das Hauptinteresse seines Werkes galt nicht nur dem gottähnlichen Wirken des Königs, sondern auch

13

14

den Wundern des Orients. Doch im Jahre 327 gerät er im nordafghanischen Baktra unversehens in den Konflikt zwischen dem König und traditionell makedonischen Kreisen. Bei einem Festmahl wollte Hephaistion nach orientalischer Sitte die Proskynese durchsetzen, die fußfällige Begrüßung des Königs, vielleicht auch eine demütige Verbeugung mit einer Art Kußgeste des Untertanen, der daraufhin von Alexander wiederum mit einem Kuß ausgezeichnet werden sollte (s. S. 76 ff.). Der Hofhistoriograph Kallisthenes verweigert das bei Griechen so verhaßte Zeremoniell. Dies zog ihm Alexanders Mißfallen, wenn nicht gar seinen Haß zu, zumal Kallisthenes ohnehin die Meinung vertreten hatte, daß nicht der Schriftsteller durch Alexanders Taten, sondern Alexander durch die Schriften des Kallisthenes weltberühmt werde.

Als sich dann einige Pagen gegen das Leben des Königs verschwören, wurde auch Kallisthenes inhaftiert. Der Anschlag war knapp mißlungen und man beschuldigt Kallisthenes der geistigen Brandstiftung, da er sich vor den Pagen freizügig über Tyrannenmord ausgelassen hatte. Die Verschwörer gestanden unter der Folter und wurden gesteinigt, ohne Kallisthenes zu nennen. Dennoch wurde der Mann, der Alexanders Ruhm verkündete, hingerichtet und damit zum Märtyrer. Sein Ende trug maßgeblich dazu bei, daß sich das Bild des Königs bei Aristotelikern wie Stoikern zum Sinnbild des Tyrannen wandelt.

In den Jahren nach dem legendären Feldzug verfaßten zahlreiche Feldzugsteilnehmer ihre Alexandergeschichten. Interessanterweise stehen bereits hier Märchen ganz ungeniert neben Tatsachenberichten (s. S. 42). Zu nennen sind etwa die Schriften des Onesikritos. Ihm verdanken wir nicht nur eine der ersten Amazonenlegenden, er schildert auch das glückliche Leben im utopischen Idealstaat des Inders Musikanos. Der Admiral Nearch unterhielt hingegen die Nachwelt mit der Fabel von riesigen, goldgrabenden Ameisen.

Diese frühe Alexanderliteratur ist uns nicht erhalten. Unsere Hauptquellen datieren größtenteils in das 1. Jh. v. Chr. sowie in die frühere Kaiserzeit. All diese Autoren, angefangen von Diodor, einem Zeitgenossen Caesars, über Plutarch bis hin zu dem Römer Arrian, einem trajanischen Offizier, sie alle fußen auf älteren Quellen. Arrian konstatiert gar in seiner Einleitung, daß er vor allem zwei Historiker benutzt habe: Zum einen die Alexandergeschichte Aristobuls, seines Zeichens Architekt im Lager Alexanders, zum anderen den Feldzugsbericht des Ptolemaios. Der spätere König war ein enger Freund des Eroberers und gründete nach Alexanders Tod in Ägypten das Reich der Ptolemäer.

Doch damit nicht genug, fassen wir doch in der Spätantike einen regelrechten Alexanderroman, der eine Fülle legendärer Stoffe bündelt.[3] Auch dieser zehrt aus vielen Quellen unterschiedlichster Herkunft. Er entstand in seinen Grundzügen ein halbes Jahrtausend früher, spätestens im 2. Jh. v. Chr. Der wohl in Ägypten schreibende Verfasser blieb anonym und so firmiert er in der Moderne in Anlehnung an den berühmten Historiker als Pseudo-Kallisthenes. Der Roman bietet zum einen Erzählungen, zum anderen Fragmente eines Briefromans. Mit der historischen Genauigkeit nimmt es der

***Abb. 14** Himmelfahrt Alexanders im Greifenwagen. Der Holzschnitt von Hans Schäufelein (ca. 1480–1539) illustriert eine Episode des Alexanderromans, in dem das Leben des Eroberers märchenhaft verklärt wurde. Die Episode erfreute sich gerade im Mittelalter großer Beliebtheit und galt als Sinnbild der Hybris des Königs. Der Legende nach beendete erst eine Warnung der Götter den tollkühnen Versuch.*

***Abb. 15** Die Himmelfahrt Alexanders im Greifenwagen an einem romanischen Kapitell der Kathedrale von Basel. Auch hier verwendete der Künstler Vogelgreifen und nicht die im Alexanderroman erwähnten Vögel.*

auf ein bürgerliches Publikum zielende Stoff nicht allzu genau und der König ist längst aller Realität entwachsen. So erobert er neben Rom auch Karthago.

In fiktiven Briefen wendet sich der König an seine Mutter oder an Aristoteles und berichtet von wundersamen Erlebnissen. Rätselhafte Tiere habe er getroffen (Abb. 13), ein Motiv, das in nachantiken Illustrationen aufgegriffen wurde. So wie Alexander in der historischen Realität angeblich auf der Suche nach dem Ende der Welt gewesen sein soll, so strebt er nun auch im Roman nach den letzten Grenzen. Menschenfressende Vögel, so berichtet der Alexanderroman, habe man überwältigt. Dann habe der König sie vor einen Wagen gespannt und ihnen ein Stück Fleisch vor die Schnäbel gehalten, und sofort sei das gierige Gespann in den Himmel gestürmt, ohne je die Beute zu fassen. Die Himmelsfahrt faszinierte besonders das Mittelalter, und zwar wählte man anstelle der Vögel nahezu ausschließlich Greifen (Abb. 14. 15).[4]

Eine goldene Schnalle in der barbarisch bunten Technik zentralasiatischer Metallarbeiten dokumentiert beinahe dreieinhalb Jahrhunderte nach dem legendären Feldzug, daß das Märchen bereits zur Zeitenwende in Mittelasien kursierte (Abb. 16. 17).[5] Und es sind tatsächlich Greifen, wenn auch geflügelte Löwengreifen mit geschweiften Hörnern. Es muß also verschiedene Variationen der Himmelsfahrt geben haben. Der König mit Ammonshörnern steht im Wagen hinter seinem Greifengespann, geschützt von einem makedonischen Sternenschild als Baldachin. Gefertigt für ein Steppenvolk aus den Tiefen Zentralasiens, für neue Herrscher im alten Baktrien, in dem «Land der tausend Städte». Dem Griechentum ist die Kultur der Auftraggeber so fern wie nur möglich, doch ihr Schmuck ist eine Hommage an einen Giganten der Weltgeschichte. Auf seinem Himmelsflug trifft Alexander schließlich auf Vögel mit menschlichem Gesicht – Sirenen, wenn wir sie griechisch benennen. Die Fabelwesen mahnen den Himmelsstürmer zur Vernunft, weisen ihn an, den Göttern zu lassen, was der Götter ist. Alexander begreift und kehrt um – im Märchen.

Auch das Meer läßt dem rastlosen Eroberer keine Ruhe und er faßt den Plan, die Tiefsee zu erkunden. In einer gläsernen Glocke macht er sich an den Abstieg, bis er von einem riesigen Fisch verschlungen wird, der ihn an Land ausspeit (Abb. 18). Im Roman soll nun der König seine Grenzen erfahren und so etwas wie Demut lernen – etwa im Palast der Königin Kandake, die er inkognito aufsucht[6]:

*«Am folgenden Tag aber erschien Kandake, mit dem königlichen Diadem geschmückt, von sehr großer Statur und fast göttlicher Gestalt, so daß es Alexander vorkam, als sähe er seine Mutter. Der Königspalast aber blitzte von goldenen Decken und marmornen Wänden. Kunstreich aus Seidengewebe gearbeitete Teppiche lagen auf goldenen Stühlen, deren Füße von Beryll, deren Rücklehnen aber aus goldenen Leisten zusammengesetzt waren. Da waren Tische aus Elfenbein, medische Säulen, deren Kapitelle von Elfenbein blitzten; unzählige Bildsäulen von Erz; Sichelwagen, aus Porphyr gebildet, samt den Pferden, so daß sie zu laufen schienen; Elefanten, aus einem ähnlichen Steine gearbeitet, die mit ihren Füßen die Feinde zertraten und mit ihren Rüsseln ihre Gegner umschlangen; ganze Tempel samt den Säulen aus einem Stein gehauen. Da Alexander dies sah, staunte er … Am folgenden Tag aber faßte Kandake den Antigonos (*Alexanders Inkognito*) bei der Hand und zeigte ihm durchsichtige Schlafgemächer aus Luftstein, so daß er sehen konnte, wenn die Sonne aufging … Und ein Haus war erbaut, dessen Grundmauer nicht fest auf der Erde stand, sondern auf sehr großen viereckigen Holzblöcken und auf Rädern von 20 Elefanten gezogen wurde, und wohin der König zog, um eine Stadt zu bekriegen, blieb er immer in seinem Hause …»*

Alexanders Inkognito hielt allerdings nicht lange, denn die Königin erklärte: *«… ‹Ich will Dir zeigen, woran ich dich erkenne›. Und indem sie ihn an der Hand hielt, führte sie ihn hinein in ihr Schlafzimmer, wo sein Bild war (*sic!*), und sprach: ‹Erkennst du dich?› Und Alexander, da er sein Bild erkannte, erschrak und zitterte. Kandake aber sagte zu ihm … ‹Du, der den ganzen Orient besiegt hast, bist jetzt ohne Kampf und Heer in die Hand der Kandake gegeben. Daher erkenne jetzt, Alexander, daß wer von den Menschen sich hoch dünkt, von der Vorsehung gestürzt wird … denn kein Mensch besitzt Vollkommenheit.› (III, 22).»*

Der moralische Zeigefinger ist unverkennbar, doch sind viele Passagen des Romans durchaus ohne Wertung. So trifft der König auch auf allerlei Fabelwesen wie Löwenmenschen oder Kopflose, und auch Riesen dürfen natürlich nicht fehlen (II, 29):

«Und da sie einen Marsch von ungefähr zehn Tagen gemacht hatten, kamen sie in eine wüste, kahle Gegend. Und siehe, plötzlich erschienen Frauen mit fürchterlichem Aussehen und wilden Gesichtern. Ihr ganzer Leib war mit Haaren bewachsen, wie bei einem wilden Schwein. Ihr Haupthaar hing herunter bis zu den Schienbeinen; ihre Augen funkelten wie Sterne und sahen nicht aus wie bei jedem Menschen, sondern gingen von der Stirne herunter nach dem Gesicht. Ihre Nägel waren über eine Elle lang und ihre Füße wie die eines wilden Esels; ihre Größe aber war gleich der von drei sehr großen Männern … Und da wir alle von diesem Anblick noch erstarrt waren, siehe da erschienen sie unter der Menge, drangen auf die Phalanx ein, raubten von weitem mit ihren ausgestreckten Händen die Soldaten mitten aus der Phalanx und verzehrten sie. Da gerieten alle in vollständige Verzweiflung.»

Doch Alexander wäre nicht Alexander gewesen, wenn er vor behaarten Riesenfrauen klein beigegeben hätte.

«… Nachdem er (Alexander) aber durchweg alle Hunde hatte zusammentreiben lassen, hetzte er sie gegen die Frauen. Als diese die Hunde sahen,

15

16

wandten sie sich zur Flucht. Und die Menge drang auf sie ein und tötete viele von ihnen.»

Neben belehrenden oder rein unterhaltenden Aspekten zeigt sich im Alexanderroman auch eine durchaus politische oder sagen wir besser eine ideologische Botschaft, die den König mit der pharaonischen Tradition Ägyptens verbinden sollte (s. S. 31 ff.). So entdeckte Alexander inmitten einer weiten Ebene eine Säule, die wundersamerweise eine griechische Inschrift trug. Auf der Säule stand ein Bildnis, das dem König in allen Zügen glich. Der Text erläuterte jedoch, es sei «*... das Bild des Sesonchosis, des jetzigen Herrschers der Welt ...*» Weiter stand dort geschrieben, «*bis dahin sei wohl einer der Menschen gelangt, der die ganze Erde umreist habe, darüber hinaus aber habe er nicht gehen können. ‹Daher war auch ich nicht im Stande, weiter vorzudringen, sondern kehrte hier um, um nicht aus dem Leben zu gehen. Ich, Sesonchosis, Herrscher der Welt.› (II, 31).*»

Hier haben wir also wieder die vertraute Warnung, nicht über ewige Grenzen vorzustoßen. Bei dem Herrscher handelt es sich wahrscheinlich um Sesostris I., einen Pharao der 12. Dynastie (1971–1925 v. Chr.), der in der Fiktion des Romans so aussah wie Alexander und ebenfalls die Welt beherrschte. Der makedonische Pharao Alexander sollte somit als Teil der altägyptischen Tradition «verkauft» werden. Der weise Pharao begegnet dem Makedonenkönig noch ein weiteres Mal und zwar in einer Art Höhle, in der die Götter ihren Wohnsitz hatten (Abb. 87):

«*Und Alexander opferte und brachte Spenden dar und ging hinein mit wenigen Soldaten. Da sah er einen mit Sternen glänzenden Nebel, und wie die Decke von den Strahlen der Sonne schimmerte, und daraus hervor zeigte sich ihm eine Erscheinung von Gestalten und das Blitzen von Feuer. Und Alexander fürchtete sich und war ratlos. Doch blieb er, um zu sehen, was daraus werden würde. Da sah er einige Männer daliegen, aus deren Augen es blitzte, wie mit feurigem Glanze. Und einer sprach zu ihm: ‹Sei gegrüßt, Alexander! Weißt du, wer ich bin?› Alexander antwortete: ‹Nein, Herr.› Er sprach: ‹Ich bin Sesonchosis, der Weltherrscher, der ein Genosse der Götter geworden ist. Doch bin ich nicht so glücklich gewesen wie du, denn du hast einen unsterblichen Namen, da du die vielbegehrte Stadt Alexandria in Ägypten gegründet hast.› Alexander sprach: ‹Wie viele Jahre werde ich noch leben?› Er antwortete: ‹Es ist gut, daß der Mensch nicht weiß, wann er stirbt. Denn wenn er es erfährt, so ist er in der Erwartung dieser Stunde schon gestorben.› (III, 24).*»

Aus dem lateinischen Westen ist uns der Alexanderroman in der spätantiken Übersetzung des Julianus Valerius Polemius überliefert. Im Mittelalter entwickelte sich ein weiterer Überlieferungsstrang aus der Abschrift des Presbyters Leo, der in Byzanz um 950 eine Abschrift und eine Übersetzung des griechischen Textes erstellte. Das im 11. Jh. erneut aufflammende Interesse an Alexander hat man mit den Kreuzzügen in Verbindung gebracht. Auf jeden Fall ist sicher, daß man zunehmend bemüht war, christliche Motive zu integrieren. Nicht daß diese dem spätantiken Text fremd gewesen wären: Auch da ist bereits mehrfach von einem einzigen Gott die Rede, während die heidnischen Götter mitunter als «sogenannte Götter» apostrophiert werden. Doch nun, in den mittelalterlichen Redaktionen, zieht der König plötzlich nach Jerusalem, um nun auch die christliche Weltherrschaft zu erringen (Abb. 19a.b. 20). Auf einem Goldmedaillon Papst Pauls III. (1534–1549) sehen wir Alexander kniend vor dem hohen Priester Jaddus am Tor von Jerusalem. Pikant ist, daß die Vorderseite ein Bildnis des Papstes trägt und dieser trug den weltlichen Namen Alessandro Farnese. In Wanddekorationen der Sala Paolina von Castel Sant' Angelo in Rom verglich sich der Papst mit seinem antiken Namensvetter, eine Alexanderimitatio reinsten Wassers, wie wir sie auch in der Römerzeit antreffen werden (s. S. 101 ff.).

Im 12. Jh. erscheint dann das Alexanderlied des Pfaffen Lamprecht. Die deutschsprachige Rezeption hat begonnen. Der Eroberer erreicht nunmehr sogar die Pforten des christlichen Paradieses und versucht allen Ernstes einzudringen, doch macht er sich angesichts dieser Gotteslästerung schuldig. Er erhält einen Edelstein, der seine übermäßige Gier nach Eroberung heilen soll. Bei Alexan-

***Abb. 16** Die Himmelfahrt Alexanders mit einem Gespann orientalischer Löwengreifen. Der König (mit Widderhörnern?) steht unter einem Baldachin, der mit dem in Makedonien so beliebten Sternmotiv verziert ist. Gold mit Lapislazuli. Gürtelschnalle aus einem frühkaiserzeitlichen Grab eines barbarischen Herrschers in Nordafghanistan. Tillya Tepe, Grab 4. Kabul Museum.*

***Abb. 17** Rekonstruktionsskizze des Greifengespanns von Tillya Tepe mit einer farblichen Absetzung der einzelnen Elemente.*

ders Kriegsbegeisterung mag das ja geholfen haben, doch wurde anscheinend nicht jede Gier unterdrückt, denn der König findet auf einer Waldlichtung eine Gruppe zauberhafter Mädchen, die aus Blütenkelchen geboren werden. Eine orientalische Phantasie, an der sich der König und seine Gefährten monatelang delektierten, ehe die Blumenmädchen zum Leidwesen der Männer dahinwelken. Sic transit gloria mundi.

Auch Frankreich entwickelte seine eigene Alexandertradition. Dort schuf Walter von Châtillon gegen 1184 ein lateinisches Epos über den Makedonenkönig, das mit Vergils Aeneis wetteifern sollte und das generationenlang als Schulbuch diente. Das Werk basierte vor allem auf dem lateinischen Alexanderhistoriker Curtius Rufus, der wohl der frühen Kaiserzeit zuzuweisen ist. Walters Motive und seine Einschätzung Alexanders lassen keine Frage offen:

«Singe, Muse, die Taten, die einst Makedoniens Herrscher
Rings auf Erden vollbracht: wie reichlich er Kriegsvolk entsandte,
Machtvoll Darius und Poros bezwang und wie unter seiner
Führung Griechenland jauchzte, Korinth die Persertribute
Wiedererhielt. Und wenn er, nicht schwach vom wehrlosen Alter,
Lange genug nach Schicksalsbeschluß noch fortgelebt hätte,
Nimmer könnte uns Fama die Taten Caesars verkünden,
Trübe wäre der ganze Ruhm von Romulus' Volksstamm.»[7]

Die Botschaft ist eindeutig. Wäre Alexander mit ewigem Leben gesegnet, ein Caesar wäre niemals zu Ruhm gelangt und selbst Roms Weltherrschaft hätte sich kaum je vollendet. Vor dem Mythos des Makedonenkönigs wäre alles verblaßt. Geschrieben eineinhalb Jahrtausende nach dem Tode Alexanders am 10. Juni 323 v. Chr. Walter konnte den durchschlagenden Erfolg seiner Alexandreis nicht mehr erleben. Sein grausames Ende ereilte ihn wenig später in einer Leprakolonie.

Während sich Lamprecht vor allem auf Valerius stützte, beziehen sich nun auch in Deutschland andere Autoren vor allem auf Curtius Rufus. Um 1444 erscheint dann als Höhepunkt und Abschluß der mittelalterlichen Alexanderdichtung deutscher Zunge das Opus von Johann Hartlieb, der sogar noch eine Darstellung der Diadochenkriege anschließt. Faszinierenderweise erhebt er dabei Ptolemaios I. zum Blutsverwandten des Eroberers, ein Detail, das uns auch aus ptolemäischer Hofdichtung bekannt ist

17

(Theokrit, *Eidolon* XVII, 13–27). Der erste Ptolemäer zieht am Ende tatsächlich nach Sachsen, ganz konsequent, da die Saxonier ohnehin makedonischer Abstammung sind.[8] Wer hätte sich das bei der Wiedervereinigung träumen lassen?

Um einen Eindruck von der geradezu unwahrscheinlichen Rezeptionsgeschichte dieser Lebenslegende zu vermitteln, sei ein Stemma der romanhaften Bearbeitungen in ihren Abhängigkeiten abgebildet, das J. Zeidler verdankt wird und das mehr sagt als viele Worte (Abb. 21). Am Ende begegnet Alexander als «Zweigehörnter» gar im Koran und hatte in der von ihm persönlich in Ägypten gegründeten Stadt Alexandria wie ein echter Marabut seine eigene Moschee[9], eine Karriere, die nicht vielen Heiden beschieden war.

In der 18. Sure des Koran erscheint der König als Dhu'l Qarnain, als «Zweigehörnter», fraglos eine Anspielung auf die Widderhörner des Zeus/Ammon, mit denen Alexander als Zeichen seiner göttlichen Abstammung oftmals dargestellt wurde (Abb. 39). Der Makedonenkönig erscheint hier nicht als Eroberer, sondern als Gesandter Allahs, der vor allem als Wohltäter in Erscheinung tritt. Das Bild des Königs ist hier weitgehend unhistorisch, zumal die islamische Überlieferung auch für die Hörner keinerlei sinnvolle Erklärung hat.[10]

«Die (Juden) werden dich auch über den Dhu'l Qarnain (Zweigehörnten) befragen. Antworte: ‹Ich will euch eine Geschichte von ihm erzählen.› ‹Wir befestigten sein Reich auf Erden, und wir gaben ihm die Mittel, alle seine Wünsche zu erfüllen. Er ging einst seines Weges, bis er an den Ort kam, wo die Sonne untergeht, und es schien ihm, als ginge sie in einer Quelle mit schwarzem Schlamm unter. Dort traf er ein Volk. Wir sagten zu ihm: ‹O Dhu'l Qarnain! Entweder bestrafe dieses Volk oder zeige dich milde gegen dasselbe.› Er aber sagte: ‹Wer ungerecht von ihnen handelt, den wollen wir bestrafen, und dann soll er zu seinem Herrn zurückkehren, der ihn noch strenger bestrafen wird. Wer aber glaubt und rechtschaffen handelt, der empfängt den herrlichsten Lohn, und wir wollen ihm unsere Befehle leicht machen.› Dann verfolgte er seinen Weg weiter, bis er an den Ort kam, wo die Sonne aufgeht. Er fand sie über einem Volk aufgehen, dem wir nichts gegeben hatten, um sich vor ihr schützen zu können. Dies ist wahr, denn wir umfaßten in unserer Kenntnis alle Leute, welche mit ihm waren. Er verfolgte seinen Weg weiter, bis er zwischen die zwei Berge kam, wo er ein Volk fand, das kaum eine

18

Abb. 18 Alexanders Unterwasserfahrt zählt wie seine Luftfahrt (Abb. 14–16) zu den bereits in der Antike bekannten Episoden der romanhaften Alexandertradition, die hier in einem französischen Manuskript des 14. Jhs. illustriert ist. Tauchfahrt und Luftfahrt zeigen die Hybris Alexanders, der jede Grenze sprengen will und erst von übernatürlichen Mächten dazu bewogen wird, die dem Menschen gesteckten Grenzen zu beachten. Die Episode schildert, wie der Makedonenkönig in einer gläsernen Taucherglocke die Tiefen der See erkunden will und nur durch einen Zufall gerettet wird. Bodleian Library, University of Oxford.

Abb. 19a.b Alexander kniet am Tor von Jerusalem vor dem hohen Priester Jaddus und empfängt die Schlüssel der Stadt und damit indirekt auch die Herrschaft über den Erdkreis. Das Mittelalter sah Alexander als christlichen Herrscher, der am Ende gar auf der Suche nach dem Paradies war. Das Goldmedaillon wurde im Auftrag von Papst Paul III. (1534–1549) geprägt, dessen weltlicher Name Alexander war. Der Papst war ein hochgebildeter Mann, der einen Raum des Castell Sant' Angelo in Rom mit Szenen aus Alexanders Leben schmücken ließ, die den Papst in gewisser Weise mit Alexander verglichen. Die Vorderseite der Gedenkmünze trägt eine Büste Pauls III. London, British Museum P 513.37.

Abb. 20 Alexander vor den Toren Jerusalems. Die Miniatur stammt aus einer mittelalterlichen Handschrift (s. Abb. 5). Der König kniet vor dem hohen Priester und erhält von ihm ein goldenes Buch mit der Weissagung Daniels vom makedonischen Weltreich. Der König erscheint hier als geläuterter Herrscher. Walter von Châtillon hat in seiner Alexandreis von 1184 die Szene in seinen Alexanderzug eingearbeitet: «Wie nämlich der König nach Tyrus' Fall Jerusalem siegreich als Herr mit zahlreichen Truppen einnehmen will, ja Gottes Tempel, die Häuser zu schänden droht, entschreitet dem Tor, der Kampfwut des niemals Besiegten vorzubeugen, geleitet vom würdigen Rate des Ortes, jener oberste Priester und trägt dieselben Gewänder, die der Herrscher am göttlich strahlenden Bischof gesehen. Gleich als ob er ihn kennte, so springt Alexander vom Pferde, grüßt und neigt sich ihm tief. Erstaunt verwundern sich alle, da er Ehren dem Manne erweist, die sonst für ihn selbst nur festgesetzt sind. Sodann, dem Einmarsch des Heeresgefolges wehrend, betritt er die Hauptstadt, von wenigen Freunden begleitet, bringt, wie einst der Hebräer gewünscht, Jerusalem Frieden, und den Tempel mit reichlich gespendeten Gaben versehend, hinterläßt er zugleich den Bürgern dieser beglückten Stadt beim Abschied ein bleibend Geschenk: denn Mars ist ihr gnädig.» (Übersetzung G. Streckenbach, Walter von Châtillons Alexandreis, Das Lied von Alexander dem Großen [1990] 46). Es besteht kein Zweifel, daß das christliche Abendland den Eroberer vereinnahmt hat.

Sprache verstehen konnte. Sie sagten zu ihm: ‹O Dhu'l Qarnain! Jadschudsch und Madschudsch richten Verderben im Land an. Bist du es zufrieden, daß wir dir einen Tribut unter der Bedingung zahlen, daß du zwischen uns und ihnen einen Wall errichtest?› Er aber erwiderte: ‹Die Kraft, mit welcher mein Herr mich ausgerüstet hat, ist besser als euer Tribut. Steht mir nur kräftig bei, so will ich einen festen Wall zwischen euch und ihnen aufrichten. Bringt mir große Stücke Eisen, um den Raum zwischen beiden Bergwänden auszufüllen.› Er sagte weiter: ‹Blast nur (mit den Blasebälgen), damit das Eisen wie Feuer glühe.› Dann sagte er: ‹Bringt mir geschmolzenes Erz, daß ich es darauf gieße.› So konnten sie (Jadschudsch und Madschudsch) den Wall weder übersteigen noch durchlöchern. Da sagte Dhu'l Qarnain: ‹Dies habe ich nun mit der Gnade meines Herrn getan. Wenn aber einst die Verheißung meines Herrn in Erfüllung gehen wird, dann wird er den Wall in Staub verwandeln; die Verheißung meines Herrn aber ist wahr›. An jenem Tage werden wir die Menschen, einen über den anderen, gleich den Wellen des Meeres, herstürzen lassen; und wenn in die Posaune gestoßen wird, dann wollen wir sie alle versammeln. An jenem Tage geben wir die Hölle den Ungläubigen, deren Augen verhüllt und deren Ohren verstopft waren, so daß sie meine Ermahnung nicht verstehen konnten.»[11]

Alexander zog auch ein in den Märchenschatz des Orients und es ist häufig kein guter König, der uns da entgegentritt. Eine Fabel aus Turkestan erzählt, daß der König mit einem Horn auf dem Kopf geboren wurde. Er erhielt die Prophezeiung, daß er keinen Feind mehr besiegen werde, wenn er sein Horn verliere. Hinfort verbarg der König das kostbare Horn unter einem hohen Helm, damit niemand davon erführe. Er zeigte es nur, wenn er sich die Haare schneiden ließ. Um das Geheimnis zu wahren, tötete er jedesmal eigenhändig den unglücklichen Frisör.

Als nun Alexander wieder einmal einen Barbier zu sich rief, fragte er ihn nach getaner Arbeit, ob er das Horn gesehen habe, was der geistesgegenwärtige Mann verneinte. Alexander ließ ihn gehen, doch drohte er ihm, ihn zu töten, sobald er von einem Horn reden sollte. Der Barbier wahrte das Geheimnis einige Jahrzehnte, doch dann hielt er es nicht mehr aus. Er ging in die Steppe zu einem Brunnen und rief hinab: «*Der König Alexander hat ein Horn auf dem Kopf und wer ihm das Horn abhaut, macht ihn kraftlos bei den Feinden.*»

Der Wind trug das Geheimnis zu den Menschen und ein Feind des Königs schlich sich zu Alexander und hieb ihm das Horn ab. Alexander ließ den Barbier und seine Familie auf grausamste Weise hinrichten und konnte forthin nicht mehr in den Krieg ziehen, sondern mußte seine Feldherrn für sich kämpfen lassen.

Aber damit war sein Unglück noch nicht zu Ende. Als Alexander aus den Bergen das Wasser des ewigen Lebens in Schläuchen heimschaffen wollte, da erkrankte er auf dem Rückweg und das Wasser konnte ihm nicht helfen, da Krähen die Schläuche aufgehackt hatten, so daß das lebenspendende Wasser ausgelaufen war. Und so starb der König, weil ihm keine Arznei mehr helfen konnte.[12]

Der König hat sich also im Märchen wie im Koran weitgehend von seinen historischen Grundlagen gelöst, doch ist bemerkenswert, daß die Volksüberlieferung immer noch von einem grausamen Eroberer weiß, während ihn der Koran zu einem Gesandten Gottes stilisiert. Darüber hinaus finden sich in dem Märchen auch noch andere Reflexe der Alexanderüberlieferung wie etwa der Tod durch Krankheit (s. S. 88) oder das Bild von den Krähen, berichtet doch der Alexanderroman, daß bei Alexanders Rückkehr nach Babylon kurz vor seinem Tod unheilvolle Schwärme von Krähen erschienen (s. S. 84). Wie im Koran, so hat jedoch auch unser Erzähler keine Ahnung mehr von der wahren Bedeutung der Widderhörner und spricht auch nur von einem einzigen Horn (s. S. 36 ff.). In der Volksüberlieferung ist Alexander im Gegensatz zum Koran übrigens häufig ein Despot, ein unheilvoller Dämon – geh ins Bett, sagen iranische Mütter zu ihren Kindern, sonst holt dich Alexander.[13]

Doch ob positiv oder unheilvoll, ob abwertend oder hymnisch, der Roman seines Lebens gehört zu den beliebtesten Themen der Weltliteratur – vielleicht ist es der verbreitetste Romanstoff überhaupt.

Am Anfang eines Mythos

Jede Legende hat ihren Ursprung und unsere Geschichte beginnt am 20. Juli 356 v. Chr. In Ephesos schlagen Flammen aus dem Tempel der Artemis, ein Heiligtum, das zu den Weltwundern zählt. Angeblich hatte Herostratos eine Fackel in den Dachstuhl geschleudert, um durch die Zerstörung des Wunderbaus seinen Namen zu verewigen. Und er hatte Erfolg. Die Flammen von Ephesos deutete man schaudernd als Zeichen des Unheils nicht nur für die Stadt, nein für ganz Asien (Plutarch, *Alexander* 3). Düstere

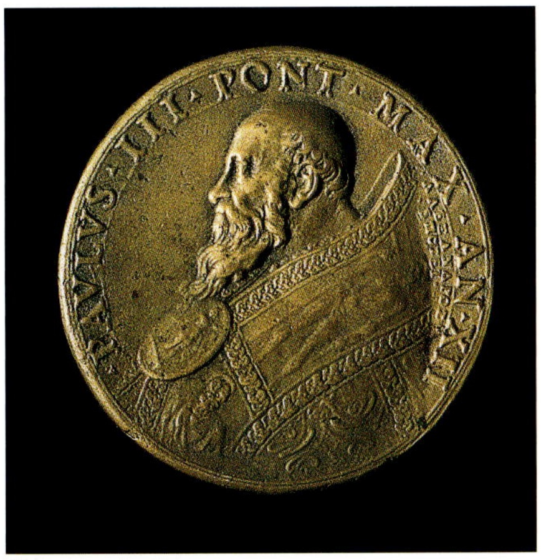

19a

19b

20

Die Überlieferung des Alexanderroma

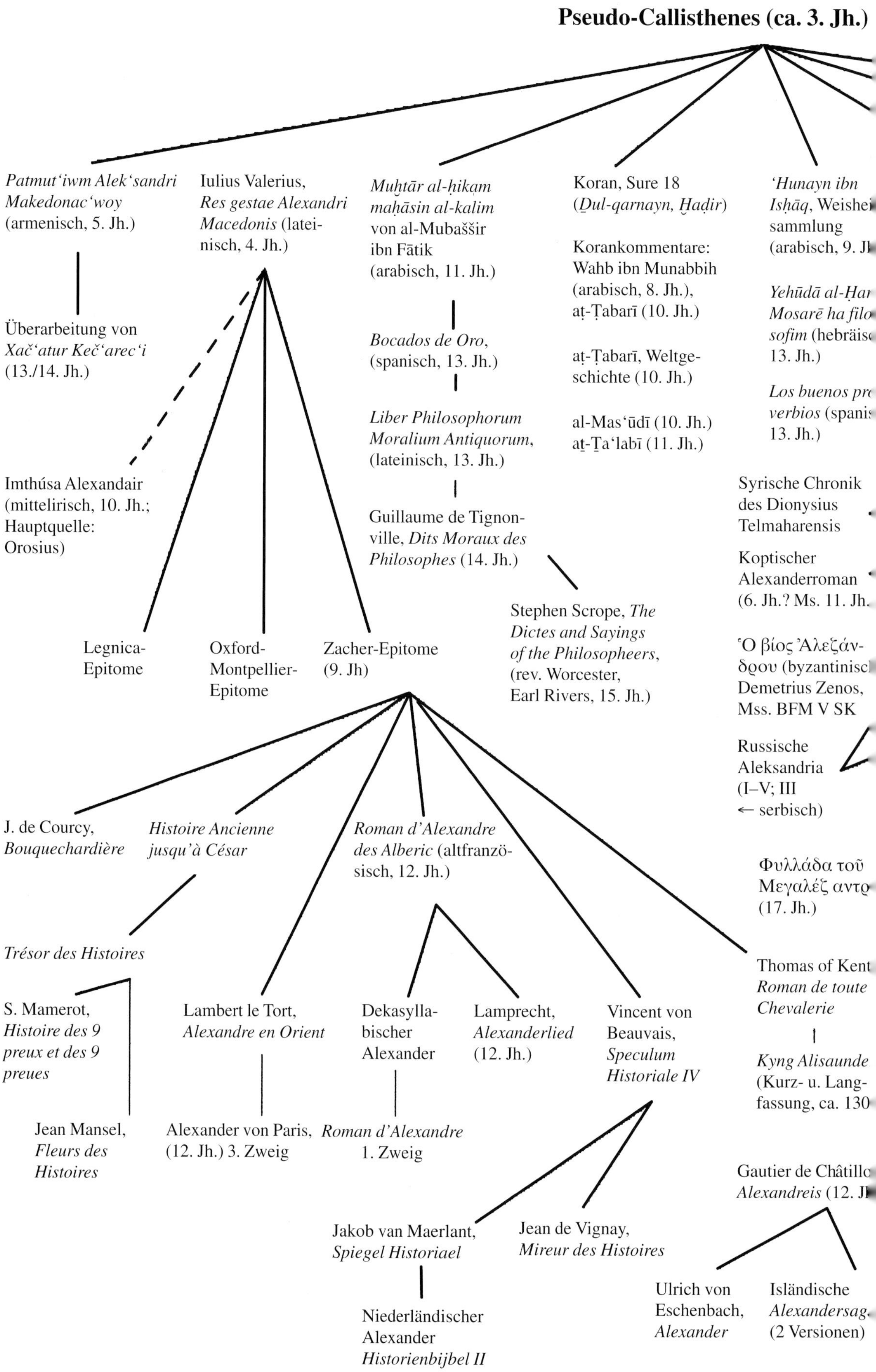

Pseudo-Callisthenes (ca. 3. Jh.)
Patmut'iwm Alek'sandri Makedonac'woy (armenisch, 5. Jh.)
Überarbeitung von *Xač'atur Keč'arec'i* (13./14. Jh.)
Iulius Valerius, *Res gestae Alexandri Macedonis* (lateinisch, 4. Jh.)
Imthúsa Alexandair (mittelirisch, 10. Jh.; Hauptquelle: Orosius)
Legnica-Epitome
Oxford-Montpellier-Epitome
Zacher-Epitome (9. Jh)
Muḫtār al-ḥikam maḥāsin al-kalim von al-Mubaššir ibn Fātik (arabisch, 11. Jh.)
Bocados de Oro, (spanisch, 13. Jh.)
Liber Philosophorum Moralium Antiquorum, (lateinisch, 13. Jh.)
Guillaume de Tignonville, *Dits Moraux des Philosophes* (14. Jh.)
Stephen Scrope, *The Dictes and Sayings of the Philosopheers*, (rev. Worcester, Earl Rivers, 15. Jh.)
Koran, Sure 18 (*Ḏul-qarnayn, Ḫaḍir*)
Korankommentare: Wahb ibn Munabbih (arabisch, 8. Jh.), aṭ-Ṭabarī (10. Jh.)
aṭ-Ṭabarī, Weltgeschichte (10. Jh.)
al-Mas'ūdī (10. Jh.) aṯ-Ṯa'labī (11. Jh.)
'Hunayn ibn Isḥāq, Weishei sammlung (arabisch, 9. Jh
Yehūdā al-Ḥar Mosarē ha filo sofim (hebräisc 13. Jh.)
Los buenos pro verbios (spanis 13. Jh.)
Syrische Chronik des Dionysius Telmaharensis
Koptischer Alexanderroman (6. Jh.? Ms. 11. Jh.
Ὁ βίος Ἀλεξάνδρου (byzantinisc Demetrius Zenos, Mss. BFM V SK
Russische Aleksandria (I–V; III ← serbisch)
Φυλλάδα τοῦ Μεγαλέξ αντρ (17. Jh.)
J. de Courcy, *Bouquechardière*
Histoire Ancienne jusqu'à César
Trésor des Histoires
S. Mamerot, *Histoire des 9 preux et des 9 preues*
Jean Mansel, *Fleurs des Histoires*
Roman d'Alexandre des Alberic (altfranzösisch, 12. Jh.)
Lambert le Tort, *Alexandre en Orient*
Alexander von Paris, (12. Jh.) 3. Zweig
Dekasyllabischer Alexander
Roman d'Alexandre 1. Zweig
Lamprecht, *Alexanderlied* (12. Jh.)
Vincent von Beauvais, *Speculum Historiale IV*
Jakob van Maerlant, *Spiegel Historiael*
Niederländischer Alexander *Historienbijbel II*
Jean de Vignay, *Mireur des Histoires*
Thomas of Kent *Roman de toute Chevalerie*
Kyng Alisaunde (Kurz- u. Langfassung, ca. 130
Gautier de Châtillo *Alexandreis* (12. J
Ulrich von Eschenbach, *Alexander*
Isländische *Alexandersag* (2 Versionen)

…es Pseudo-Callisthenes (Entwurf)

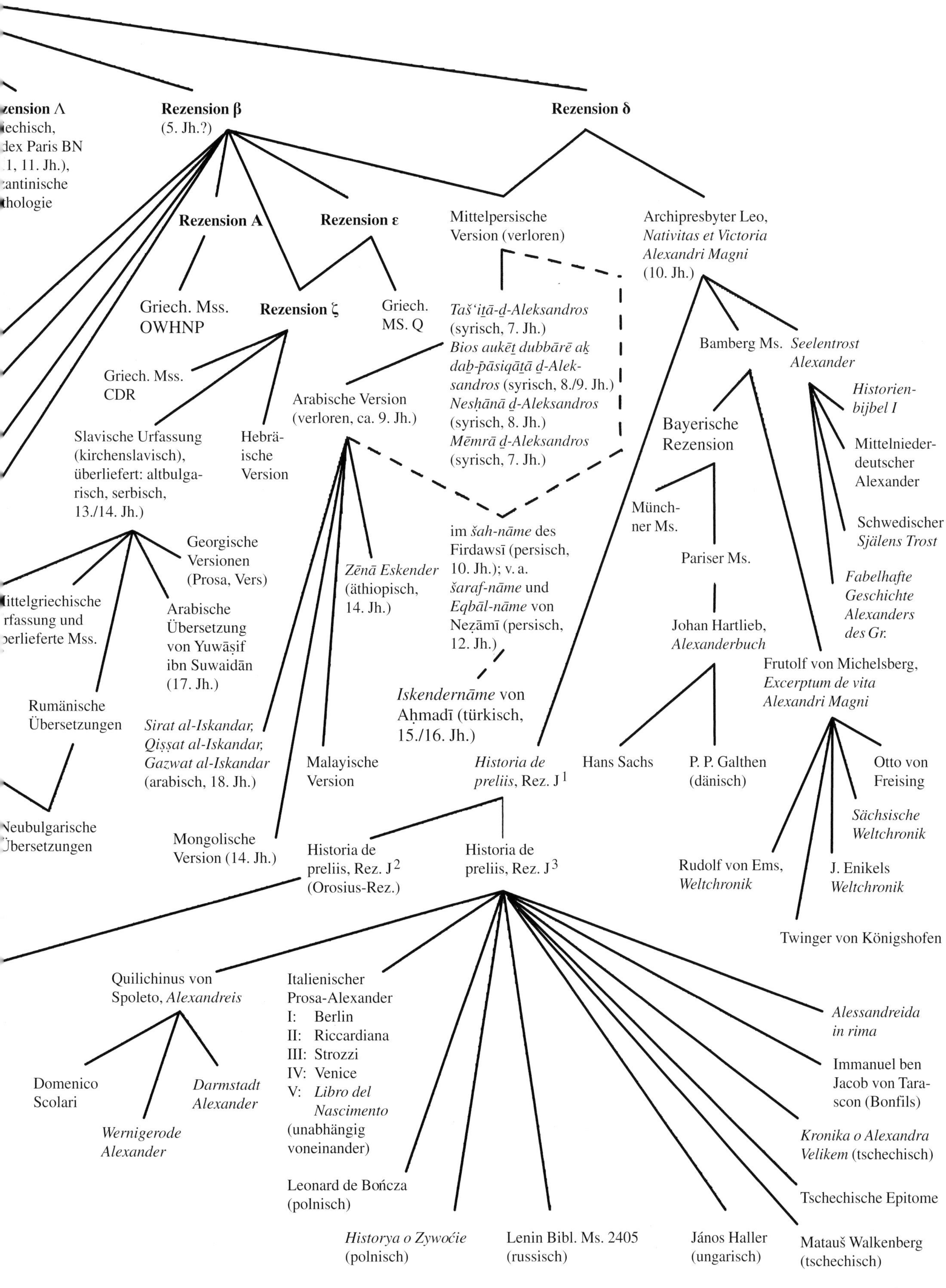

22

Visionen, die sich nur allzu bald bewahrheiten. Denn in diesen Stunden wurde im fernen Makedonien ein Prinz geboren, der später als Alexander der Große Weltgeschichte schreiben sollte.

Der Brand eines Weltwunders und die Geburt eines Königs, die Antike liebte solche Koinzidenzen. Nichts illustrierte markanter die schicksalhafte Bedeutung großer Persönlichkeiten, auch wenn die Gleichsetzung manchen Scherz auf sich zog. So spottete Hegesias von Magnesia, Artemis habe ihren Tempel leider nicht mehr löschen können, da sie während des Brandes bei Alexander Geburtshilfe leistete (Plutarch, *Alexander* 3). Doch selbst diese Anekdote zeigt nur allzu klar, daß man selbstverständlich davon ausging, daß herausragende Gestalten auf übermenschliche Hilfe zählen konnten, ja daß sie gelegentlich als Gotteskinder begriffen wurden, deren Leben im wahrsten Sinne gottbegnadet war. Übermenschliches Glück verdankten die Menschen Tyche, der Göttin des Schicksals im Guten wie im Bösen. Und so sollte die Tyche Alexanders des Großen geradezu sprichwörtlich werden (s. S. 99 ff.). Selbst ein Iulius Caesar hatte fraglos Alexander im Sinn, wenn er von Caesar und seinem Glück oder besser von seiner Tyche sprach.

Der König war schon zu Lebzeiten eine Legende, die den Vergleich mit mythologischen Gestalten mühelos aushielt (s. S. 47 ff.). Es stellt sich also zwangsläufig die Frage, wann diese Legendenbildung einsetzte oder besser, wann die Umgebung des jungen Königs seine Außergewöhnlichkeit zum ersten Mal erkannte. All unsere Anekdoten und höfischen Schmeicheleien setzen bereits den Eroberer voraus und es ist kaum vorstellbar, daß man von Anfang an bei Alexanders Geburt göttliche Geburtshelfer an seiner Seite sah.

Wo lag der Ursprung unserer Legende und wann nahm sie ihren Anfang? Hier wird jeder seine eigene Wahl treffen, doch als der junge Prinz an der Spitze makedonischer Kavallerie 338 v. Chr. in der Entscheidungsschlacht von Chaironeia in die thebanischen Reihen brach, da bestand dieser Mythos fraglos noch nicht.[14] An diesem für das klassische Griechenland so schicksalhaften Tag hatte der erfahrene König seinen jungen Sohn zusammen mit der Reiterei im Kreis erfahrener Generäle auf den linken Flügel beordert. Philipp plante, die in ihrem Makedonenhaß übermotivierten Truppen der Athener und Böoter durch hinhaltenden Widerstand zu ermüden und erst später zum Angriff zu schreiten. Und so drängte die Infanterie Athens Philipps rechten Flügel zusehends zurück.

Die Lage war ernst, zu ernst für die Ungeduld eines Alexander. Vielleicht überschätzte der unerfahrene Prinz auch den Ernst der Lage, wir werden es nie erfahren. Doch scheint sicher, daß er schließlich entgegen seiner Order zum Angriff schritt. Und seine Reiter folgten ihm, wenn vielleicht auch nur, um den Thronfolger zu schützen. Die Situation erinnert an Heinrich von Kleist und sein Drama des Prinzen von Homburg. Eine siegreiche Attacke in krasser Mißachtung aller Befehle. Im preußischen Heer ließ man den Prinzen hinrichten. Bei Alexander dachte niemand daran, zumal die Begeisterung der siegreichen Makedonen anscheinend kaum Grenzen kannte. So nannten sie Philipp II. ihren Feldherrn und Alexander ihren König (Plutarch, *Alexander* 9).

Nach Plutarch (*Alexander* 9) war Alexander der erste, der Thebens «Heilige Schar» durchbrach, und die Thebaner stellten einen der berühmtesten Kampfverbände ihrer Zeit (Abb. 22). Für den 18jährigen Alexander war der durchschlagende Erfolg fraglos ein Schlüsselerlebnis. Es war die Geburtsstunde des finalen Reiterangriffs, der nahezu all seine Schlachten entscheiden sollte. Für Griechenland mit seiner Überbetonung schwerer Infanterie war es ein entscheidender Bruch althergebrachter Taktik. Im Zuge dieser Umorientierung verstand der junge König in Zukunft die berühmte Infanterie seines Vaters, die makedonische Phalanx, primär als statisches Element und die Kavallerie als schlachtentscheidende Waffe. Wie schon in Chaironeia, so folgte ihm die Hetairenreiterei später auch in all jenen Schlachten, die das Perserreich zertrümmerten, um eine neue Epoche zu begründen. Und als nach Alexanders Tod im Jahre 323 v. Chr. die Phalanx eine makedonische Renaissance anstrebte, da werden es die Reiter sein, die das Erbe ihres toten Königs verteidigen (s. S. 90). Selbst die Kunst trug diesem taktischen Wandel Rechnung und so zeigen uns berühmte Denkmäler wie das Alexandermosaik (s. S. 64 ff.) oder der Alexandersarkophag (s. S. 57 ff.) konsequenterweise Kavallerieschlachten, in denen der Makedonenkönig hoch zu Roß persönlich die Entscheidung sucht.

Der Vater ging bei Chaironeia nach dem Zusammenbruch des thebanischen Flügels selbst in die Offensive, um sich seinen Teil am Sieg zu sichern. Wie man die Legenden um Alexanders Jugend auch immer wertet, spätestens am Tag von Chaironeia wurde er geboren, der Mythos Alexander.

Auf den Seiten 20/21:

Abb. 21 Stemma der Überlieferungsgeschichte des Alexanderromans (nach J. Zeidler). Nach der Bibel ist dieser Roman das wohl verbreitetste Buch der Weltliteratur. Die romanhafte Verarbeitung des Alexanderzuges begann bereits im Hellenismus, der uns erhaltene Text des Alexanderromans stammt jedoch erst aus der Spätantike.

Abb. 22 Die Schlacht von Chaironeia (338 v. Chr.) mit dem Sieg Philipps II. über die alliierten Athener und Thebaner zementierte Makedoniens Stellung als hellenische Großmacht. Politisch beendete der Tag von Chaironeia das Zeitalter der Klassik. In der wenig später von Alexander heraufgeführten Epoche des Hellenismus spielten die Stadtstaaten Griechenlands nur noch eine untergeordnete Rolle. Der Löwe von Chaironeia thront über dem für 254 gefallene Thebaner angelegten Massengrab (Pausanias 9, 40, 10). Auch wenn der Löwe für den Mut der Gefallenen steht, so erinnert man sich doch auch unwillkürlich an die von antiken Autoren gerne zitierte Löwenhaftigkeit Alexanders, der als 18jähriger ohne Befehl den entscheidenden Reiterangriff führte.

Ein Kind dreier Väter

Die Mutter und das Attentat

So glanzvoll der Tag von Chaironeia auch anmutet, das Verhältnis zwischen Vater und Sohn war alles andere als ungetrübt, und die Mutter hatte maßgeblichen Anteil.[15] Die Eltern hatten sich bereits in relativ jungen Jahren getroffen, als beide an der Initiation des Mysterienheiligtums von Samothrake teilnahmen (Plutarch, *Alexander* 2). Nach dem Tode seiner beiden ersten Frauen heiratete Philipp die Prinzessin aus dem westgriechischen Epiros im Herbst 357 v. Chr.[16] Olympias (Abb. 23. 24) war nicht nur eine Anhängerin der Mysterien von Samothrake, sie war auch eine Mystin des Dionysos und stand in dem Ruf, sich bei orgiastischen Riten völlig zu vergessen und mit Schlangen im Haar als ekstatische Mänade zu tanzen. Mänaden gehörten zusammen mit den halbtierischen Satyrn zum Gefolge des Dionysos und waren berüchtigt, im Rausch nicht nur Tiere, sondern auch kleine Kinder bei lebendigem Leibe zu zerreißen. Der von Plutarch überlieferte Schlangenschmuck erinnert unwillkürlich an eine Gorgo, jene furchtbare Kreatur der griechischen Sagenwelt, bei dessen Anblick jeder zu Stein erstarrt, eine treffende Charakterisierung für den explosiven Charakter der Königin, die man schließlich als Greisin zu Tode steinigen mußte, um ihrer Ränke ein Ende zu setzen. Zeitgenössische Porträts der Königin sind uns nicht erhalten, doch erscheint sie in der Spätantike mehrfach auf bronzenen Gedenkprägungen sowie in severischer Zeit auf spektakulären Goldmedaillons aus dem ägyptischen Abukir und aus Tarsos (s. S. 114).[17] Die noblen Züge des idealisierten Gesichts bieten keinen Hinweis auf den wahren Charakter der Monarchin.

Zum Zeitpunkt der Hochzeit war Makedonien ein zutiefst geschwächter Staat. Drei Könige waren binnen eines Jahrzehnts verstorben und das Land war weit entfernt von der territorialen Ausdehnung beim Tode Philipps II. Hätte damals jemand prophezeit, daß sich dieses Land am Rande der griechischen Welt in drei Jahrzehnten zur Weltmacht aufschwingen würde, man hätte ihn lauthals verlacht. Doch was niemand ahnen konnte, Philipp II. erwies sich rasch als eines der größten Talente griechischer Geschichte: Ein Mann großer persönlicher Tapferkeit, der sich für Ränke und Hinterlist nicht zu schade war. Bei seiner Ermordung im Jahre 336 v. Chr. war Makedonien nunmehr gerüstet zum Rachekrieg gegen das persische Großreich.

In Olympias gewann er eine Gattin, die ihn an Herrschsucht und Skrupellosigkeit übertraf. Angestachelt durch seine diversen dynastischen Ehen tat sie alles, um das Verhältnis zwischen Alexander und seinem nicht weniger als sieben Mal verheirateten Vater zu vergiften, so daß der Thronfolger und einige seiner engsten Freunde kurz nach Chaironeia ins Exil gehen mußten.

Geschürt wurde dieser Konflikt durch Philipps jüngste Ehe mit Kleopatra, einer Angehörigen des makedonischen Hochadels. Der König hatte sich leidenschaftlich in das junge Mädchen verliebt und heiratete sie bald nach dem Triumph von Chaironeia. Die Hochzeit war für Alexander und seine Ansprüche auf den makedonischen Thron in höchstem Maße gefährlich. So brachte etwa Kleopatras Onkel beim Bankett einen Toast auf die junge Königin aus mit dem dezidierten Wunsch, die Götter möchten die junge Ehe mit einem legitimen Thronerben segnen. Das zeigt deutlich, daß Alexander beim makedonischen Hochadel als Sohn einer Epirotin nicht unumstritten war. Alexander schleuderte vor Wut schäumend seinen Becher nach dem Sprecher (Plutarch, *Alexander* 9). Philipp ergriff bezeichnenderweise Partei für Kleopatras Onkel und zog in volltrunkenem Zustand gar sein Schwert, doch stürzte er auf unsicheren Beinen, was der Sohn hohnlachend mit den Worten kommentierte: *«Hier seht Ihr einen Mann, der sich aufmacht von Europa nach Asien überzusetzen und nun kann er nicht von einer Kline (Speisesofa) zur anderen gelangen.»* Und das alles, wie gesagt, ein Jahr nach dem Triumph von Chaironeia.

Die vor Eifersucht rasende Olympias zog sich in ihre alte Heimat zurück, und Alexander ging nach Illyrien ins Exil. Um ein Haar hätte die Weltgeschichte auf Alexander den Großen verzichten müssen. Erst der Vermittlung eines korinthischen Freundes war es zu danken, daß Philipp den Exilierten zur Rückkehr veranlaßte.

Doch der alte Zwist schwelte unter der Oberfläche und so kolportiert Plutarch, daß wenig später ein Makedone namens Pausanias bei Alexander vorstellig wurde. Pausanias war durch Kleopatra und ihren Onkel schwer gedemütigt worden und forderte nun Genugtuung, was

23. 24

***Abb. 23** Olympias, die Mutter Alexanders des Großen auf einem weiteren Goldmedaillon dieser wohl in der Severerzeit entstandenen Gedenkmünzen. Thessaloniki, Museum.*

***Abb. 24** Thetis, die Mutter des homerischen Achill auf einem Seemonster. (Rückseite des Goldmedaillons Abb. 23). Alexander der Große sah sich als «neuer Achill», so daß seine Mutter auf der Gedenkprägung mit Thetis verglichen wird.*

Philipp offenbar abgelehnt hatte. Alexander konnte ihm nicht helfen, doch zitierte er vielsagend einen Vers des Euripides, in der die zauberkundige Königin Medea «Vater, Braut und Schwiegervater» bedroht. Ein Jahr später setzte der Dolch des Pausanias Philipps Leben ein Ende.

Der Anschlag erfolgte in aller Öffentlichkeit und zwar im Theater der alten Makedonenresidenz Aigai (Vergina) und zwar anläßlich der Hochzeit von Alexanders Schwester mit dem König von Epiros, einem Bruder der Olympias. Auf dem Höhepunkt der Feierlichkeiten erreichte der Festzug des Königs das Theater von Aigai. Ihm voran trug man Statuen der zwölf Götter und eine Statue Philipps, die beinahe wie ein dreizehnter Gott wirkte. Der König war in Begleitung des Schwiegervaters und Alexanders, doch schickte er beide mit seinen Freunden voran. Als Philipp im weißen Gewand und unter dem Applaus der Menge das Theater betrat, streckte ihn Pausanias nieder. Er gehörte pikanterweise zu den sieben Leibwächtern des Königs. Der Attentäter wurde umgehend auf der Flucht erschlagen und konnte nie mehr befragt werden.

Der Thron war für Alexander gerettet und seine Mutter verlor keine Zeit, mit Kleopatra und ihren Verwandten abzurechnen. Die jüngste Frau Philipps überlebte mit ihrem Baby nur kurze Zeit, dann wurde sie in Alexanders Abwesenheit von Olympias mitsamt ihrem Kind über einem Kohlenbecken geröstet (Pausanias VIII, 7, 7), vielleicht, um sie zum Selbstmord zu zwingen (Justin IX, 7, 12). Mit einem Wort, sie wurde solange gefoltert, bis sie einwilligte, sich selbst erhängen zu dürfen. Eine Mänade des Dionysos kennt keine Gnade.

Angesichts solcher Barbarei bestanden schon in der Antike wenig Zweifel, daß Olympias von den Plänen der Attentäter wußte. Vielleicht waren sie nur willfährige Werkzeuge. Ob Alexander eingeweiht war, sei dahingestellt, doch zeigten die nächsten Jahre, daß der König niemals zögerte, sobald er seine Stellung gefährdet sah. Mord im Jähzorn oder aus Kalkül war niemals ausgeschlossen. Ob er bei dem eigenen Vater eine Ausnahme gemacht hätte? War diese Skrupellosigkeit und sein jäher Zorn Teil des mütterlichen Erbes? Auf jeden Fall bleibt so mancher Exzess unentschuldbar, auch wenn man fraglos feststellen kann, daß die Weltgeschichte weit sadistischere Eroberer kennt als Alexander den Großen. So liegen Welten zwischen einem Alexander und seinen gelegentlichen Exzessen und den zahllosen Sadismen und Massenmorden eines Tamerlan. Als Alexander nach dem Tode Philipps in seine Residenz zurückkehrte, mißbilligte er zwar offiziell das sadistische Vorgehen seiner Mutter, doch liquidierte er wenig später bei seinem Aufbruch zum Asienkrieg alle Verwandten Kleopatras, um Racheakten oder Revolten vorzubeugen (Justin IX, 5, 1).

Ehe Alexanders Gegenspieler nach dem Tode des Vaters konzertierte Aktionen einleiten konnten, erschien der junge König bereits an der Donau und vernichtete die aufständischen Triballer in einer bedeutenden Schlacht. Und als ihn im Norden die Nachricht erreichte, daß sich die Thebaner mit der Unterstützung Athens erhoben hätten, marschierte er schnell wie der Wind nach Süden, ein erster Beweis für die unerhörte Mobilität seiner Operationen, die in den folgenden Jahren seine Gegner immer wieder verblüffen sollten.

In Athen hatte der Makedonienhasser Demosthenes eben noch gespottet, Alexander sei nichts als ein Knabe, doch nun gab der König den Hohn zurück: «*Wenn mich Demosthenes einen Knaben nennt, solange ich in Illyrien und bei den Triballern weile und dann einen Jüngling, sobald ich durch Thessalien marschiere, dann werde ich ihm zeigen, daß ich ein Mann bin, sobald ich Athens Mauern erreiche*» (Plutarch, *Alexander*, 11). Zuerst stand er jedoch vor Theben, in dem die makedonische Besatzung der Burg von der Bevölkerung belagert wurde. Der König forderte die Kapitulation, doch die Thebaner wählten den Kampf und ihren Untergang. Die Stadt wurde völlig geschleift, die Überlebenden mit wenigen Ausnahmen in die Sklaverei verkauft (s. S. 71). Danach fand sich in Griechenland wohl niemand mehr, der Alexanders Führungsanspruch oder seine Führungskraft in Frage stellte. Auf dem Isthmus von Korinth stattete ihn ein pangriechischer Kongreß mit gesamtgriechischer Autorität aus und er hatte Frieden im eigenen Haus. Der Asienkrieg konnte beginnen und es würde ein Angriffskrieg werden, der ebenso unprovoziert war wie der Überfall eines Dareios oder eines Xerxes auf das griechische Mutterland in den Tagen von Marathon, Salamis und Plataiai im frühen 5. Jh. v. Chr.

Fragen wir nach dem Vater Alexanders, so nennt nahezu jede Quelle Philipp II. von Makedonien. Bei einem lebenden Mythos wie Alexander kann allerdings nicht erstaunen, daß hinsichtlich seiner Eltern keine letztgültige Klarheit herrscht. So kennen Mythen und Legenden noch zwei weitere Väter: Nektanebos II., den letzten indigenen ägyptischen Pharao und Amun, den widdergehörnten Gott Libyens und des Nillandes, den die Griechen mit Zeus gleichsetzten. Die drei Väter stehen nicht nur für unterschiedliche Sphären, sie zeigen auch, welche Zielgruppe der jeweilige Text adressieren sollte. Doch wie haben wir uns die Königsväter vorzustellen? Über den Pharao wissen wir wenig, und bei Göttern ist das noch komplizierter, ist ihr Aussehen doch eine Projektion unserer Wünsche, doch bei Philipp II. bewegen wir uns auf weit sichererem Grund – möglicherweise.

Der Schädel von Vergina oder das Gesicht des Vaters?

Auch wenn uns zahlreiche Porträts erhalten sind, die wahren Gesichter der Antike bleiben uns verschlossen – normalerweise. Die Erklärung liegt in der idealisierenden Porträtkunst der Griechen, die kaum je realistische Abbilder anstrebte. Doch all diese Unsicherheit schien am 18. November 1977 zu enden, an dem Tag, an dem Manolis Andronikos zum ersten Mal in ein intaktes makedonisches Fürstengrab hinabstieg.[18] Er stand nicht nur vor den Waffen und dem Tafelsilber des Toten, er entdeckte in einer 8 kg schweren Goldkiste auch die sorgfältig beigesetzten Aschenreste eines Makedonenkönigs, in dem er schon bald den Vater Alexanders erkennen wollte. Doch stand der Ausgräber tatsächlich vor den Überresten Philipps II.? Immerhin wissen wir, daß Makedonenkönige tatsächlich mit Vorliebe in Gold bestattet wurden. Die Frage schien geklärt, als Anfang der 80er Jahre ein Team von Gerichtsmedizinern den verkohlten Schädelknochen menschliche Züge zurückgab, eine Methode, die bei der Identifizierung von Lei-

***Abb. 25** Die Rekonstruktion des Verstorbenen aus dem «Philippgrab» von Vergina. Die von Gerichtsmedizinern vorgenommene Rekonstruktion folgt der These, daß der Tote eine schwere Augenverletzung gehabt habe, so daß es sich um Philipp II. handeln müsse. Dieser pathologische Befund wurde jedoch jüngst in Zweifel gezogen.*

***Abb. 26a.b** Kopf eines Königs, der in der Regel als Philipp II. gedeutet wird. Es handelt sich um eine römische Kopie nach einem Original des späteren 4. Jhs. v. Chr. Das Diadem, das erst sein Sohn Alexander aus dem persischen Königsornat übernahm, spricht für eine Entstehung des Originals nicht vor dem ausgehenden 4. Jh. v. Chr. Angeblich in der Nähe von Rom gefunden. H. 34 cm. Marmor. Kopenhagen, Ny Carlsberg Glyptotek I. N. 2466.*

chenfunden immer wieder mit Erfolg angewendet wird (Abb. 25).

Plötzlich hatte die Antike wieder ein Antlitz, dem man ins Auge sehen konnte. Es war vor allem ein Detail, das jeden Zweifel auszuschließen schien: Die leere und grausam verunstaltete Höhle des rechten Auges. Der Mann war bei seinem Tode einäugig. Nun wissen wir tatsächlich, daß Philipp II. bei der Belagerung von Methone sein rechtes Auge durch einen Pfeilschuß verloren hatte.[19] Ein Einäugiger, nach dem Zustand seiner Zähne zwischen 40 und 50 Jahre alt und bestattet in purem Gold – das konnte schlechterdings nur Philipp II. sein. Und die Rekonstruktion war keines jener idealisierten Porträts, von denen man niemals weiß, ob sie auch nur annähernd der Realität entsprechen. Plötzlich war Philipp II. wieder ein Mensch, von dem man so etwas wie einen persönlichen Eindruck gewinnen konnte, der diesmal nicht auf papierenen Texten fußte.

Und gerade hier ist es lehrreich, der Rekonstruktion antike Porträts gegenüberzustellen, die von der Forschung mit Philipp II. verbunden werden: etwa einen römischer Marmorkopf (Abb. 26a.b). Es handelt sich um die Kopie eines wohl im späteren 4. Jh. v. Chr. nach dem Tode des Königs entstandenen Porträts. Posthum, weil der König bereits das Diadem trägt, eine Insignie, die erst sein Sohn aus dem persischen Königsornat übernahm.

Bereits aus severischer Zeit stammt eine Goldprägung (Abb. 27). Auch hier darf man aufgrund des Diadems auf eine hellenistische Vorlage schließen. Das energische Gesicht ist in seiner finsteren Entschlossenheit weit entfernt von der Rekonstruktion, die ungeachtet der Entstellung doch eher wie ein Studienrat und nicht wie ein Tatmensch wirkt. Der «charakterliche» Kontrast zeigt sich auch bei anderen mutmaßlichen Porträts und nicht zuletzt bei dem einem wohl Philipp II. darstellenden, winzigen Elfenbeinköpfchen mit seinen scharfen Zügen (Abb. 28). Und so lohnt die Frage, ob die letztlich viel ausdrucksvolleren Porträts nicht eher Charakter und Fähigkeiten herausstreichen sollten als die wahre Physiognomie. Mit einem Wort, ein Mann wie Philipp II. mußte einfach energische, machtvolle Züge haben, damit der herausragende Erfolg dieses Mannes auch die entsprechende Kontur erhielt. Das Problem stellt sich nicht nur bei Philipp, es wird uns bei Alexander erneut begegnen (s. S. 42 ff.).

Man könnte die Unterschiede zwischen Rekonstruktion und Porträt natürlich noch auf weit elegantere Weise lösen. Man müßte nur postulieren, daß es sich bei dem Toten gar nicht um Philipp II. handelt. Ist es also tatsächlich der Vater, dem wir da ins Antlitz blicken? Die alles entscheidende Frage lautet: wie sicher ist bei der Rekonstruktion das verlorene Auge und wie zuverlässig läßt sich aus den angekohlten Knochenresten auf eine Beinverletzung schließen, da Philipp anscheinend hinkte? Ist dies stichhaltig, so stehen wir nicht nur vor einer der bedeutendsten Gestalten der Alten Welt, in dem Fund wäre uns auch eine zeitlich abgesicherte Denkmälerpalette geradezu einmaligen Zuschnitts erhalten und zwar angefangen von der Architektur bis hin zur Plastik und vom Tafelsilber bis zur Malerei. Dazu kommen noch weitreichendste Verknüpfungsmöglichkeiten mit den Denkmälern Italiens oder Südrußlands bzw. der Ukraine. Für sie alle wäre ein absoluter Terminus gewonnen, und die Archäologie ist als vergleichende Wissenschaft auf Fixpunkte bitter angewiesen. Ein gesicherter Kontext dieser Tragweite, datiert auf das Jahr 336 v. Chr., so etwas wäre ohne jede Parallele.

Der Befund schien jedoch von Anfang an nicht eindeutig, merkten die Fachleute doch selber an, die Knochen könnten natürlich auch vom Feuer deformiert sein: «*Nichtsdestoweniger kamen wir zu dem Schluß, daß alle diese Eigentümlichkeiten (der Deformation), die wir oben beschrieben, besser einem Trauma oder einer angeborenen Abnormalität zugewiesen werden können als dem Effekt des Feuers.*[20]» Mit einem Wort: Die angebliche Verletzung sprang selbst ausgewiesenen Fachleuten nicht sofort ins Auge. Dies liest sich eher wie ein geisteswissenschaftliches Statement. Von Sicherheit kann offenbar keine Rede sein, und so erschien erst in jüngster Zeit eine Gegendarstellung, in der bestritten wurde, daß bei den Skelettresten eine verheilte Verletzung zu diagnostizieren sei. Von einem verlorenen Auge keine Spur. Würde man in einem modernen Gerichtssaal einen Angeklagten auf einer derartigen Grundlage verurteilen? Hätte man bei den verbrannten Knochen ohne die historische Vorinformation je auf eine Augenverletzung geschlossen? Oder wollte man finden, was nach Meinung der Pathologen unbedingt vorhanden sein mußte? War die Suggestion des großen Namens allzu überwältigend?

Um Klarheit zu gewinnen, gilt es somit, in ganz traditioneller Weise die archäologische Evidenz zu prüfen. Nun ist hier leider nicht der Ort, den Befund zur Gänze auszubreiten. Dies würde einen eigenen Band erfordern. Es muß genügen, auf einige Probleme hinzuweisen,

25

26a

26b

die das Grab zu einem archäologischen Verwirrspiel machen. Bereits sein ungewöhnlicher Grundriß verdient Beachtung, ist doch der Hauptraum als eigentliche Grabkammer nur um einen Meter tiefer als der Vorraum, ein deutlicher Bruch mit den Traditionen makedonischer Gräber und gewiß ein Tribut an die in dieser Vorkammer beigesetzte Frau, deren gleichfalls goldene Aschenkiste nur wenig kleiner ausfiel als die des Mannes. Beide tragen sie das seither berühmte Sternensymbol.

In der Vorkammer fand sich auch ein goldener Köcherbeschlag skythischer Provenienz, und so dachte man sogleich an eine inoffizielle Nebenfrau Philipps II., die dieser nach einem Sieg über den Skythenkönig Ateas als Besiegelung eines Abkommens geheiratet haben soll. Nun wissen wir tatsächlich, daß bei diesem Steppenvolk Familienangehörige hochstehende Verstorbene ins Grab «begleiteten», ein Brauch, der als Totenfolge bekannt ist und der in Indien bis in das letzte Jahrhundert hinein als Witwenverbrennung geübt wurde. Leider gehört diese skythische Nebenfrau nicht zu den bei Athenaios (XIII, 557) überlieferten Ehefrauen des großen Königs. Geht man bei der Toten von einer Skythin aus, so könnte es sich bestenfalls um eine aus dynastischer Sicht unbedeutende Nebenfrau gehandelt haben. Falls sich diese unglückliche Frau tatsächlich umgebracht haben sollte, wovon die Historiographie nichts zu berichten weiß, würde man einer barbarischen Nebenfrau im Rahmen eines Staatsbegräbnisses eine goldene Aschenurne und eine Grabkammer zugestanden haben, die beinahe so groß ist wie die des Königs? Kaum glaubhaft.

Konsequenterweise verfiel man deshalb auf die von Olympias zum Selbstmord gezwungene Kleopatra, doch scheint es sich auch nicht um eine völlig normale Frauenbestattung zu handeln, denn unter den Beigaben der Vorkammer fanden sich kaum Schmuckstücke, sondern vor allem Waffen, darunter auch die berühmten Beinschienen unterschiedlicher Länge, die seit langem als Beleg für die Identifikation Philipps II. durch die Literatur geistern. Man beruft sich auf die angesprochene Verletzung Philipps, die zu einem dauerhaften Hinken geführt habe. Leider sind jedoch die Beinschienen, die man in der Hauptkammer bei dem König selbst entdeckte, sämtlich von gleicher Länge. Man kann doch nicht ernsthaft annehmen, daß der König etwa vormittags hinkte und nachmittags nicht!

Nein, die Waffen der Vorkammer gehörten fraglos zum Inventar der Frau. Sie war also waffenfähig, in der Antike mehr als erstaunlich. Tatsächlich kennen wir eine makedonische Königin vergleichbaren Zuschnitts: Eurydike. Sie wurde wohl auch mit ihrem Mann bestattet, doch handelt es sich nicht um Philipp II., sondern um den schwachsinnigen Nachfolger Alexanders des Großen, der erst 316 v. Chr. auf grausame Weise ums Leben kam (s. S. 89). Als Olympias in ihrem Haß das Königspaar lebendig einmauern ließ, um sich an ihrem Ende zu weiden, warf ein Soldat aus Mitleid sein Schwert ins Innere. Die Frau erwies sich als willensstärker als ihr Mann und erwürgte erst ihren Gatten, ehe sie sich selbst tötete. Das grauenvolle Ende der legitimen Könige führte schließlich zur Steinigung der greisen Olympias. Man erzählt, sie sei aufrecht gestorben. Unser Grab würde vorzüglich zu Eurydike und Philipp Arrhidaios passen, auch wenn der unzurechnungsfähige Halbbruder Alexanders zugegebenermaßen als Kandidat weit weniger spektakulär ist.

Aufmerksamkeit verdient sodann das prunkvolle Speisesofa (Kline) mit seinem Fries kunstvoller Miniaturporträts aus Elfenbein. Daß es sich bei den kleinen Miniaturköpfchen um Mitglieder der königlichen Familie handelt, ist überaus wahrscheinlich, und tatsächlich fand sich unter ihnen ein kaum 3 cm großes Miniaturporträt eines bärtigen Mannes mit einer Schmarre über dem Auge (Abb. 28): Philipp II. mit seiner Augenverletzung? Durchaus denkbar, auch wenn das kleine Meisterwerk intakte Augen besitzt. In der fraglichen Zeit stellte man Abnormitäten kaum je im Porträt zur Schau und so mag die Kerbe durchaus als Chiffre für eine Verletzung stehen. Daß Philipp Bart-

27

Abb. 27 Philipp II., der Vater Alexanders des Großen auf einem wohl severischen Goldmedaillon aus Tarsos / Südkleinasien. Spätes 2., frühes 3. Jh. n. Chr. Vor allem Caracalla sah sich als ideeller Nachfahre des Makedonen und war bemüht, sich in die Familie Alexanders zu integrieren. Paris, Bibliothèque Nationale.

Abb. 28 Elfenbeinköpfchen Philipps II. (?) aus dem Grab des Philipp Arrhidaios (?) im makedonischen Aigai / Vergina. Die Schramme über dem Auge spielt möglicherweise auf die historisch bezeugte Augenverletzung des Königs an. Das Miniaturporträt aus dem «Philippgrab» gehört mit einer ganzen Reihe weiterer Köpfe zu einer dynastischen Gruppe an einer Prunkkline des Toten. H. 3,2 cm. Vergina, Museum.

träger war, wird tatsächlich auch von unserer kaiserzeitlichen Goldprägung bestätigt (Abb. 27). Auch ein Alexanderköpfchen ist wohl identifizierbar, mit einiger Sicherheit der älteste, uns bisher erhaltene Porträtkopf des großen Königs (Abb. 48).

Daneben fand sich zwar eine ganze Serie weiterer Köpfe, doch neben «Philipp» nur noch ein weiterer Bartträger. Das ist nun überaus befremdlich. Weshalb? Nun, Alexander war dafür bekannt, die Sitte der Bartlosigkeit in die Herrschermode eingebracht zu haben. Der Makedonenkönig rasierte sich, und von ganz wenigen Ausnahmen abgesehen, werden erst wieder römische Kaiser seit dem 2. Jh. n. Chr. Bartschmuck tragen. Ein heldenhafter, alexandergleicher Herrscher hatte eben bartlos zu sein. Wenn jedoch Alexander diese Mode initiierte und wenn dies die Prunkkline Philipps II. ist, weshalb sind dann nahezu alle Personen bartlos? Um Frauenporträts kann es sich nicht handeln, da die Köpfe gerade aufgrund ihrer bemerkenswerten Individualität teilweise häßliche Züge tragen, und das wollen wir doch keiner Königin oder Prinzessin zumuten. Selbst bei Männerporträts ist dies in der Alexanderzeit schon mehr als außergewöhnlich, für Frauenporträts hingegen nahezu ein Ding der Unmöglichkeit, falls sich der Schnitzer nicht von den Prinzipien spätklassischer Kunst gelöst haben sollte. Die miniaturisierte Porträtgalerie ist so außergewöhnlich, daß man sogar den Einfluß von Alexanders Hofbildhauer Lysipp erkennen wollte.[21] Vielleicht nicht zu Unrecht. All dies spricht weit eher für eine Porträtgruppe, die erst nach Alexanders Tod geschaffen wurde.

Nicht minder nachdenklich stimmt auch der reich mit Elfenbeinschnitzereien geschmückte Paradeschild des Toten. Er zeigt Achill, wie er vor Troja die Amazonenkönigin Penthesilea tötet. Der Held soll sich dabei in die Sterbende verliebt haben, ein in der griechischen Kunst populäres Thema. Hier muß man nun wissen, daß die Griechen ihre Kriege mit den Persern gerne als Kampf Grieche gegen Amazone darstellten.

Der König selbst sah sich als «neuen Achill» und opferte nach seiner Landung in Kleinasien zunächst bei Troja am Grab des homerischen Helden (Abb. 29), und nahm dann im Tempel von Ilion die Waffen Achills an sich.

Das Thema Achill und die Amazonenkönigin wäre wie kein anderes geeignet, Alexanders Taten in mythisches Licht zu tauchen, zumal der Legende nach Alexander tatsächlich einer Amazonenkönigin begegnete (Abb. 30). Bedenkt man noch die dezidierte Politik des Ausgleichs, mit der der Makedonenkönig in seinen späten Jahren Sieger und Besiegte geradezu zwangsweise aussöhnen wollte, was wäre wohl treffender als «Personifikation» des späten Alexanderreichs? Alexander und Achill waren längst zu einer Wesenseinheit verschmolzen. Der Schild paßt also viel besser zu einem Alexander nach vollendetem Asiensieg oder zu seinen Nachfolgern als zu Philipp II.

28

Und dann ist da noch die Fassade mit ihrem prachtvollen Jagdgemälde, der weitaus größten Malerei, die uns aus der griechischen Antike erhalten blieb (Abb. 31). Das Thema der Löwenjagd ist fraglos ein Symbol monarchischer Repräsentation und hat orientalische Wurzeln. Die Jagdthematik paßt durchaus zu einem Makedonenkönig, auch wenn man bei einem Feldherrn wie Philipp vielleicht eher ein Schlachtenbild erwarten sollte. Einerlei. Das Seltsamste ist indes nicht das Bildthema, sondern die Komposition. Nach spätklassischer Manier zeigt uns der Künstler keine einheitliche Komposition, sondern eine Abfolge unabhängiger Gruppen. Eine Hirschjagd zur Linken sowie eine Eberjagd und dann rechts neben dem vereinzelten Reiter im Zentrum die bereits angesprochene Löwenjagd, in die neben dem beherrschenden Reiter gleich zwei weitere Fußkämpfer

29

verwickelt sind. Am rechten Bildrand erkennt man schließlich noch eine Bärenhatz mit Netzen. Vor seinen Peinigern hat sich das arme Tier in die Felsen geflüchtet.

Das Ungewöhnlichste ist nun nicht das Landschaftsszenario, das nicht nur einen heiligen Hain, sondern vielleicht sogar die Andeutungen einer Bergkulisse im Hintergrund umfaßte. Das Seltsamste ist die Komposition. Auch wenn die Eberjagd für die Makedonen als Mannbarkeitssymbol höchste Bedeutung besaß (Athenaios I, 18), wir kommen nicht umhin, in dem hoch zu Roß auf den Löwen einstürmenden Mann den Grabinhaber selbst zu erblicken. Soweit die erhaltenen Reste einen Schluß überhaupt zulassen, könnte er sogar bärtig sein. Doch weshalb plazierte man ihn nicht im Bildzentrum? Stattdessen galoppiert im Kompositionszentrum ein vereinzelter Reiter heran, in

Abb. 29 Alexander opfert am Grab Achills. Das ganz in zeitgenössischen Formen gehaltene Gemälde des Venezianers F. Fontebasso (1709–1769) zeigt jenen in der Antike berühmten Augenblick, als Alexander, der «neue Achill», nach der Überquerung des Hellesponts bei Troja, das Grab seines homerischen Ahnen besucht. Später wird er im Tempel von Ilion die Waffen Achills an sich nehmen. In der Vorstellung der Antike vereinten sich hier Gegenwart und Mythos. Öl auf Leinwand. Prag, Nationalgalerie.

dem man aufgrund seiner zierlichen Statur einen jungen Mann erkennen wollte. Alexander der Große? Der könnte nun in der Tat das Zentrum beansprucht haben, auch wenn das wenig pietätvoll anmutet. Nachdem wir in der Hauptkammer bereits das älteste erhaltene Porträtköpfchen vermuteten, wäre hier nun die einzige zeitgenössische Malerei mit dem jungen König selbst erhalten.

So verführerisch das auch wäre, kompositionell will so gar nichts stimmen. Zum einen drängt der hypothetische Alexander den Grabherrn zur Seite, obwohl er selbst nicht einmal kämpft, in seiner «splendid isolation». Zum anderen war Alexander bei seinem Regierungsantritt bereits zwanzig und alles andere als ein Knabe (s. S. 5). Faßt man die bildliche Botschaft in Worte – und zwar unter dem Blickwinkel der Bildhierarchie, dann sagt uns das Gemälde: Hier ruht ein König, der nicht wichtig genug war, um auf seinem eigenen Grabgemälde im Zentrum zu stehen. Die Person jedoch, die ihn zur Seite drängt, hat nicht einmal ein richtiges Beutetier. Sie sprengt auf die Löwenjagd zu und ist aus diesem Blickwinkel nichts als eine kurioserweise im Zentrum stehende «Hilfsfigur», die nicht einmal richtig ins Geschehen eingreift. Sieht so die Verherrlichung zweier Könige aus? Der eine der Schöpfer der ma-

30

31

kedonischen Großmacht und der andere ein Mann, der schon als 18jähriger die Elite Griechenlands zu Fall brachte? Gibt es also eine Alternative für unseren jungen Reiter im Lorbeerkranz?

Sie findet sich in der Tat, doch lohnt zunächst noch ein Blick auf das zweite Fassadengrab in unmittelbarer Nähe. Ungeplündert und ganz ähnlich in der Anlage wurde es mit teilweise geradezu beleidigender Nachlässigkeit ausgestattet. Angesichts seiner Gefäßbeigaben ist es erst nach dem Tode Philipps gegen Ende des 4. Jh. v. Chr. angelegt worden. Einige der silbernen Gefäße und nicht zuletzt die silberne Urne sind von beinahe lächerlicher Qualität. Zudem zeigt ein Blick auf das Grab eines historisch unbekannten Asteiounios aus Larissa im makedonischen Derveni, welche Mengen an Silbergefäßen wir in einer Bestattung der fraglichen Zeit erwarten dürfen, und das Dervenigrab ist nichts als ein einfaches Steinkistengrab ohne jeden architektonischen Schmuck.[22] Gemessen an diesem Reichtum ist das Inventar des «Prinzengrabes» von Vergina geradezu ärmlich.

Faßt man zusammen, so insinuieren eigentlich alle archäologischen Befunde durch die Bank ein späteres Datum. Sie sprechen für eine Bestattung im Zeitalter der Diadochen, der Nachfolger Alexanders des Großen. Man wird also das «Philippgrab» nicht mit dem Vater Alexanders, sondern mit seinem Halbbruder und Nachfolger Philipp Arrhidaios verbinden, der mit seiner mutigen Frau zusammen 316 v. Chr. bestattet wurde. Bei dem nachlässig ausgestatteten Fassadengrab II könnte man hingegen an Alexander IV. denken, den unglücklichen Sohn des großen Eroberers, der 312 v. Chr. von Kassanders Schergen liquidiert wurde, als es an der Zeit schien, den unmündigen König in die Staatsgeschäfte einzuführen. Anfangs ließ man sogar den Leichnam verschwinden, bis man angesichts der in Makedonien aufkommenden Empörung wenigstens die Täter bestrafte. Sucht man nach einem Mann entsprechenden Ranges, dem man neben dem Philippgrab das Prinzengrab erbauen könnte, dann wäre der Ermordete erste Wahl. Dies würde auch die qualitativ minderen Beigaben erklären, denn der Erbauer und Ausstatter des Grabes wäre in diesem Fall Kassander – sein eigentlicher Mörder.

Auch ein mögliches Porträt des unglücklichen Königs können wir möglicherweise benennen. So findet sich in einer angeblich in Megara zu Tage getretenen Statuettengruppe nicht nur ein Kopf Alexanders des Großen (Abb. 49), sondern auch der Kopf eines Jünglings mit königlichem Diadem. Man hat an Alexanders Freund Hephaistion gedacht, doch wäre bei diesem das Diadem fehl am Platz, so daß es sich um ein Idealporträt seines Sohnes handeln könnte (Abb. 32)[23], der nach dem Tod seines Vaters zusammen mit Philipp Arrhidaios nominell das Gesamtreich beherrschte.

Nun erklärt sich auch die Komposition des großen Gemäldes, denn keiner der Dargestellten war aus der Sicht eines Kassander wirklich bedeutend, ja er haßte Alexanders Familie und sein Haus. Und so hat man Philipp Arrhidaios zwar eines Königs würdig auf der Löwenjagd porträtiert, jedoch nicht im Bildzentrum. In der Mitte reitet der junge, im Jahre 316 v. Chr. noch unmündige König Alexander IV., auch er alles andere als eine Hauptperson. Auf dem Hintergrund der psychohistorischen Situation also eine vorzügliche Bildbalance.

Der zaubernde Pharao

Philipps Vaterschaft war in der legendenhaften Überlieferung keineswegs unumstritten und so beginnt der Alexanderroman mit den markanten Worten[24]:

32

***Abb. 30** Alexander trifft in Zentralasien auf die Amazonen. Die Szene (s. Abb. 5) illustriert eine Episode des Alexanderromans. Der Kampf der Griechen, besonders der Kampf Achills mit den Amazonen stand in der Antike für den Kampf Orient gegen Okzident. Konsequenterweise mußte in der Legende auch der «neue Achill» Alexander auf Amazonen treffen. Unser mittelalterlicher Künstler zeigt den König an der Spitze eines Ritterheeres. Sie erreichen das Land der Amazonen, das von Flüssen umschlossen wird. Die dichtgedrängten Amazonen in ihrer sittsamen Haltung haben wenig gemein mit den kriegerischen Frauen des griechischen Mythos und erinnern trotz ihrer Waffen eher an eine Versammlung höfischer Damen. Der Makedonenkönig sitzt auf Bukephalos, dessen Name, «Stierschädel», mit dem gewaltigen Hörnerpaar Rechnung getragen wird, so daß das legendäre Pferd beinahe wie ein Doppeleinhorn wirkt. Berlin, Kupferstichkabinett Ms 78C1.*

***Abb. 31** Attikagemälde von der Grabfassade des «Philippgrabes» von Vergina. Das Gemälde zeigt verschiedene Jagdmotive in einem heiligen Hain. Auf der rechten Seite sehen wir eine Löwenjagd, die vielleicht den Grabinhaber selbst zu Pferd porträtiert. Der jugendliche Reiter im Bildzentrum wurde als Alexander der Große gedeutet, doch handelt es sich wohl eher um seinen Sohn Alexander IV.*

***Abb. 32** Kopf eines jugendlichen Königs. Der Kopf mit seinen idealen Zügen ist desöfteren mit Hephaistion verbunden worden, dem besten Freund Alexanders. Da der junge Mann ein Diadem trägt, muß es sich jedoch um einen König handeln. Man könnte etwa an Alexander IV. denken, den Sohn Alexanders und der baktrischen Prinzessin Roxane. Angeblich gefunden mit Abb. 49. Spätes 4. Jh. v. Chr. H. 26 cm. Marmor. Malibu, The J. Paul Getty Museum 73.AA.28.*

«Die meisten sind nämlich im Irrtum, wenn sie sagen, er (Alexander) sei der Sohn des Königs Philipp; dies ist nicht wahr. Denn nicht des Philippos Sohn war er, sondern, wie die gelehrtesten der Ägypter sagen, der Sohn des Nektanebos aus der Zeit, als dieser aus seinem Königreich vertrieben war. Dieser Nektanebos war erfahren in der Zauberei . . .»

Wir haben also nicht nur einen Pharao, sondern auch einen zauberkundigen König vor uns, der normalerweise alle Feinde durch Voodoo-ähnliche Magie bezwang, indem er kleine Wachsfigürchen in einer wassergefüllten Schüssel in winzige Schiffsmodelle setzte. Versenkte er diese «Stellvertreter», dann vernichtete er auch die reale Flotte seiner Gegner. Als jedoch gegen 343 v. Chr. der Perserkönig Artaxerxes III. seine Heere gegen Ägypten sandte, versagte die Kunst des Nektanebos. Und so schor er Bart und Haar, raffte Gold zusammen und floh unerkannt nach Makedonien. Als seine im Stich gelassenen Untertanen in ihrer Not den Gott Sarapis nach ihrem König befragten, antwortete das Orakel:

«Dieser entflohene König wird wieder nach Ägypten kommen, nicht als alter Mann, sondern in Jugendkraft, und wird unsere Feinde, die Perser unterwerfen. Und sie forschten, was dies Wort bedeute. Da sie es nicht herausfanden, schrieben sie den ihnen erteilten Orakelspruch auf den Fuß der Bildsäule des Nektanebos.»

Die verwirrten Ägypter suchten vergeblich nach einer Lösung dieses Rätsels und wußten sich schließlich keinen anderen Rat, als die Prophezeiung auf ein Standbild des Nektanebos zu meißeln. Während nun die Perser das Nilland verheerten, gelangte der geflüchtete Nektanebos in Makedonien als Wahrsager schnell zu hohem Ansehen. Schließlich zitierte ihn Olympias an den Hof und bat ihn, für sie und ihren Gatten Horoskope zu erstellen, denn es ging das Gerücht, daß Philipp sie nach seiner Heimkehr aus dem Krieg zugunsten einer anderen verstoßen werde. Der Königs-Prophet zückte ein Täfelchen aus Gold und Elfenbein, auf dem die sieben Sterne (Planeten), der Aszendent, Sonne und Mond verzeichnet waren:

«... *und die Sonne war von Kristall, der Mond aber von Diamant, der sogenannte Zeus (Jupiter) von Luftstein, Kronos (Saturn) ein Orphit, Aphrodite (Venus) ein Saphir, Hermes (Merkur) von Smaragd, der Aszendent aber von weißem Marmor.*»

Nektanebos bestätigte nun die Befürchtungen der Königin, beruhigte sie aber mit der Versicherung, daß er ihr helfen werde. Denn ...

«... *es ist dir vom Schicksal bestimmt, dich mit einem auf Erden lebenden Gott zu vereinigen, von ihm zu empfangen und einen Sohn zu gebären und aufzuziehen und in diesem einen Rächer alles dessen zu haben, was Philippos dir zuleide tut.*»

Die Königin ist natürlich fasziniert, doch vergißt sie nicht, den Propheten zu fragen, welcher Gott das sei und wie er aussehe. Nektanebos antwortet, es sei der libysche Ammon und er stünde in mittleren Jahren (wie er selbst), Haar und Bart seien von Gold und wie Gold seien auch die Hörner auf der Stirn des Gottes. Als er Olympias verlassen hatte, verzauberte er die Königin mit magischen Kräutern und so erlebte sie in ihrem Traum tatsächlich, wie Ammon sie umarmte und ihr versicherte, daß sie nun einen Knaben trüge. Dies alles war nichts als ein Traumgesicht, was die Königin allerdings nicht wissen konnte. Die mit ihrem Gatten längst nicht mehr glückliche Frau konnte von dem Gott nicht genug bekommen und bat den Propheten, sie wieder mit ihrem Liebhaber zu vereinen. Nektanebos willigt ein, den Gott gnädig zu stimmen, erhält einen Platz bei ihrem Schlafgemach und gibt der Königin letzte Weisungen:

«... *der Ankunft des Gottes geht dieses Zeichen voraus. Wenn du abends in deinem Schlafgemach sitzt und eine Schlange auf dich zukriechen siehst, so heiße alle Anwesenden hinausgehen; du aber lösche nicht das Licht der Lampe, die ich nach meiner Art, um sie zu Ehren des Gottes anzuzünden, bereitet habe und dir jetzt geben werde ... Nektanebos aber bereitete sich ein sehr weiches Widderfell mit den Hörnern an den Schläfen, die wie Gold aussahen, ein Zepter von Ebenholz, ein weißes Gewand und einen ganz reinen Mantel, der das Aussehen einer Schlange hatte und ging in das Schlafzimmer, wo Olympias verhüllt auf dem Bett lag und nur ein wenig mit den Augen hervorschaute; denn sie glaubte, es sei der Gott selbst ... Nektanebos aber ... vereinigte sich mit ihr und sagte dann: Bleibe ruhig Frau, in deinem Leib trägst du ein männliches Kind, das dein Rächer und der weltgebietende König der ganzen bewohnten Erde sein wird ...*»

Der Nektanebosmythos spielt somit in höchst geschickter Weise mit dem seit Jahrhunderten allseits geläufigen Hintergrund. Er weiß natürlich vom Exil der Olympias und von der Ehe Philipps mit Kleopatra (s. S. 23 f.). Und so zeugt der flüchtige Pharao seinen Sohn und Rächer Harendotes, den Falkengott Horus, der alle an seinen Eltern begangenen Verbrechen rächt. Dies ist eine zutiefst ägyptische Vorstellung.

Philipp II. tat sich natürlich schwer mit der illegitimen Schwangerschaft seiner Frau, das berichtete bereits Jahrhunderte vorher Plutarch (Alexander 2). Immerhin war er der gehörnte Ehemann, wie er im Buche steht. Eines Tages überwältigte ihn sein Ärger und er fuhr Olympias wütend an:

«... *‹Du hast mich getäuscht, Frau, und hast nicht von einem Gotte empfangen, sondern von einem Menschen, und er wird mir in die Hände fallen.› Dies hörte Nektanebos. Da im Palast ein großes Mahl stattfand, und alle mit dem König schmausten zur Feier seiner Heimkehr, und allein der König Philippos niedergeschlagen war wegen der Schwangerschaft seiner Frau Olympias, kam vor aller Augen Nektanebos, der sich in eine Schlange verwandelt hatte, größer als die erste mitten in das Speisezimmer und zischte so schrecklich, daß die Grundfesten des Palastes erbebten. Als sie die Schlange erblickten, sprangen die Gäste des Königs von Furcht ergriffen auf. Olympias aber, die ihren Geliebten erkannte, streckte ihre rechte Hand aus (Abb. 33) und die Schlange erhob sich, legte ihren Kopf an sie und umschlang sie ganz; dann kam sie auf ihren Schoß, streckte ihre gespaltene Zunge vor und küßte sie, um den Zuschauern ihre Liebe zu zeigen. Und während Philippos sich fürchtete, zugleich aber staunte und in gespannter Aufmerksamkeit war, verwandelte sich die Schlange in einen Adler und flog davon. Als er dies gesehen hatte, sagte Philippos: ‹Frau, einen Beweis des lebhaften Anteils den der Gott an dir nimmt, habe ich gesehen, indem er dir in Gefahr zu Hilfe gekommen ist. Wer aber der Gott ist, weiß ich nicht; er hat uns die Gestalt des Gottes Ammon und die des Apollon und des Asklepios gezeigt.› Olympias aber sagte zu ihm: ‹Wie er mir selbst gesagt hat, als er zu mir kam, ist er Ammon, der Gott von ganz Libyen.› Philippos aber, nachdem er dies gesehen, pries sich glücklich, daß er eines Gottes Sproß nennen konnte, was von seiner eigenen Frau geboren wurde.*»

Daß die Legende von der magisch-göttlichen Zeugung des Königs zum Allgemeingut wurde, zeigen noch in der Spätantike eine Reihe von bronzenen Gedenkprägungen – die sogenannten Kontorniaten. Bei diesen wohl zwischen 340 bis 420 n. Chr. emittierten Medaillons handelte es sich nicht etwa um Kleingeld, sondern um Memorialprägungen senatorischer Kreise, die mit Hilfe der Kontorniaten die heidnische Vergangenheit feierten. Es sind somit zutiefst römische Zeugnisse, und umso überraschender ist es, welchen Raum man Alexanders Mutter eingeräumt hatte, die doch aus dem Blickwinkel der römischen Spätantike völlig nebensächlich sein mußte. Aber weit gefehlt. So firmiert die Königin gleich auf einer Reihe von Prägungen mit ihrem Büstenbildnis.[25] Der dünne Mantel ist wie bei den Königsbildnissen der Ptolemäer über den Hinterkopf gezogen. Im Typus entspricht sie dem erwähnten Goldmedaillon (Abb. 23. 24). Die Rückseite zeigt uns die Königin auf einer prachtvollen Kline (Abb. 33). Eine Schlange ringelt sich zu ihr empor und wird von ihr anscheinend aus einer Schale getränkt. Die mehrfach bezeugte Legende *Olympias Regina* macht klar, um wen es sich handelt. Die Analogie zu unserer Schlangenlegende liegt also klar auf der Hand und wir werden sehen, daß selbst die Schlangengeschichte noch weitere Facetten bietet (s. S. 34 ff.). Nicht minder interessant ist auch die Schlange selbst. Sie scheint auf einigen Kontorniaten eine Art Krone zu tragen, die nach Lage der Dinge dann nur eine ägyptische Doppelkrone sein könnte.

Ägypten, so ist die Botschaft, kann beruhigt aufatmen, denn der Befreier vom

***Abb. 33** Spätantiker Kontorniat (bronzene Gedenkmünze) mit einer Darstellung der Olympias, der Mutter Alexanders. Die Königin liegt auf einer Kline, deren Lehne in Gestalt eines Delphins gearbeitet ist. Dies erinnert daran, daß man sie mit der Meeresgöttin Thetis gleichsetzte. Achill, der Sohn der Thetis, galt als mythisches Äquivalent Alexanders. Die sich auf die Kline ringelnde Schlange spielt auf die göttliche «Schlangenzeugung» Alexanders an. London, The British Museum.*

Joch der Perser ist kein Fremder, kein Makedone, sondern ein halber Ägypter, ein legitimer Pharao. Und die Ptolemäer als Nachfolger Alexanders waren damit für die nächsten drei Jahrhunderte nicht minder legitimiert, galt doch nach ptolemäischer Hofideologie Ptolemaios I. als Halbbruder Alexanders (*Eidolon* XVII, 13–33).

Damit ist die Botschaft der Kontorniaten allerdings noch keineswegs ausgelotet, stützt sich doch die Königin auf eine hochgeschwungene Lehne, die sich unschwer als Delphin zu erkennen gibt. Hier kommt nun offenkundig ein weiterer Alexandermythos ins Spiel und ein früher noch dazu. Daß Alexander sich anfangs durchaus als «neuer Achill» begriff, klang bereits an. Die Mutter des homerischen Helden war jedoch Thetis, die Gattin des Peleus. Hinter dem überdimensionierten Delphin steht offenbar die Idee von Thetis und ihren Gefährtinnen, den Nereiden oder Meerjungfrauen. Dies bezeugt auch die Rückseite unseres Goldmedaillons (Abb. 24), das tatsächlich eine Nereide oder gar Thetis selbst auf einem gewaltigen Seestier zeigt. Nun schließt die Thetis-Achill-Anspielung eine Zeugung durch Nektanebos oder, wie wir noch hören werden, durch Zeus / Ammon eigentlich aus, doch hat das Nebeneinander unvereinbarer Mythen antike Künstler selten gestört.

Auf ptolemäischen Vorgaben fußt wohl auch der «Schlangenmantel», den Nektanebos bei Olympias als Verkleidung nutzte. Fragt man sich nach der Natur dieses Kleidungsstücks, dann evoziert der Begriff eigentlich einen Mantel in Gestalt einer Schlangenhaut oder eine Ägis, das Attribut von Zeus und Athena. Nun kennen wir aus Ägypten eine ganze Reihe von Alexanderbildern, die den jungen König als «aigiochos» zeigen, gekleidet in einen Schlangenmantel.[26] So erscheint er auch bereits auf den ersten Münzen, die Ptolemaios I. in Ägypten schlagen ließ (s. S. 92), und mit dem Ägismantel firmieren in der Folgezeit auch nahezu alle Ptolemäer auf ihren Münzen. Die Ägis der Ptolemäer ist also nicht nur ein Symbol ihrer Abstammung von Zeus, sondern auch ein Zeichen ihrer Verwandtschaft mit Alexander, der in Stellvertretung von Zeus Ammon den Welteneroberer gezeugt hatte. Das Faszinierende ist dabei, daß die Ägissymbolik bereits so früh in Erscheinung tritt – bereits zwischen 317 und 309 v. Chr., nur wenige Jahre nach dem Tode des Königs. Stammt die Legende von Nektanebos im Ägis-Schlangenmantel bereits aus den ersten Tagen des ptolemäischen Reiches?

Die Prophezeiungen des Nektanebos erfüllten sich, denn als der junge Makedonenkönig in Ägypten die Perser vertrieb und die Nachfolge seines Vaters antrat (331/330 v. Chr.), da begrüßten ihn die Ägypter wohl bei einer Belagerung von Memphis mit den Worten: «*Erbarme dich, oh Herr, deines ehemaligen Vaterlandes und zürne nicht für immer deinen Knechten.*» Sie hatten sich nämlich während der Belagerung plötzlich der alten Prophezeiung des Nektanebos erinnert, die ihre Priester einst vor 25 Jahren auf das Standbild des Nektanebos setzten (Alexanderroman II 26–27). Als Alexander sich erstaunt nach dem Sinn ihrer Anrede erkundigte, führte man ihn eilends zum Palast des Nektanebos. Dort stand vor dem Tor das Standbild mit dem ominösen Orakelspruch auf dem Sockel (s. S. 31). Die Statue hielt einen mit Buchstaben geschmückten Kranz in der rechten Hand und eine Kugel mit dem gesamten Erdkreis in der Linken. Auf der Brust der Statue prangte die Inschrift:

«*Wer zu meinem Haus kommt und wem ich diesen Kranz auf das Haupt setze, in dem erkennt alle meinen Sohn; er wird die ganze Erde umziehen; nach ihm soll diese Stadt benannt werden.*»

Es kam, wie es kommen mußte, die Statue bekränzte Alexander und drückte ihm die Kugel, respektive den Erdkreis in die Hand. Die Inschrift auf der Brust der Statue tilgte der König jedoch eigenhändig, da er als Sohn Philipps und der Götter und nicht als Sohn Nektanebos' II. bekannt werden wollte, doch hielt ihn das nicht ab, die Statue zu vergolden, da sie ihm die Herrschaft versprochen hatte.

Als nächstes stellt sich die Frage nach der Entstehungszeit der Nektanebos-Alexanderlegende. Der Roman wurde in der vorliegenden Fassung etwa sechs Jahrhunderte nach Alexander niedergeschrieben und wenigstens drei Jahrhunderte nach dem Zusammenbruch ptolemäischer Herrschaft über das Nilland. In der Spätantike war die Frage, ob Alexander nun als Sohn Philipps II. oder Nektanebos' II. anzusehen sei, schlichtweg irrelevant. Sinn und Zweck einer Legitimation makedonischer Herrschaft über Ägypten interessierten im 3. oder 4. Jh. n. Chr. niemanden mehr. Die Legende ist also nur auf frühptolemäischem Hintergrund zu erklären, als es noch galt, die makedonisch-griechische mit der ägyptischen Welt zu versöhnen und die Fremdherrschaft auf Dauer zu legitimieren.[27]

Der Roman arbeitet also mit einem uralten Mythen- und Legendenschatz, der schon längst vor der Niederschrift mit

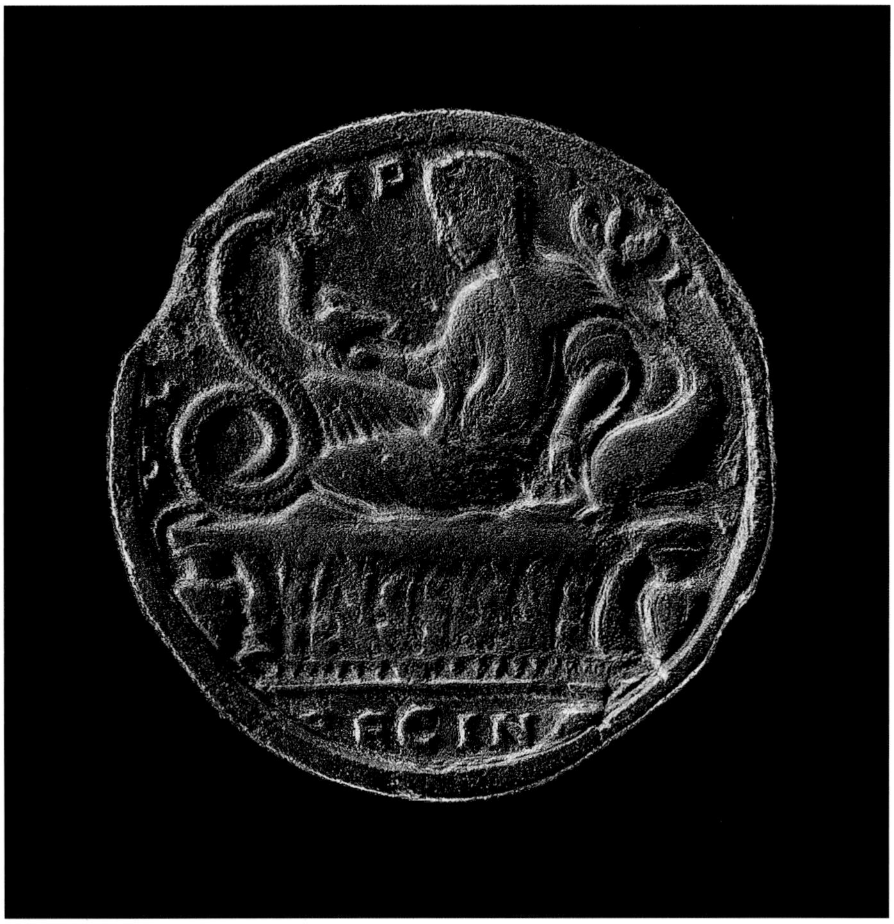

33

historischen Tatsachen angereichert war. Daß dabei unterschiedliche Traditionen verschmolzen wurden, zeigt sich auf Schritt und Tritt, zumal auf historische Stringenz oder innere Logik kaum Wert gelegt wurde. So verleugnet Alexander im Abschnitt II 27 die Vaterschaft des Nektanebos, während er sie doch bereits in Kapitel I, 34 feierlich anerkannt hatte. Er sprang gar auf die Statue zu und umarmte sie mit den Worten: «*Dies ist mein Vater, ich bin sein Sohn.*» Es ist also ganz offensichtlich, daß hier konkurrierende Legenden weitgehend kritiklos und ohne vereinheitlichende Redaktion zitiert werden. Auf diese Weise erfahren wir auch ganz nebenbei, daß wir bereits in Ägypten mit unterschiedlichen Traditionen rechnen müssen.

Hinterfragt man die historische Wahrheit, so müssen wir leider feststellen, daß die Belagerung reine Phantasie ist, wissen wir doch aus historischen Quellen, daß Ägypten dem König kampflos in die Hände fiel. Dies ist anscheinend eine Verwechslung mit der Machtübernahme durch Ptolemaios I. (Lukian, *Hippias* 2). Die belagerte Stadt soll zudem nach Alexander benannt werden, doch das war niemals der Fall. In Ägypten hieß nur eine Stadt nach dem Makedonenkönig: das berühmte Alexandria. Der Alexanderroman nimmt auch auf die Gründung Bezug, und zwar im folgenden Kapitel (II 28 und III 24). Wie konnte es zu dieser Verwechslung zwischen Memphis und Alexandria kommen? Das Problem wurzelt möglicherweise in der anfangs erwähnten Duplizität eines Serapis-Heiligtums, in dem die Priester nach Nektanebos' Flucht um Rat ersuchten. Das Heiligtum des Serapis in Memphis / Sakkara war hochberühmt, doch noch weit berühmter das Serapeion in Alexandria selbst (Alexanderroman I 30–33). Der spätantike Autor verwob also verschiedene Überlieferungen zu seinem eigenen Alexanderroman.

Die Schlangenzeugung

Nimmt man den Alexanderroman wörtlich, dann wurde der König als erster Makedone in Memphis nach altägyptischem Ritus zum Pharao gekrönt und tatsächlich erscheint der König als Pharao beim Opfer vor Ammon, seinem göttlichen «Vater» im Alexandersanktuar von Luxor (Abb. 34).[28] Der junge König war nun vollgültiger Herr Ägyptens wie so viele Eroberer vor ihm. Doch auch wenn er das Nilland aus persischer Hand befreit hatte, für Ägypten blieb er ein Fremdherrscher und so fassen wir unter Ptolemaios I., seinem Freund und Nachfolger auf Ägyptens Thron, bereits in den letzten Jahren des 4. Jhs. v. Chr. die ersten Versuche, Alexander als neuen Gott in Ägypten einzuführen. Auf seinen ersten, anfangs noch im Namen Alexanders zwischen 317 und 309 v. Chr. herausgegebenen Tetradrachmen erscheint Alexander als Zeus-Ammon-Osiris-Dionysos und somit als Summe seiner griechisch-ägyptischen Götteräquivalente (Abb. 95).[29] Der 323 v. Chr. verstorbene König stand somit in einer Reihe mit den größten Göttern des griechischen und ägyptischen Pantheons. Der Zug nach Siwah hatte also weitreichende Konsequenzen. Mit Ammon als Vater war Alexander gleichsam eingemeindet.

In der Nacht, ehe Philipp und Olympias ihre Ehe vollzogen, träumte der zukünftigen Königin, daß ein Blitz (oder Donnerkeil) in ihren Unterleib schlage, gefolgt von einem blendenden Licht aus dem eine Flammenwand herausschoß. Später träumte ihr Mann, daß er den Schoß seiner Frau versiegelt habe und daß sein Siegel das Bild eines Löwen getragen habe. Natürlich rief der König sofort nach seinen Traumdeutern und diese waren nicht sonderlich begeistert, sahen sie doch in dem Traum den versteckten Hinweis, daß der König seine Frau besser im Auge behalten müsse. Das Löwensiegel erfüllte somit sozusagen die Funktion eines Keuschheitsgürtels.

Nur der später so berühmte Seher Aristandros aus Telmessos in Südwestkleinasien bot eine Alternative: Er folgerte, daß Olympias schwanger sei, da Menschen nichts versiegeln, was leer sei (Plutarch, *Alexander* 2). Sie würde einem löwenähnlichen Sohn das Leben schenken. Aristandros begleitete später Alexander auf seinem Asienzug und verschwindet gegen 327 v. Chr. aus der Geschichte, nicht ohne eine Schrift über Götterzeichen zu hinterlassen. Waren das Anweisungen zur Deutung oder konkrete Prophezeiungen? Die Legende verbindet ihn mit einer ganzen Reihe von Voraussagen zur Bedeutung von Alexanders Leichnam und zum Aufstieg der Ptolemäer und Seleukiden.[30] Nähme man das wörtlich, so hätte man einen antiken Nostradamus vor sich, allerdings mit dem Unterschied, daß sich der berühmte Prophet aus Salon in der Regel völlig unverständlich äußerte, während Aristandros überaus präzise war.

Philipp scheint der Sache nicht so recht getraut zu haben, denn er postierte sich vor der Schlafzimmertür, um Olympias im Auge zu behalten. Da sah er nun eines Nachts neben seiner Frau eine Schlange. Die ganze Angelegenheit trug nach Plutarch ganz maßgeblich dazu bei, daß sich des Königs Leidenschaft für seine schlangenliebende Gattin merklich abkühlte. Andererseits war er vorsichtig genug, in Delphi das Orakel zu befragen. Die Pythia erteilte ihm die Weisung, in Zukunft Zeus/Ammon über alle Götter zu stellen. Zugleich erging die Warnung, der König werde für seine Neugier mit eben jenem Auge zahlen, mit dem er in das Schlafgemach gespäht habe (Plutarch, *Alexander* 3). Es ist eben jenes Auge, das der König bei der Belagerung von Methone durch einen Pfeilschuß verlieren wird (s. S. 25).

Es ist keine Frage, daß sich hier die Geschichten um Olympias und ihren mystischen Schlangentanz mit allerlei Weissagungen verbinden, die Alexander nicht als Sohn eines Sterblichen, sondern eines Gottes herausstellen sollten. Interessant ist nun vor allem, daß nach einer verlorenen Schrift des Eratosthenes Olympias sogar bereits beim Aufbruch nach Asien ihrem Sohn seine Göttlichkeit enthüllt haben soll. Zugleich beschwor sie ihn, sich seiner Abstammung würdig zu erweisen. Der als «Beta» berühmt gewordene Universalgelehrte forschte in Alexandria und war als Leiter der großen Bibliothek und damit der Akademie eng mit den Königen verbunden. Die Bezeichnung «Beta», der Zweite, erhielt der Forscher und Literat, weil er auf jedem Gebiet menschlichen Wissens der Zweitbeste gewesen sei. Die Schlangengeschichte kursierte somit spätestens im Laufe des 3. Jhs. v. Chr. am Ptolemäerhof.

Anscheinend liefen mehrere Legenden um, denn Plutarch berichtet, daß niemand anders als Olympias selbst die später von Eratosthenes verbreitete Version mißbilligt habe, auch wenn sie, in anderem Rahmen, selbst die Göttlichkeit ihres Sohnes betonte (s. S. 76). Plutarch kolportiert in diesem Zusammenhang zudem einen Ausspruch der ominösen Königin: «*Wird denn Alexander niemals aufhören, Hera auf mich eifersüchtig zu machen?*» Der Hintersinn liegt klar auf der Hand, war doch Hera als Gattin des olympischen Zeus geradezu sprichwörtlich für ihre Eifersucht auf die zahllosen Amouren ihres Mannes und bekannt für ihren Haß, mit dem sie seine Sprößlinge verfolgte. So sandte sie Schlangen in die Wiege des Herakles, die der griechische Nationalheros jedoch bereits als Baby mühelos er-

***Abb. 34** Alexander als Pharao auf der Westwand des Alexandersanktuars im Tempel von Luxor. Alexander steht zur Linken vor Amun, seinem ägyptischen Vater.*

würgte. Auch göttliche Pläne sind eben nicht immer erfolgreich.

Da Olympias offenbar bereits zu Lebzeiten Alexanders dessen Gottessohnschaft proklamierte, ist man beinahe versucht, den Zug zur Oase Siwah vor diesem Hintergrund zu sehen. Denn sollten die Geburtslegenden und die Verbindung mit Zeus/Ammon tatsächlich bereits von Olympias insinuiert worden sein, dann erhielten wir einen perfekten Grund für Alexanders Zug nach Siwah, dessen Motivation in der Forschung durchaus strittig ist.[31] Die Interpretationen schwanken zwischen dem Drang Alexanders, sich als Sohn eines Gottes zu bestätigen und der Untermauerung seiner Weltherrschaftsansprüche. Orakel spielten damals in der Entscheidungsfindung und Legitimation eine ganz außerordentliche Rolle, waren sie doch bestens geeignet, den Untergebenen klarzumachen, daß ihre Führung letztlich vom Schicksal auserkoren sei, ein Schicksal, das für die Mehrzahl der Soldaten schlichtweg das Ende bedeutete, so ruhmvoll es ihnen auch verkauft wurde.

Alexanders Versuche, sich als Gott zu präsentieren, datieren fraglos bereits aus den ersten Tagen seines Asienzuges. Selbst wenn Olympias die Legende von seiner Götterzeugung erst nach seinem Aufbruch in Umlauf gesetzt haben sollte, während des Feldzuges selbst waren sie bereits Allgemeingut, auch wenn viele Geschichten fraglos erst posthum nach seinem unerwarteten Tod am 10. Juni 323 v. Chr. in Babylon weitergesponnen wurden.

Wie früh man mit dem Gedanken göttlicher Abkunft spielte, lehrt nicht zuletzt eine Anekdote aus Ephesos und somit aus dem ersten Jahr des Asienzuges. Denn als der König nach seinem ersten Sieg am Granikos in Nordwestkleinasien das alte Ephesos erreichte (334 v. Chr.), da war man gerade mit dem Neubau des Artemistempels beschäftigt. Der junge Eroberer offerierte spontane Hilfe und wollte den Tempel auf seine Kosten vollenden lassen, doch die Ephesier lehnten ab. Kein Wunder, war der Perserkrieg noch keineswegs entschieden und niemand konnte sich wohl so recht vorstellen, daß der kaum 20jährige König in wenigen Jahren das alte Achämenidenreich bis nach Indien hin unterwerfen sollte. Was, wenn die Stadt den Persern aufs Neue in die Hände fiel? Man sicherte sich ab und erklärte dem trotz der Ablehnung fraglos geschmeichelten König, es sei nicht statthaft, daß ein Gott einem anderen einen Tempel baue. Alexander verabschiedete sich tatsächlich von seinen ephesischen Plänen und stiftete wenig später Geld für den Athenatempel von Priene, ein Bau und eine Stadt weit geringeren Zuschnitts.

34

Daß die Deifizierung Alexanders nicht zuletzt auch von Seiten seiner Mutter vorangetrieben wurde, bezeugt schließlich eine kurze Notiz bei dem Alexanderhistoriker Arrian (IV, 10, 2–5), einem Zeitgenossen und Offizier Kaiser Trajans.[32] Er überliefert einen Ausspruch des Kallisthenes, der bereits 327 v. Chr. hingerichtet worden war. Der Historiker konstatierte, das Göttliche in Alexander hinge nicht davon ab, was seine Mutter Olympias über seine Zeugung fabuliere. Es besteht also kein Zweifel, daß die in der romanhaften Tradition so dominante Götterzeugung Alexanders bereits auf dem Höhepunkt des Asienzuges in Umlauf gebracht wurde. Unzweifelhaft dürfte auch sein, daß die herrschsüchtige Mutter nach den überwältigenden Siegen ihres Sohnes bei der Legende von der göttlichen Zeugung des Königs nicht zuletzt ihre eigene Überhöhung im Sinn hatte. Spätestens gegen 327 v. Chr. war Alexander somit auf dem besten Weg zum lebenden Mythos.

Seine Leistungen waren für die Zeitgenossen derart unglaublich, daß sein alter Lehrer Aristoteles sich zu einem bedeutsamen Schritt entschloß: Er riet einem berühmten Maler, sich die Taten Alexanders als Vorwurf zu nehmen, denn sie seien beispielhaft (Plinius, *Naturalis historia* XXXV 106). Der für uns nicht sonderlich aufregende Vorschlag läßt sich erst aus griechischem Blickwinkel richtig bewerten, denn griechische Künstler konzentrierten sich über Jahrhunderte hinweg nahezu ausschließlich auf mythologische Themen. Die Darstellung historischer

Ereignisse trat dramatisch in den Hintergrund. Und weshalb? Die griechische Kunst strebte nach dem Ewigen und Beispielhaften, eine Vorgabe, vor der menschliche Leistungen zwangsläufig verblaßten. Konsequenterweise spiegelte man sogar historische Großereignisse wie die Perserkriege vor allem in mythologischen Analogien wie in dem Feldzug der Amazonen gegen das mythische Athen des Theseus (s. S. 27). Die kriegerischen Frauen traten dabei nicht nur an die Stelle der orientalischen Persermacht, sie symbolisierten mit ihrer Abkehr von der gottgewollten Unterordnung der Frau auch eine Umkehrung aller Werte der griechischen Gesellschaft: ein ungeheures Sakrileg, wie wir wissen, nicht nur in antiken Männeraugen.

Wenn nun kein geringerer als der große Aristoteles einem bedeutenden Meister rät, die Taten Alexanders als beispielhafte Leistungen zu betrachten, dann stellt er den Asienzug auf die Stufe mythischer Ereignisse und Alexander zumindest auf eine halbgöttliche Stufe wie Achill oder Herakles. Aus der Sicht eines konservativen Griechen eine gewaltige Überhöhung, zumal man sich vor Augen halten muß, daß der große Philosoph und seine Umgebung den Vergöttlichungs- und Allmachtsphantasien des Königs zunehmend kritischer entgegentrat (s. S. 76).

Die Geburt des Gottkönigs

Blickt man zurück, so fragt man sich unwillkürlich, wie ein Makedone auf die Idee kommen konnte, sich ausgerechnet als Sohn des libysch-ägyptischen Ammon zu begreifen? Nur weil er bereits aufgrund seiner Familientradition ein Nachkomme des Herakles und damit des Zeus war? Zudem war das Ammonorakel von Siwah in der griechischen Welt bereits vor Alexander hoch angesehen, doch ist Ammon oder Amun, wie ihn die Ägypter nannten, aus griechischer Sicht ein fremder Gott, auch wenn er mit seinen Widderhörnern bereits vor den Tagen Alexanders dargestellt wurde. Wie uns die Prachtmünzen des Lysimachos lehren (Abb. 39), wurde gerade die Verbindung zu Ammon in der Diadochenzeit Allgemeingut. Was faszinierte einen Alexander nun so an diesem Gott?

Die Antwort gibt offenbar ein altägyptischer Mythos, der uns in die großen Tage des Nillandes zurückversetzt. Betritt man den mittleren Hof des Terrassenheiligtums der Hatschepsut in Deir-el-Bahri (1490–1468 v. Chr.), so findet sich in einer der Hallen die älteste erhaltene Fassung eines alten Mythos: die Geburt des Gottkönigs und seiner Zeugung durch Amun (Abb. 35).[33]

Die Reliefs haben ihre eigene Geschichte, die unschwer deutlich macht, welcher religiöse und politische Stellenwert dem Mythos beizumessen ist. Zunächst litten die Skulpturen, weil der Nachfolger Thutmosis III. (1490–1436 v. Chr.) die Reliefs seiner verabscheuten Vorgängerin schändete und einen großen Teil der sich auf sie beziehenden Passagen tilgte oder auf sich umwidmete. Als dann Echnaton (1364–1347 v. Chr.) seine monotheistischen Vorstellungen durchsetzen wollte, erschienen die Zerstörer erneut und fielen über die Bilder des verhaßten Amun her. Unter Ramses II. versuchte man dann eine Wiederherstellung einiger Götterbilder (1290–1224 v. Chr.).

Der Mythos von der Geburt des Gottkönigs erinnert sofort an Elemente der romanhaften Alexandervita. So entscheidet Amun, daß es an der Zeit sei, einen Thronfolger zu zeugen. Zu diesem Zweck informiert er seinen göttlichen Hofstaat, der neue König werde sich um ihre Kulte kümmern. Bei der Auserkorenen handelt

35

es sich um eine Königin, die nun von Hathor (im griechischen Aphrodite) auf ihr Glück vorbereitet wird. Danach spricht Amun mit dem König und informiert ihn. An anderer Stelle heißt es:

«Er wird eingeführt zu der Palastbewohnerin (?), Gesicht auf Gesicht, Nase auf Nase, nachdem er sich verwandelt hat in die Gestalt des Königs ... Amun geht, um sie zu begatten.»

Im Gegensatz zu dieser Aussage erscheint dann Amun auf dem Bett der Königin in seiner wahren Gestalt, also nicht etwa als König. Die Königin ist hingerissen und vom Duft des Gottes verführt. Er

36

37

38

39

***Abb. 35** Das Terrassenheiligtum der Hatschepsut (1490–1468 v. Chr.) in Deir-el-Bahari. Der dem Kult des Amun und teilweise auch der Hathor geweihte Komplex diente vor allem auch dem Totenkult der Königin, die zu den ganz wenigen Pharaoninnen zählte, die tatsächlich die Regierungsgeschäfte an sich gerissen hatten. Der auf den Reliefs dargestellte Geburtsmythos des Gottkönigs kehrt später in den Alexanderlegenden wieder.*

***Abb. 36** Tetradrachme Alexanders des Großen mit dem Kopf eines jugendlichen Herakles. Geprägt in Alexandria/Ägypten zwischen 326/325–318 v. Chr. Alexander sah sich wie alle Makedonen als Nachfahre des Zeussohnes Herakles, so daß man hier dem Herakleskopf die Züge des Königs verlieh. Münzen dieses Typus wurden noch lange nach dem Tode Alexanders geschlagen. Silber. Berlin.*

***Abb. 37** Thronender Zeus auf der Rückseite der Münze Abb. 36 mit der Legende ΑΛΕΞΑΝΔΡΟΥ. Der Göttervater ist letztlich der Urahne des Makedonenkönigs und entspricht zugleich auch dem Zeus/Ammon, dem göttlichen Vater des Makedonen.*

***Abb. 38** Alexander der Große als Helios mit Strahlenkrone. Schon kurz nach seinem Tod werden Züge Alexanders in das Bild des Sonnengottes Helios übertragen. Im Hintergrund steht die Legende, daß der König der Sohn des Ammon-Re sei, der in Ägypten als Sonnengott galt. Späthellenistischer Karneol aus einem Grab in Hawara (Fayum). H. 11 mm. Privatbesitz.*

***Abb. 39** Tetradrachme des Königs Lysimachos von Thrakien mit dem Bildnis Alexanders als Zeus/Ammon. Die vom Ammonorakel der Oase Siwah testierte Abstammung des Königs von Zeus/Ammon findet hier in den Widderhörnern des Gottes sinnfälligen Ausdruck. Lysimachos, ein Freund Alexanders, führte selbst zwischen 305–281 v. Chr. den Königstitel. Silber. Geschlagen in Amphipolis (Nordgriechenland) zwischen 288–281 v. Chr.*

gibt sich als Gott zu erkennen und weckt ihre Liebe: «... *nachdem die Majestät dieses Gottes mit ihr getan hatte, was er wollte* ...», entsteht tatsächlich ein Thronfolger, der von dem Widdergott Chnum aus Ton geknetet wird, wobei allerlei Segenssprüche und Leben mit hineingearbeitet werden. Der Leib soll der des Amun sein, also wesensgleich. Danach wird die Mutter des künftigen Gottkönigs mit Ehrentiteln überhäuft und schließlich kommt das Kind in Gegenwart zahlreicher Götter zur Welt. Amun legitimiert den Sprößling: *«Mein Sohn von meinem Leibe, mein strahlendes Abbild, aus mir hervorgegangen.»* Danach wird das Kind von kuhköpfigen Ammen und heiligen Kühen aufgezogen.[34]

Es genügt ein Blick, um die Analogien zu den Nektanebos-Amun-Alexander-Legenden zu erfassen. Der Gott vereinigt sich mit einer Königin, die verheiratet ist. Der Gatte und die Auserwählte werden informiert. Danach folgt der Verwandlungsgedanke und dann die Epiphanie in Gestalt des Gottes, die bei Nektanebos in eine regelrechte Scharade ausartet. Die Königin verliebt sich sogar in ihren göttlichen Verehrer. Danach folgt die Geburt in Anwesenheit von Göttern, ganz wie es Plutarch bei Alexander überliefert (*Alexander* 3). Kurzum, der Alexanderroman und die bei Plutarch überlieferte Version göttlicher Zeugung haben einen rein altägyptischen Hintergrund und wurden für ein griechisches Publikum gleichsam übersetzt.

Nun diskutiert man bei den Hatschepsutreliefs seit langem, ob die Legende nicht primär den Zweck hatte, die als «Pharao» nicht legitimierte Königin als gottgewollte Herrscherin Ägyptens zu prädestinieren. Daß diese Intention bei Alexander im Vordergrund stand, daran ist nicht zu zweifeln – dieser Grundton durchzieht den ganzen Alexanderroman bis hin zur Angleichung des Königs an den Pharao Sesostris I. (s. S. 16). Man darf sich also durchaus fragen, ob dies nicht gleichsam im Umkehrschluß aufzeigt, welchen Grundton der Mythos in ägyptischen Augen hatte. Deutlich wird nun auch, weshalb Alexander so großen Wert auf Amuns Anerkennung legte – der Mythos lieferte ihm einen Präzedenzfall. Die Akzeptanz des Gottes legitimierte ihn automatisch zum Pharao und Gottkönig. Daß ihm diese Legende bereits bei seinem Abmarsch in Makedonien bekannt war, darf man bezweifeln, daß er «göttliche» Intentionen hatte, wohl kaum. Hier wird der entscheidende Anstoß spätestens in Ägypten erfolgt sein.

40

Zudem sollte man nicht vergessen, daß sich die Makedonen sämtlich als Nachkommen des Herakles sahen und damit zwangsläufig als Nachfahren des Zeus, der ja den mythischen Helden gezeugt hatte. Die Legende zeigt sich vor allem bei den makedonischen Königen, und so prägt auch Alexander in der Regel mit dem Bild eines jugendlichen Herakles und einem thronenden Zeus (Abb. 36. 37). Die Verbindung zu Zeus/Ammon fügte sich nun vorzüglich in diese makedonische Ideologie, auch wenn sie bereits zu Lebzeiten Alexanders unter konservativen Makedonen durchaus auf vehemente Ablehnung stieß (s. S. 76 f.).

Die Amunlegende führt uns nun direkt zu einer weiteren Götterangleichung, die Alexander erst während des Hellenismus zuwächst. So sah man Amun häufig in Wesenseinheit mit Re, dem Sonnengott. Wie schlagend die Gleichsetzung war, lehrt etwa das berühmte, 238 v. Chr. erlassene Dekret von Kanopus, das im hieroglyphischen Text Amun nennt und ihn im griechischen Teil des Dekrets nicht etwa mit Zeus, sondern mit Helios übersetzt. Wenn Alexander nun das Bild des Amun auf Erden war, dann war er nach dieser Lesart zugleich auch Helios, der griechische Sonnengott und tatsächlich kennen wir einige Alexanderbildnisse mit dem Strahlenkranz des griechischen Helios (Abb. 38). Sobald also der dritte Ptolemäer auf den berühmten Münzen mit der Ägis des Zeus und der Strahlenkrone des Helios erscheint, dann ist dies nichts anderes, als eine Paraphrase von Amun-Re-Alexander und man ist nicht verwundert, daß sich ausgerechnet dieser Herrscher als Neubegründer des Alexanderreiches sah. Selbst noch in der Zeit der römischen Caesaren wurde in Alexandria häufiger auf diesen Bildnistyp zurückgegriffen, sobald ein Kaiser einen Orientfeldzug feierte oder wenn Orientinteressen in den Vordergrund traten.[35] Die Heliosadaption beinhaltet somit in jedem Fall auch eine Alexanderimitatio (s. S. 111 ff.).

Wie früh dieser Alexander-Helios-Gedanke Fuß faßte, zeigt vor allem der berühmte Koloß von Rhodos. Bei dem von Chares gegen 290 v. Chr. geschaffenen Weltwunder erhielt der Gott bereits die Gesichtszüge Alexanders des Großen. Sonne und Mond, Helios und Selene, finden sich in der Folgezeit immer wieder im Zusammenhang mit Eroberern Asiens, bei eingebildeten oder tatsächlichen. So nannte die große Kleopatra ihre Kinder aus der Verbindung mit Mark Anton bezeichnenderweise «Alexander Helios» und «Kleopatra Selene», und Kleopatra selbst war die letzte hellenistische Herrscherin, die drei Jahrhunderte nach dem Tode des großen Eroberers für sich in Anspruch nahm, das Alexanderreich aufs Neue zu gründen. Eine eitle Hoffnung, so wie bei den meisten, die sich anmaßten, seinen Spuren zu folgen. Bei Helios und Selene erinnert man sich unwillkürlich an die Orakelbäume der Sonne und des Mondes (Abb. 86).

Die Astralsymbolik zeigt sich auch bei einem Tongefäß in Gestalt eines Alexanderkopfes aus dem pontischen Amisos (Abb. 40). Man könnte beinahe den Eindruck gewinnen, der König sei hier als Gestirnsgottheit begriffen. Auch wäre denkbar, an den Stern zu denken, der sich bei Alexanders Tod gezeigt haben soll.

Noch in den letzten Tagen der Antike schildert Libanius in Alexandria ein Reiterstandbild des Königs mit sonnengleichem Haar (s. S. 116). Der Eroberer war längst zu kosmischer Größe aufgestiegen, und so führt er auch auf einer severischen Goldprägung einen Schild mit den Tierkreiszeichen (s. S. 114).

***Abb. 40** Fragment eines Figurengefäßes mit einem Kopf Alexanders des Großen (?). Das Gefäß zeigt den König als Gestirnsgottheit mit einer Mondsichel über der Stirn und Sternen. Aus Amisos am Schwarzen Meer. Terrakotta. H. 16 cm. Brüssel, Musée du Cinquentenaire No. A 1938.*

***Abb. 41** Bildnis des Aristoteles (Nase ergänzt). Die Skulptur der frühen Kaiserzeit kopiert ein wohl in der 2. Hälfte des 4. Jhs. v. Chr. entstandenes Original. Der große Philosoph war der Lehrer Alexanders. H. 29 cm. Marmor. Wien, Kunsthistorisches Museum AS I 246.*

Alexander war also tatsächlich das Kind dreier Väter. Als Sohn Philipps II. geborener König von Makedonien und als fiktiver Sohn von Nektanebos II. legitimer Herrscher Ägyptens und Rächer seines Vaters. Als Sohn von Zeus / Ammon-Re stieg er jedoch auf in die Sphäre des Göttlichen, so wie ihn auch die Münzbilder der Diadochen feiern (Abb. 36. 39).

Aristoteles oder ein Rassist als Lehrer?

Ehe wir Alexander nach Asien begleiten, ist ein Blick zurückzuwerfen, auf seine Jugend und seinen Lehrer Aristoteles (Abb. 41).[36] Im Jahre 343/342 v. Chr. berief Philipp II. den schon damals berühmten Philosophen und Universalgelehrten nach Pella in die makedonische Hauptstadt (Abb. 42). Die Aufgabe war klar umrissen: Es galt dem Prinzen geistigen Schliff und Bildung zu vermitteln und dafür war niemand geeigneter als Aristoteles, den man noch im Mittelalter als «den Philosophen» apostrophierte. Alexander selbst soll später geäußert haben, daß er seinem Vater Philipp verdanke, daß er lebe und Aristoteles, daß er zu leben verstehe (Plutarch, *Alexander* 8, 4).

Philipp überließ dem aus Stagira auf der Chalkidike stammenden Gelehrten eine Schule im Nymphenheiligtum von Mieza unweit von Pella und gab den Prinzen in seine Obhut und zwar zusammen mit einigen seiner Kameraden, unter ihnen auch Hephaistion, später Alexanders engster Freund und alter ego. Die Ausbildung umfaßte Geschichte, Literatur und Naturwissenschaften. Eine besondere Rolle spielte sicherlich der ethische Anspruch des Lehrers, der mit Verve die Ansicht vertrat (*Ethik* IV, 3), daß der wahrhaft Großherzige «*... ein Mensch sei, der sich in der Lage glaubt, große Taten zu vollbringen und der sie auch tatsächlich zu vollbringen vermag ... Wenn er der höchsten Ehren würdig ist, dann darum, weil er gleichzeitig auch der an Tugenden reichste der Menschen ist.*»

Gewiß eine gewaltige Vorgabe für einen Teenager.

Daß vor allem die literarische Unterweisung auf fruchtbaren Boden fiel, zeigt eine wohl von Aristoteles selbst kommentierte Ausgabe der Ilias, die Alexander während des Orientzuges in einer kostbaren, goldbeschlagenen Schatulle aufbewahrte, die er vom Perserkönig erbeutet hatte (Plutarch, *Alexander* 8 und 26). Das Manuskript fand jeden Abend zusammen mit einem Dolch seinen Platz unter Alexanders Kopfkissen. Wie prägend Alexander war, zeigt dann zwei Jahrtausende später die Geschichte des Schwedenkönigs Karls XII., der auf seinem Rußlandfeldzug nicht etwa Homer, sondern den Alexanderroman unter dem Kopfkissen hatte. Als er seine Laufbahn begann, war Schweden eine Großmacht, als er stürzte, war es damit für immer vorbei. Friedrich Wilhelm I., der Vater Friedrichs des Großen, warnte deshalb seinen Sohn ausdrücklich vor diesem unheilvollen Buch.

Noch tief im Inneren Asiens verlangte Alexander nach einer Sendung weiterer Lektüre und erhielt tatsächlich unter anderem die Historien des Philistos, zahlreiche Tragödien des Aischylos, des Sophokles oder des Eurypides (Plutarch, *Alexander* 8). Seine Begeisterung für Pindar hatte schon früher bei der Zerstörung Thebens dazu geführt, daß er das Haus des Lyrikers als einziges verschonte.

Die naturgeschichtlichen Interessen seines berühmten Lehrers sind sicherlich der Grund, daß der junge König einen ganzen Stab von Gelehrten um sich scharte. Es wird sogar berichtet, daß er seinem Lehrer seltene Pflanzen oder Tiere senden ließ. Bedenkt man, daß ein Demosthenes in seiner Philippika das Verhältnis zwischen Griechen und Makedonen mit dem Unterschied zwischen Halbgöttern und wilden Tieren verglich, dann war die außerordentliche Bildung des Königs sicherlich eine vorzügliche Voraussetzung, um diese verächtliche Beschimpfung zu widerlegen.

Auch wenn Aristoteles mit Fug und Recht als einer der bedeutendsten Geister verstanden wird, so ist aus heutiger Sicht

41

nicht zu verkennen, daß er in seinem Menschenbild ein Kind seiner Zeit blieb. Griechen waren schlichtweg höhere Wesen und alle anderen Menschen nichts als wertlose Barbaren. Nach Platon waren alle Barbaren von Natur aus Feinde, die man bedenkenlos bekriegen, versklaven und ausrotten konnte. Und Aristoteles pflichtete ihm bei, wenn er feststellte, daß alle Barbaren, vor allem die Orientalen, von Natur aus Sklaven seien, die kein Recht hätten, freie Menschen zu sein.[37]

Gegenstimmen waren anscheinend selten, auch wenn erwogen wurde, das Statement eines Kynikers wie Diogenes im Sinne eines neuen, alle Menschen umfassenden Gleichheitsbegriffs zu verstehen. Der aus seiner Vaterstadt Sinope in Nordkleinasien widerrechtlich exilierte Philosoph hat sich selbst als Kosmopolit bezeichnet, der keine Heimatstadt habe, doch stellt sich in der Tat die Frage, ob Diogenes hier nicht nur auf seine persönliche Situation anspielte (Diog. Laert. VI, 63). Auf Alexander machte der Kyniker allerdings großen Eindruck, denn als der junge König ihn in Korinth aufsuchte, fand er ihn beim Sonnenbaden. Alexander fragte ihn vielleicht ein wenig herablassend, was er für ihn tun könnte, eigentlich eine ganz passende Frage, da der Philosoph ja bekanntermaßen in einer Tonne lebte. Doch Diogenes antwortete nur nachlässig, es genüge, wenn Alexander ihm ein wenig aus der Sonne ginge (Abb. 43).

Für Alexander kamen die wirklich prägenden Ideen fraglos von Aristoteles, und dessen Ansichten über Barbaren und ihre Rechtsstellung sind alarmierend genug. Der berühmte Redner Isokrates legitimierte gar den Barbarenkrieg als einigendes Band zwischen den verfeindeten griechischen Stadtstaaten, letztlich nichts als das in der Geschichte oft erprobte Mittel, heimatlichen Zwist mit Hilfe äußerer Feinde zu überspielen. Isokrates konstatierte folgerichtig (Panegyr. 3), er komme, um für zwei Dinge zu plädieren: *«Krieg gegen die Barbaren und Homonoia (Eintracht) zwischen uns Griechen»*. Heute würde man Aussagen dieser Art mit Fug und Recht als faschistoid bezeichnen.

Damit soll nicht geleugnet werden, daß dies bei allen angrenzenden Staaten und Völkern ganz ähnlich war. Auch dort überfiel man andere Länder um des puren Machtgewinns oder um der Beute willen. Deshalb sollte man Platon oder Aristoteles keineswegs besondere Militanz attestieren. Man wäre durchaus versucht, rassistische Entgleisungen als zeitgebunden zu entschuldigen, wenn wir nicht nach den tragischen Ereignissen des letzten Jahrhunderts sicher sein könnten, daß sie in Wahrheit zeitlos sind.

Zudem handelt es sich bei einem Aristoteles nicht um einen abgestumpften Schlächter oder General. Es geht bei Aristoteles und Platon um zwei Gestalten, ohne die das Abendland mit seinen philosophischen Grundlagen undenkbar wäre. Und so ist es umso beklemmender, zu erleben, daß selbst solche Geister nicht imstande waren, diesen brutalen, tödlichen Kreislauf aus Haß, Überheblichkeit und Krieg zu durchbrechen oder wenigstens über ihn hinaus zu denken. Krieg den orientalischen Barbaren, dies war der militante Unterton, der Alexanders Ju-

42

gend begleitete. Dies sind die Ideen, die er neben Pindar, Aischylos und Sophokles verinnerlichte. Mit einem Wort, man suggerierte ihm, daß er einer Herrenrasse angehöre.

Man kann sich unschwer ausmahlen, welche Konsequenzen dieses Weltbild bei einem Eroberer haben konnte, der gerade in Theben seine Skrupellosigkeit eindrucksvoll unter Beweis gestellt hatte, und bei den Thebanern handelte es sich um Griechen! Wir wissen sehr genau, was Jahrhunderte später ein anderer Eroberer unter der Bevölkerung Vorderasiens anrichtete. Unter dem Deckmantel eines militanten Islam schlachtete Timur der Lahme mit seinen Mongolen ganze Völkerschaften.

Es stellt sich also die Frage, wie ein junger Mann, der in diesem Überlegenheitsdünkel aufgewachsen war, dem Orient begegnen würde? Würde er, wie sein Lehrer Aristoteles, in der letztlich beschränkten Welt griechischer Klassik verharren? Oder würde er das gräkozentrische Weltbild überwinden oder zumindest in Frage stellen? Es gehört zu den faszinierendsten Aspekten im Leben Alexanders, daß es ihm gelang, über seinen Lehrer hinauszudenken, der selbst zu den Baumeistern des Abendlandes gehörte – gewiß eine beeindruckende Leistung für einen König, der bereits im Alter von 33 Jahren starb. Während der Philosoph sein hellenozentrisches Denken wohl nie ablegte, wandte sich der König unter dem unmittelbaren Eindruck des Orients persischer Kultur zu, eine Vorliebe, die schließlich darin gipfelte, daß er Orientalen und Makedonen bzw. Griechen nicht mehr als Besiegte und Sieger, sondern als gleichberechtigte Reichsbevölkerung sehen wollte (s. S. 78 ff.).

Daß solche Ideen bei einem Aristoteles auf Ablehnung stoßen würden, liegt nahe, auch wenn wir kaum konkrete Informationen für ein Zerwürfnis besitzen. Allerdings ging man bereits in der Antike davon aus, daß sich das Verhältnis zwischen dem König und seinem Lehrer zunehmend verschlechtert habe. So schreibt etwa Plutarch (*Alexander* 8): «... *In der Folge jedoch empfand Alexander dem Aristoteles gegenüber Argwohn. Zwar fügte er ihm niemals irgend etwas Böses zu, aber seine Aufmerksamkeiten hatten nicht mehr die herzliche Spontaneität von einst und daraus läßt sich erkennen, daß er sich von ihm löste.*»

43

Insbesondere nahm man an, die Hinrichtung des Kallisthenes, eines Neffen des Aristoteles, habe das Verhältnis belastet (s. S. 14), doch bemerkt Aristoteles selbst, daß Kallisthenes zwar beredt sei, aber gesunden Menschenverstand vermissen lasse (Plutarch, *Alexander* 54). Das klingt nicht so, als habe Aristoteles deshalb mit Alexander gebrochen. Störte den König am Ende gar das Selbstwertgefühl des Philosophen? Denn als jemand Aristoteles gratulierte, einen Schüler wie Alexander zu haben, meinte er, lieber solle man Alexander gratulieren, einen Lehrer wie Aristoteles zu besitzen.

Wir sind also letztlich auf Vermutungen angewiesen, zumal sich schließlich bereits in der Antike das Gerücht verbreitete, der Philosoph habe sich aktiv an der Ermordung Alexanders beteiligt. «*Aristoteles sei es gewesen, der dieses Gift für Antipatros (Statthalter Alexanders in Makedonien) erfand, selbst in der Furcht vor Alexander wegen des Kallisthenes, und Kassandros, Sohn des Antipatros habe es überbracht*» (Arrian, *Anabasis* 7, 27, 1). Wie fabulös dieser Verdacht letztlich war, zeigt sich darin, daß man annahm, bei dem Gift habe es sich um das tödlich kalte Wasser des Unterweltsflusses Styx gehandelt (Plutarch, *Alexander* 77).

Bereits Arrian und Plutarch traten diesen Verdächtigungen entgegen und die moderne Geschichtsschreibung hielt es nicht anders. Letztlich illustrieren diese Gerüchte wohl vor allem, wie weit sich die Weltbilder des Philosophen und des Eroberers voneinander entfernt hatten.

***Abb. 42** Blick über die Ruinen der palastartigen Stadthäuser von Pella, dem Geburtsort Alexanders des Großen. Die Häuser entstanden erst nach dem Tode des Königs und spiegeln wohl den Reichtum, der durch den Asiensieg nach Makedonien floß.*

***Abb. 43** Alexander begegnet dem Philosophen Diogenes, der ihn nur bittet, ihm etwas aus der Sonne zu gehen. Das legendäre Treffen ist hier ins Groteske gezogen. Lithographie von H. Daumier 1842. Athen, Nationalgalerie.*

Das Antlitz eines Genies

Das Wunschdenken der Nachwelt

Als Alexander in die Gebiete östlich des Kaspischen Meeres vorrückte, erreichte ihn angeblich eine Gesandtschaft der Amazonen unter ihrer Königin Thalestris (Curtius Rufus VI, 5, 25–32): «*Sobald sie den König erblickten, sprang sie (Thalestris) vom Pferd, zwei Lanzen in der Rechten haltend ... Mit unerschrockener Miene schaute Thalestris den König an und musterte eingehend seine Gestalt, die keineswegs dem Ruhm seiner Taten zu entsprechen schien. Denn alle Barbaren empfinden vor einer majestätischen Körpergestalt Ehrfurcht und halten dagegen niemanden für großer Taten fähig, den die Natur nicht mit einem ausgezeichneten Äußeren gewürdigt hat. Auf die Frage, ob sie (Thalestris) etwas von ihm zu erbitten wünsche, zögerte sie nicht zu gestehen, sie sei gekommen, um mit dem König Kinder zu zeugen. Sie sei es wert, daß er von ihr Erben seines Reiches empfange. Sei es ein Mädchen, so wolle sie es selbst behalten, einen Knaben aber dem Vater zurückgeben ... Die Frau, heftiger in ihrer Begierde als der König, veranlaßte ihn, einige Tage Halt zu machen und nachdem dreizehn Tage auf Erfüllung ihres Wunsches verwendet waren, begab sie sich in ihr Reich, der König nach Parthiene.*»

Ob die dreizehn königlichen Tage der beiden von Erfolg gekrönt wurden, verschweigt uns der Dichter. Daß die Legende von Alexander und den Amazonen bereits unter seinen Mitstreitern kursierte, beweist Jahre später der Spott des Lysimachos, der mittlerweile selbst zum König aufgestiegen war. Denn als ihm sein alter Kampfgefährte Onesikritos aus dem 4. Band seiner Alexandergeschichte plötzlich von Amazonen vorlas, lächelte Lysimachos und meinte nur, er frage sich denn doch, wo er selbst zu dieser Zeit eigentlich gewesen sei. Mit einem Wort, die Geschichte war natürlich nichts als eine Fabel.[38] Im Alexandermärchen trifft der neue Achill Alexander also ganz wie der homerische Heros eine Amazonenkönigin, nur daß diesmal die Liebe und nicht der Kampf im Vordergrund steht (s. S. 27). Asien und Griechenland bzw. Makedonien verschmelzen auf friedliche Weise. Daß die Königin dabei eine potentielle Tochter behalten, einen Sohn jedoch seinem Vater senden wollte, erklärt sich aufgrund der allseits bekannten Amazonenlegende, nach der männliche Säuglinge ausgesetzt wurden. Für einen Sohn war bei ihrem Volk somit kein Platz.

Läßt man den mythologischen Hintergrund beiseite, dann berichtet die Fabel ganz beiläufig, daß Alexander nicht besonders beeindruckend wirkte. Er war

44

***Abb. 44** Der Kopf Alexanders auf dem Alexandermosaik (s. Abb. 64). Das wilde Gesicht mit seiner «charaktervollen Häßlichkeit» fand in der modernen Literatur höchste Anerkennung und wurde oftmals als Realismus gewertet. Das Porträt ist jedoch mit dem physiognomischen Charakteristika des Makedonenkönigs, wie sie uns die antike Literatur überliefert, nicht in Einklang zu bringen.*

***Abb. 45** Dareios III. auf dem Alexandermosaik. Der fliehende Perserkönig, der nach der Niederlage Frau, Kind, Schwestern und Mutter zurückläßt, bietet ein Bild des Entsetzens.*

45

keineswegs von herkulischer Gestalt. Im Gegenteil. Dies zeigt sich auch bei einer Gesandtschaft der nomadischen Skythen aus den Steppen Zentralasiens. Auch diese wundern sich und mustern lange das Gesicht des Königs, da in ihren Augen Alexanders durchschnittliche Größe seinem Ruhm in keiner Weise gerecht wurde (Curtius Rufus VII, 8, 9). Alexanders Freund Hephaistion war da weit beeindruckender, so daß die Königinmutter der Perser nach ihrer Gefangennahme versehentlich vor Hephaistion niederkniete (Diodor VII, 37, 5). Der König entschärfte die Situation mit einem Lächeln und dem bekannten Satz: «*Auch dieser ist Alexander.*»

In die gleiche Richtung deutet auch die bekannte Anekdote, daß Alexander in Susa auf dem Thron des besiegten Perserkönigs Platz nahm und zu klein war, um die Füße auf den obligatorischen Fußschemel zu setzen. Ein Page suchte die Situation zu retten und schob dem König gleich den Tisch des Dareios unter die Füße, was die Angelegenheit offenbar verbesserte (Diodor VII, 66, 3). Andererseits rühmen antike Quellen die Schönheit des Königs, was allerdings nicht maskulin bedeuten muß (Arrian, *an.* VII 28.1). Appian ist hingegen noch im 2. Jh. n. Chr. der Ansicht, daß Caesar und Alexander gut gebaut und attraktiv waren (*civ.* II 151). Faßt man das alles zusammen, dann sah der Makedonenkönig gut aus, war jedoch weit davon entfernt, durch seine Erscheinung zu beeindrucken.

Eines steht jedoch ganz unbestritten: Alexanders persönliche Tapferkeit und seine Leistung als Krieger. Kampf gegen den barbarischen Orient war im Urteil seiner Zeitgenossen geradezu Griechenpflicht. Porträtierte man den König, dann besteht kein Zweifel, daß es vor allem darauf ankam, sein Kriegertum hervorzuheben. Die Frage lautet also, wie man Alexander darstellte, beziehungsweise, wie er selbst gesehen werden wollte, und zum anderen, wie wir uns diesen Tatmenschen vorstellen müssen, sobald wir das verfügbare Quellenmaterial ausloten.

Kein Zeugnis ist berühmter als das Porträt des Königs auf dem Alexandermosaik aus der Casa del Fauno in Pompeji (Abb. 44). Das etwa 5 m auf 2,5 m große Mosaik kopiert ein ursprünglich noch größeres Gemälde, das heute verloren ist (s. S. 64 ff.).[39] Da das Paviment in ungeheuer feinsteiniger Technik gestaltet wurde, erreicht es in der Farb- und Detailauflösung Qualitäten eines Gemäldes, so daß man mitunter von einem Mosaikgemälde spricht. Dargestellt ist Alexander beim Angriff auf den persischen Großkönig in der Schlacht von Issos (s. S. 54 f.). Es ist ein Augenblick höchster Dramatik, der sich gerade auch in den Gesichtszügen der Kombattanten spiegelt. Verzweiflung bei dem fliehenden Achämeniden (Abb. 45) und bedingungslose Entschlossenheit bei dem Makedonenkönig. In seiner machtvollen Häßlichkeit hat das wilde Antlitz kaum Kritiker, dafür umso mehr Bewunderer gefunden. Es fehlt nicht an Stellungnahmen, die gerade hier das realistischste Porträt des großen Königs erkennen wollen. Der Maler des Gemäldeoriginals müsse den König gar persönlich gekannt haben, so daß er hier sein «wahres Gesicht» einfangen konnte.[40] Die aus überdimensionierten Einzelformen zusammengefügten Züge mit ihrer Überbetonung des Gesichts und dem weitgehenden Verzicht auf einen Hinterkopf führten zum Begriff der «charaktervollen Häßlichkeit». Angesichts dieser Abweichung vom ebenmäßigen Schönheitsideal der griechischen Klassik verwundert es nicht,

46

daß man den Charakterkopf geradezu als Beweis besonderer Realitätsnähe interpretierte.

Wie suggestiv diese gewaltsamen Züge sind, wie sehr sie unseren Vorstellungen von Macht und Willenskraft entsprechen, das zeigt ein Vergleich mit einem gegen 1540 entstandenen Gemälde (Abb. 46).[41] Auch wenn der Maler das erst 1831 entdeckte Alexandermosaik nicht gekannt haben kann, so entscheidet er sich doch für eine nicht minder gewaltsame Physiognomie. Keine Frage, so muß er aussehen, der Eroberer der Welt.

Demgegenüber stehen in der Forschung natürlich auch Urteile, die das Mosaikporträt als Charakterstudie begreifen, als Interpretation einer historischen Persönlichkeit und nicht als ihr realistisches, wirklichkeitsnahes Abbild.[42] Das mächtige Kinn mit den brutal verzogenen Lippen, das übergroße Auge, das zudem noch perspektivisch verzeichnet ist, so daß der Maler auf eine Profilansicht verzichtete, all dies soll vor allem die schreckliche Unwiderstehlichkeit des Königs verdeutlichen, so wie sein zurückfliegendes Haar, so manchen Betrachter an eine Löwenmähne erinnerte, bestand der König doch stets darauf, daß man bei Porträts seine Löwenhaftigkeit besonders zum Ausdruck bringe.

Betrachtet man das Mosaik genauer, dann stellt sich heraus, daß der Künstler offenbar nicht nur ein Königsporträt im Sinn hatte, sondern einen divinisierten Heros. Der Schlüssel liegt in einer seltsamen Partie hinter dem Kopf des Königs. Dort erkennt man über der Schulter eine gelbliche Partie bemerkenswerter Transparenz. Man sieht wie durch einen Schleier und erkennt dahinter das Maul eines Rappen und vor allem die hochgebundene Stirnmähne eines Falben. Was wir hier sehen, ist der Ansatz eines Nimbus. Es ist der Vorläufer unseres Heiligenscheins, den man in klassischer und hellenistischer Zeit vor allem Astralgottheiten zuordnete. Bemerkenswerterweise verzichtete der verantwortliche Mosaizist jedoch nach den ersten Zentimetern auf eine Fertigstellung des Nimbus und reduzierte den König damit wieder auf halbwegs menschliches Format.

Das merkwürdige Detail verrät uns nun einiges über das Original, über den Auftraggeber und schließlich über den Mosaizisten. Zunächst ist kaum denkbar, daß der rudimentäre Nimbus allein einer Laune des Mosaiksetzers entsprungen sein soll. Im Gegenteil, das ausgefallene Motiv läßt sich nur erklären, wenn es bereits auf dem Gemälde vorhanden war. Konsequenterweise porträtierte das verschollene Schlachtenbild nicht einen historischen König, sondern einen göttlichen Streiter, der wohl von einem zu Fuß kämpfenden König unterstützt wird, dessen Physiognomie sich gerade noch am Rand der großen Beschädigung neben dem rechten Unterarm Alexanders erkennen läßt. War dies der eigentliche Auftraggeber des Bildes? Das Thema des «übermenschlichen Kämpfers» erklärt wahrscheinlich auch die dramatischen Züge des Mosaikporträts.

Auf der anderen Seite ist ebenso unwahrscheinlich, daß der Mosaizist aus eigenem Antrieb den Tenor der Vorlage so entscheidend veränderte und so darf man wohl annehmen, daß dem Eigentümer der Casa del Fauno an einem Alexanderporträt, nicht jedoch an einem göttlichen König lag. Wollte er seine ostentative Alexanderbegeisterung am Ende doch etwas abmildern? Immerhin lebte er im Italien der ausgehenden Republik und die Römer hatten Alexanders makedonische Heimat in drei blutigen Kriegen unterworfen.

Andererseits wirft der unvollendete Nimbus ein etwas schräges Licht auf die Sorgfalt des Mosaizisten. Es wäre ein Leichtes gewesen, die kleine Partie zu eliminieren, doch ließ man sie einfach stehen. Dies ist eine künstlerische Indifferenz, die sich auf dem Mosaik des öfteren manifestiert (s. S. 65). Sie zeigt nur allzu deutlich, daß es sich am Ende eben doch um einen Fußboden und nicht etwa um ein Tafelbild handelte. So wichtig war die Sache bei einem Mosaik offenbar nun auch wieder nicht.

Nicht alle Porträts des Königs sind derart dramatisch oder besser gesagt: das Mosaikgemälde bildet eine Ausnahme. Vergleicht man etwa die zwei Jahrzehnte nach dem Tode des Königs entstandenen Münzporträts, die einer seiner Generäle in seinem thrakisch/nordwest-kleinasiatischen Königreich schlagen ließ, dann finden sich zwar durchaus Anklänge an den physischen Typ des Mosaikporträts, doch ist die unwiderstehliche Häßlichkeit einem schönlinigen, energischen Antlitz gewichen. Das Münzporträt zeigt uns Alexander als König mit Diadem und zugleich als Sohn des widdergehörnten Gottes Ammon (Abb. 39). Es war nun das erklärte Ziel, eine gottgleiche Persönlichkeit darzustellen. Die Lysimachosmünzen «... *sind an ‹der Kraft des Ausdrucks, an Erfassung und Idealisierung der gewaltigen Persönlichkeit des Makedonenkönigs und an der Feinheit der Durchmodellierung … unübertroffen*»[43] Ganz ähnlich porträtiert den König auch die berühmte

***Abb. 46** Alexander der Große auf einem gegen 1540 entstandenen Gemälde von Guiliano Romano. Das wilde Gesicht zeigt ganz ähnlich wie auf dem Alexandermosaik nicht ein an antiken Quellen orientiertes «realistischeres» Porträt des Königs mit relativ weichen Gesichtszügen, sondern das Charakterporträt eines Eroberers. Offenbar hatte man sowohl in der Antike wie in der Renaissance mitunter Schwierigkeiten, sich den König nicht als virilen Tatmenschen, sondern als eher zierlichen Mann mit nicht sehr ausgeprägten Gesichtszügen vorzustellen. Öl auf Holz. Ehemals Genf, Sammlung Dr. Erich Lederer.*

***Abb. 47** Die sog. «Azaraherme» aus Tivoli. Porträt Alexanders des Großen mit der Inschrift ΑΛΕΞΑΝΔΡΟΣ ΦΙΛΙΠΠΟΥ. Die Herme kam als Geschenk des Chevaliers Azara in den Besitz Napoleons I., der sich selbst gerne als neuer Alexander sah. Die Kopfwendung nach links beschreiben antike Quellen, doch meinte man links vom Betrachter oder von Alexander aus? Schon die Antike kennt beide Versionen. Nase, Lippen und Teile der Augenbrauen sind ergänzt. Frühe Kaiserzeit nach einem Original, das häufig mit der Kunst Lysipps verbunden wird. Lysipp war der Hofbildhauer Alexanders. H. 68,1 cm. H. des Kopfes 25 cm. Marmor. Paris, Louvre (©Photo RMN – H. Lewandowski).*

***Abb. 48** Elfenbeinköpfchen Alexanders des Großen. Das Köpfchen war zum Einsatz in einen hölzernen Fries gearbeitet, der einst eine Prunkkline schmückte und anscheinend die makedonische Königsfamilie darstellte (Abb. 28). Die hölzernen Partien der Figur einschließlich der Haare waren vergoldet. Späte Alexander- oder frühe Diadochenzeit. Aus Vergina, sog. Philippgrab. H. 3,4 cm. Vergina, Museum.*

Herme Azara (Abb. 47): Ein ebenmäßiges Antlitz mit langer Nase und energischem Mund, gerahmt von mittellangem Haar. Weitgehende Bartlosigkeit und das mähnenartig über der Stirn aufstrebende Haar, die Anastole, sind ganz wesentliche Bestandteile des Alexanderporträts. Gerade die Anastole galt als Signum seines löwenhaften Charakters und man erinnert sich unwillkürlich an Plutarchs Worte, daß der König bei der Zerstörung von Theben wie ein Löwe seinen Blutdurst gestillt habe (Plutarch, *Alexander* 13; s. S. 71 f.).

Angesichts der Münzen des Lysimachos wird unschwer deutlich, weshalb man bei dem winzigen Elfenbeinköpfchen aus dem «Philippgrab» sofort an Alexander dachte (Abb. 48). Details erinnern unmittelbar an das Münzporträt. Dies gilt vor allem für die markante Nase und die Stirnkontur. Zudem zeigt es die charakteristische, literarisch bezeugte Kopfwendung nach links. Betrachtet man die anderen Miniaturporträts aus Vergina (Abb. 28), dann kann man eine gewisse «Familienähnlichkeit» diagnostizieren. Bemerkenswert sind auch die leicht herunter gezogenen Mundwinkel, die der Meister des Alexandermosaiks so wundervoll interpretierte. Bedenkt man die Nähe zu den nicht vor 306/305 v. Chr. entstandenen Münzbildern, dann wird man nicht fehlgehen, hier von einem Porträttypus zu sprechen. Die entscheidende Frage ist allerdings, ob es sich bei den Lysimachosprägungen um die Paraphrase eines Jugendporträts handeln kann. Eigentlich schwer vorstellbar. Und es müßte sich um einen frühen Typus handeln, falls man das «Philippgrab» tatsächlich mit Alexanders Vater in Verbindung bringt. Auch dies spricht eher für ein späteres Bestattungsdatum (s. S. 24 ff.).[44]

Betrachten wir zunächst, wie Alexander selbst gesehen werden wollte. So schreibt Plutarch (*Alexander* 4), daß die größte Ähnlichkeit bei Statuen des Bildhauers Lysipp erreicht würde und daß dies überhaupt der einzige Künstler sei, der es nach Ansicht des Königs wert sei, ihn darzustellen. Plutarch fährt dann fort: «*Alexander besaß eine Reihe von Eigentümlichkeiten, die viele von Lysipps Nachfolgern später nachzuahmen trachteten. Zum Beispiel die Haltung des Nackens, der leicht nach links geneigt war oder ein schmelzender Ausdruck der Augen (Hygrotes) ... Als Apelles Alexander mit einem Blitz in der Hand malte, gab er seine Hautfarbe überhaupt nicht exakt wieder. Er machte Alexanders Haut zu dunkel, obwohl man uns doch berichtet, daß er hellhäutig war und zwar mit einem rötlichen Ton, der sich besonders im Gesicht und auf der Brust zeigte. Aristoxenos berichtet uns darüber hinaus, daß Alexanders Haut frisch und süß-duftend war und daß sein Atem und sein ganzer Körper in besonderer Weise duftete, und daß auch die Kleidung davon durchdrungen war.*»

Soweit Plutarch, der sich in einigen Aussagen mit anderen Autoren verbinden läßt. So hören wir von Alexanders löwenähnlichem Haar, doch zugleich auch von seiner hellen Haut und ihrer Rötung, was schlichtweg auf Sonnenbrand schließen läßt, ein Schicksal, das der König offenbar mit hellhäutigen Normalbürgern teilte. Wir hören gar von geröteten Backen (Solinus, *Collectanea rerum memorabilium* IX 20). Konsequenterweise besaß der König auch helles Haar. Zudem war er stets rasiert (Ailian, *var.* XII 14). Mit Blick auf das Alexandermosaik läßt sich somit feststellen, daß das berühmteste Porträt dem großen König am wenigsten gerecht wird. Es zeigt uns den Schöpfer eines Weltreichs so, wie man sich einen Kriegsgott vorstellte. Fraglos ein suggestives Konzept, zumal wenn man sich die begeisterten Urteile der modernen Forschung vergegenwärtigt.

47

48

49

50

51

Auch die Münzbilder oder das Elfenbeinköpfchen dürften einer idealisierten Porträtrichtung angehören. Und da dieser Bildnistypus zum einen in einem makedonischen Königsgrab und zum anderen auf einer Münze eines seiner engsten Freunde erscheint, wird es sich auch hier um einen offiziellen Typus handeln. Details wie die lange Nase mögen durchaus realistisch sein, doch bereits bei den herabgezogenen Mundwinkeln darf man sich fragen, ob wir hier nicht das Bedürfnis eines von der Natur nicht übermäßig beeindruckenden Menschen fassen, verächtliche Überlegenheit zur Schau zu stellen. In diese Richtung deutet wohl auch die verschiedentlich konstatierte Neigung des Königs, besonders laut und harsch zu sprechen.[45] Ist auch das und die herrische Kopfhaltung mit dem erhobenen Kinn eine Kompensation subjektiv empfundener Defizite? Die Kopfwendung zur linken Schulter hin könnte auch mit einer geringfügigen Deformation verbunden werden. Auf jeden Fall ist sie auch bei anderen Porträts festzustellen (Abb. 1. 48).

Die Spielbreite der erhaltenen Köpfe ist durchaus beachtlich. Zeigt uns etwa ein Porträt aus Pella (Abb. 1) eine finstere Agilität, so bietet ein Köpfchen aus einer Statuettengruppe weiche Formen, die A. Stewart in Verbindung mit antiken Schriftquellen dazu bewog, in der Physiognomie des Königs gar einen femininen Touch zu erwarten (Abb. 49). Der wohl aus dem zentralgriechischen Megara stammende Marmorkopf ist weit vom Ideal eines Alexandermosaiks entfernt (Abb. 44) und auch ein ägyptisches Porträt zeigt ihn weit maskuliner (Abb. 59).

Wie sehr man noch nach Jahrhunderten bemüht war, Alexanders Erscheinung zu überhöhen, zeigt etwa der oben angesprochene «Duft» seiner Haut. Heißt das etwa, daß er stark schwitzte oder daß er sich parfümierte? In eine andere Richtung führt hier möglicherweise ein Detail aus dem ägyptischen Königsmythos: Dort wird die zukünftige Mutter des Gottkönigs vom «Duft» des Amun verführt (s. S. 37). Sollte der Duft Alexanders vielleicht auf diesem Hintergrund gesehen werden?

Bemerkenswert ist auch eine Besonderheit seines Blickes, die Hygrotes, die schwimmenden Augen.[46] Außer den löwenähnlich gesträubten Haaren ist wohl wenig so oft erwähnt wie das Auge des Königs. Nun sollte nicht verschwiegen werden, daß Alexander und sein Umfeld Unmengen von Alkohol konsumierten. Gefeiert wurde bei jeder Gelegenheit und einige der schrecklichsten Exzesse bis hin zu Mord und Brandstiftung (s. S. 76) verbinden wir mit diesen Gelagen. Auch wenn man nicht so weit gehen will, zu postulieren, daß die Elite zechte, falls sie nicht gerade kämpfte oder marschierte, muß man doch von Alkoholmißbrauch sprechen. Auch ein Alexander muß sich somit die Frage gefallen lassen, ob die schwimmenden Augen nicht zumindest teilweise auf einen allzu häufigen Kater schließen lassen. Doch wie auch immer, mit dem Schwert in der Hand und auf dem Rücken eines Pferdes war der König stets mehr als nüchtern oder in ganz anderer Weise berauscht. Ganz wie man will.

***Abb. 49** Kopf Alexanders des Großen, angeblich aus dem griechischen Megara. Der Kopf ist zwar nicht durch eine Inschrift als Alexander gesichert, doch entspricht er mit seinen weichen, jugendlichen Zügen durchaus dem in der Antike weithin überlieferten Bild des Eroberers. Die verlorene Statue gehörte wohl einst zu einer dynastischen Gruppe (s. Abb. 32). Spätes 4. Jh. v. Chr. H. 28 cm. Marmor. Malibu, The J. Paul Getty Museum 73.AA.27.*

***Abb. 50** Reiterstatuette Alexanders des Großen. Der König als unbesiegbarer Reiter war ein Dauerthema antiker Kunst. Gefunden in Herculaneum im Jahre 1761. H. 0,485 m. Bronze. Neapel, Nationalmuseum 4996.*

***Abb. 51** Alexander der Große im Panzer. Die Bronze gehörte einst zu einer Reiterstatuette, deren Pferd verloren ist. Die Statuette zeigt den König nicht als idealen Heros (vgl. Abb. 53), sondern als realistischen Kämpfer. Gefunden in Begram, Afghanistan. Kabul, Museum.*

***Abb. 52** Auf dem Alexandermosaik stürmt der Makedonenkönig in weitgehend realistischer Wappnung in die persischen Reihen. Die lange Reiterlanze ist seine genuine Waffe. Selbst den Helm, der ihm «vom Kopf geschlagen wurde», hat der Künstler unter ihm plaziert. Das Motiv ist vielleicht eine Anspielung auf die Schlacht am Granikos.*

Das Bildnis des Königs wandelte sich im Laufe der Zeit. So zeigt uns bereits das Alexandermosaik einen Backenbart, eine Mode, die im Laufe des Hellenismus gerade bei Herrscherporträts aufkam und die in der späten Republik und frühen römischen Kaiserzeit zu einem Hinweis auf Alexanderimitatio wurde. So kann es nicht verwundern, daß der König auf severischen Goldmedaillons diesen Backenbart trägt (s. S. 114), obwohl sich der historische Alexander rasierte. Das Original des Alexandermosaiks ist also deutlich nach der Lebenszeit des Königs entstanden (s. S. 61 ff.).

In Alexander tritt uns somit ein bestenfalls mittelgroßer Mann entgegen, mit rötlicher Haut und hellem Haar, durchaus attraktiv, jedoch mit eher weichen Gesichtszügen und großen, etwas schwimmenden Augen. Er trägt das Kinn meist ostentativ erhoben und stets zur linken Schulter hin. Von einem physischen Übermenschen ist er weit entfernt.

Von Statuen und Bildern

Wie oft der große Apelles Alexander und seinen Vater gemalt habe, das sei laut Plinius überflüssig aufzuzählen (*Naturalis Historia* XXXV, 93). Zudem ist bekannt, daß Alexander nur von Apelles gemalt werden wollte, so wie allein die Statuen Lysipps vor seinen Augen Gnade fanden. Doch so zahlreich die erhaltenen Porträts des Königs auch sein mögen, so überaus bescheiden ist bis heute die Zahl der erhaltenen statuarischen Darstellungen und zwar ganz im Gegensatz zur schriftlichen Überlieferung.

Gefeiert war vor allem ein Alexanderbildnis des Lysipp, das Alexander mit der Lanze zeigte. Die Bildidee galt nicht allein dem König, sondern auch seinem heroischen Gegenstück Achill. Auch der zu Lebzeiten des Königs und seiner Nachfolger arbeitende Leochares scheint den Typus des nackten Helden gestaltet zu haben, doch ist uns bis heute keine gesicherte Kopie dieser Statuen erhalten, von den vernichteten Originalen ganz zu schweigen. Wollen wir uns ein Bild unseres Helden machen, dann ist es nötig, auf Bronzestatuetten auszuweichen, die in der Regel weit später gefertigt wurden. Nicht unproblematisch ist zudem die Benennung: Handelt es sich tatsächlich um Alexander oder ist eine andere Person in Gewand und Attitüde des Makedonenkönigs dargestellt?

Wie uns eine Bronzestatuette aus Her-

52

53

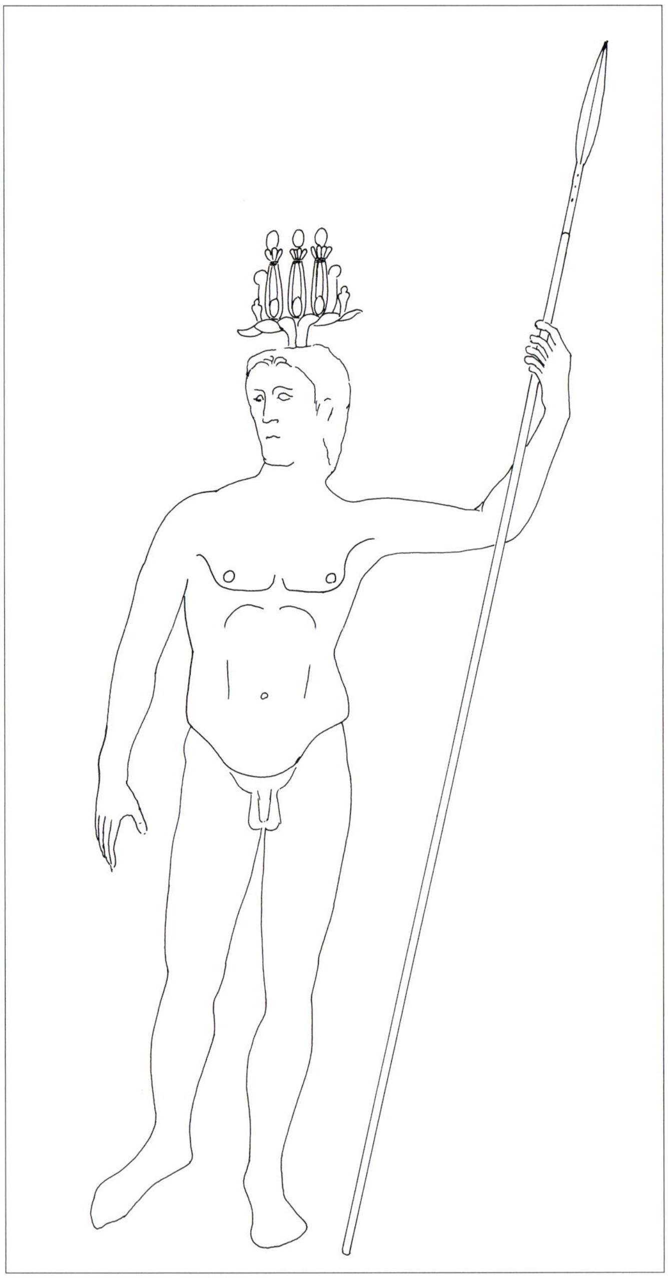

54

culaneum (Abb. 50)[47] oder die kleine Statuette eines reitenden Alexander aus dem afghanischen Begram zeigen, war das Bild des reitenden Königs weit verbreitet (Abb. 51). Während Alexander in Herculaneum, in Begram und auf dem Alexandermosaik (Abb. 52) gepanzert ist, sprengt er auf dem Alexandersarkophag im Löwenfell als «neuer Herakles» in die Reihen der Perser (Abb. 66). Ungewappnet wäre allerdings der falsche Terminus, galt doch das Fell des Nemeischen Löwen als undurchdringlich, so daß der Löwenhelm nicht nur als Zeichen herakleischer Abstammung, sondern auch als überirdischer Schutz einzustufen ist. Herakles mußte den unverwundbaren Löwen erwürgen, weil ihn keine Waffe verletzen konnte. Danach stand er vor dem Problem, eine undurchdringliche Haut abzuziehen. Theokrit war es schließlich (XXV, 277), der sich am frühptolemäischen Hof dem Problem auf pseudo-logischer Basis näherte. In seinem Hymnus an den Helden benutzt der Heros die Klauen der Bestie, um das Fell zu schneiden. Auf dem Sarkophag haben wir also einen Halbgott vor uns (Abb. 67).

Bei einer Bronzestatuette aus Herculaneum wendet sich der König zurück, pariert sein steigendes Roß, die Rechte zum Lanzenstoß erhoben. Auf den Gegner verzichtet der Künstler, doch ist er in der Phantasie unschwer zu ergänzen – gestürzt oder zu Fuß, vielleicht bereits halb liegend. Barhäuptig ist der König, so wie auch auf dem Alexandermosaik, damit man die jugendlichen Züge und das fliegende Haar nicht verkenne. Er trägt eine gürtelartige Binde, wohl die Zoné, die er wie das Diadem aus dem Insignienschatz der achämenidischen Großkönige entlehnte (Diodor XVII, 77, 5). Das Herculaner Pferd ist griechisch gezäumt, auch wenn seine Reitdecke mit dem gezahnten Rand beinahe an persische Formen erinnert. Die breite Zahnung trägt allerdings unachämenidischen Fransenschmuck oder ist gar mit Fell verziert.

Weitaus mehr Kopfzerbrechen macht das Steuerruder, daß der Künstler als Stütze unter dem Bauch des Pferdes verwendete. Da Alexander am Granikos bei seinem ersten großen Treffen gegen die Perser einen Fluß überschreiten mußte, hat man das Ruder als Signum für «Wasser» begreifen wollen, doch könnte es sich um etwas Grundsätzlicheres handeln. Das Ruder ist eigentlich das Symbol jener Gottheiten, die das Schicksal regierten: etwa Tyche oder Isis. Fassen wir hier einen Hinweis auf Alexanders schicksalhaftes Wirken (s. S. 98 f.)?

Wie früh Alexander begann, sich auch figürlich in die Nähe des Übermenschlichen zu rücken, zeigt der Rundbau des Philippeions in Olympia.[48] In der unmittelbaren Nähe zum Tempel des olympischen Zeus manifestiert sich zunächst der Anspruch einer Familie, die ihre Ursprünge unmittelbar auf Herakles, den Sohn des Zeus zurückführte. Der ermordete Vater hatte den säulenumstandenen Rundbau nach dem Sieg in Chaironeia begonnen und der Sohn zögerte nicht, ihn zu vollenden. Im Inneren stand jedoch neben Statuen seines Vaters und seiner Großeltern auch eine Porträtstatue von Olympias, ein Arrangement, das zu Lebzeiten Philipps II. ziemlich undenkbar gewesen wäre. Die Statuen des attischen Bildhauers Leochares gehören zu den frühesten dynastischen Gruppen, die uns überliefert sind. Die Skulpturen waren wie Götterbilder in Gold und Elfenbein ausgeführt, doch ist das Gebäude selbst kein Tempel, sondern eher ein prachtvolles Schatzhaus. Miniaturskulpturen vergleichbarer Technik fanden sich auch an dem Speisesofa des «Philippgrabes» von Vergina (Abb. 28. 48; s. S. 27). Das Philippeion kommt also einer Deifizierung Alexanders und des makedonischen Königshauses so nahe wie nur irgend möglich, ohne indes die letzte Grenze zu überschreiten. Einige Jahre später wäre der junge Welteneroberer wohl nicht mehr so vorsichtig gewesen, berichtet doch Curtius Rufus (IX, 6, 26), daß Alexander auf dem Höhepunkt des Asienzuges seinen Freunden eröffnete, er werde sogar seine Mutter nach ihrem Ableben zur Göttin erheben, um ihre Unsterblichkeit zu sichern.

Göttliche Dimensionen erreicht dann auch die Statuette des stehenden Alexander «Fouquet» aus Ägypten, die wohl erst zur Zeitenwende hin geschaffen wurde (Abb. 53. 54).[49] Die Ähnlichkeit mit dem Apollon von Belvedere hat dazu geführt, daß man hier einen Reflex der Kunst eines Leochares sah und nicht eine Adaption eines lysippischen Vorbilds. Wie unterschiedlich man das Motiv gestalten konnte, verdeutlicht ein kleiner Bronzealexander aus der einstigen Sammlung Nelidow, der mit dem Hinweis «Makedonien» erworben wurde (Abb. 55).[50] Hier ist das Motiv weit pathetischer verstanden, die linke Schulter durch den aufgestützten Arm hoch erhoben, die ganze Gestalt leicht gedreht. Eine beinahe gewaltsame Dynamik durchzieht die Figur. Denkt man sich ein Porträt mit der von Lysipp so hervorgehobenen Löwenhaftigkeit, so paßt dies eher zu dieser Statuette als zu dem eher auf Eleganz zielenden Alexander «Fouquet». Andererseits ist auch nicht zu verkennen, daß sich die pathetischere Statuette eher an hellenistischen Vorbildern orientiert, so daß der Stilunterschied auch zeitgebunden sein könnte.

Anders als bei dem Alexander «Nelidow» ist damit die Botschaft der ägyptischen Statuette keineswegs erschöpft, denn auf dem Kopf findet sich ein tiefes Loch – unser Alexander trug eine Krone. Natürlich handelt es sich nicht um eine Krone im abendländischen Sinn, diese Insignie war in der Antike ungebräuchlich. Angesichts der Herkunft müssen wir auf eine ägyptische Götterkrone schließen. Ein Beispiel für eine derartige Figur bietet ein prachtvoller Tondo mit den gemalten Porträts eines Brüderpaares.[51] Der wohl nach dem Tode der Brüder posthum zum Memorialporträt umgewidmete Tondo stammt aus Antinoopolis. Die Stadt verdankte ihre Gründung dem an dieser Stelle im Nil ertrunkenen Antinoos, dem Geliebten Kaiser Hadrians (ertrunken 130 n. Chr.). Während nun über der Schulter des Bruders zur Rechten ein Hermes mit gesenktem Kerykeion erscheint, also der Führer in die Unterwelt, sehen wir zur Linken einen im Typus eines Alexander dargestellten Heros, in dem man Antinoos selbst erkennen wollte. Hat man hier Antinoos im Typus eines Alexanders deifiziert?

Auf dem Kopf trägt die Gestalt eine ägyptische «Hm-hm-Krone», wie sie sich bei dem Totengott Osiris findet, den die Griechen mit Dionysos gleichsetzten. Osiris selbst kann jedoch aufgrund der

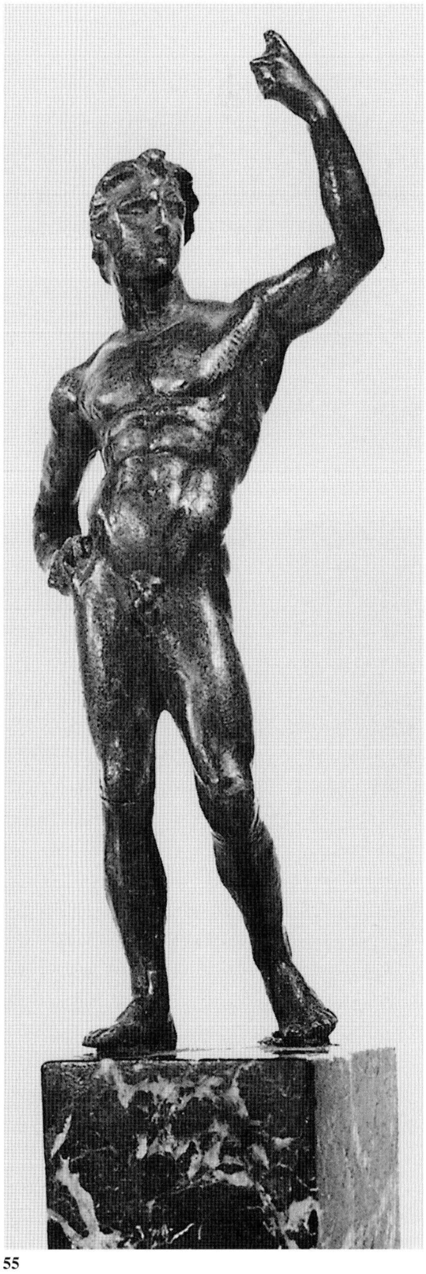

55

***Abb. 53** Statuette Alexanders des Großen, sog. Alexander «Fouquet». Die kleine Skulptur zeigte den König wohl einst als «neuen Achill» mit der Lanze. Allerdings diente ein Loch in der Schädelkalotte anscheinend zur Befestigung einer ägyptischen Götterkrone. Trotz des griechischen Duktus ist die Statuette somit auch in das ägyptische Pantheon eingebunden. Angeblich aus Unterägypten. Wohl hellenistisch. H. 16,5 cm. Bronze. Paris, Louvre MN 1576, Inv. 616 (© Photo RMN – Chuzeville).*

***Abb. 54** Rekonstruktionsskizze der Statuette Abb. 53.*

***Abb. 55** Die Antike kannte fraglos zahlreiche Alexanderstandbilder, doch ist uns heute nicht einmal der charakteristischste Typus aller Alexanderstatuen in lebensgroßem Format erhalten: der Alexander mit der Lanze. Wollen wir uns eine Vorstellung von diesen Skulpturen bilden, so sind wir auf bescheidene Bronzestatuetten angewiesen, die meist erst lange nach der Lebenszeit des Königs entstanden. Zudem müssen wir davon ausgehen, daß man über viele Jahrhunderte hinweg neue Statuen des Königs schuf, so daß keineswegs sicher ist, daß die uns erhaltenen Statuetten immer auf alexanderzeitliche Werke zurückgehen müssen. Unser «Alexander Nelidow» wird allerdings in der Regel mit einem verlorenen Original des Lysipp in Verbindung gebracht, der als Hofbildhauer des Königs gelten muß und der das berühmteste Standbild des Königs als «Achill mit der Lanze» schuf. Der «Alexander Fouquet» (s. Abb. 53) stammte aus Ägypten, während unsere Statuette einst im Besitz des Fürsten Nelidow war, der sie als russischer Botschafter in Istanbul im Bazar mit der mutmaßlichen Provenienz «Makedonien» erwarb. Der weitaus pathetischere Alexander «Nelidow» zeigt die stilistische Spannweite dieser Alexanderbilder. Hellenistische oder erst römische Statuette. H. 10 cm (beide Unterschenkel und Füße restauriert). Havard University, Fogg Art Museum 1956.20.*

Ikonographie schwerlich gemeint sein und so bietet es sich an, hier einen Alexander-Osiris/Dionysos zu erkennen, den Pharao Alexander, der hier durch die Krone als «entrückt» und als Herr der Unterwelt zu deuten ist.[52] In seiner griechischen Emanation firmiert er als Dionysos, als Indieneroberer und als Herr über das dionysische Elysium, ein adäquates Symbol für ein glückliches Jenseits.

Die Malerei wiederholt spiegelbildlich unseren Alexander «Fouquet». Faszinierend ist dabei, daß der Tondo im Gegensatz zu der Statuette den König tatsächlich mit seiner charakteristischen Kopfwendung nach links darstellt. Die Malerei ist somit authentischer als die Bronze. Wir werden nicht fehlgehen, unsere Alexanderbronze im Sinne des Tondo zu ergänzen (Abb. 54). Auch in Ägypten war der Makedonenkönig längst über normales Menschenmaß hinausgewachsen.

Doch während ein Lysipp den König allenfalls als Achill porträtierte, ging der Maler Apelles einen Schritt weiter und gestaltete Alexander mit dem Blitz in der Hand (Frontispiz). Der König erhielt damit den Rang eines «neuen Zeus», ist doch der Blitz das genuine Attribut des Göttervaters. Die beiden, von Alexander favorisierten Künstler standen sich ungeachtet königlicher Gunst keineswegs kritiklos gegenüber. So monierte der sikyonische Bronzebildner gerade den Blitz. Nicht der Donnerkeil, sondern die Lanze sei das natürliche Attribut des Königs, auf dem Speer beruhe Alexanders unvergänglicher Ruhm (Plutarch, *De Iside et Osiride* 360 D). Nichtsdestoweniger erlangte das Gemälde weltweiten Ruhm und Alexander äußerte gar, es gäbe Alexander gleich zweimal, den unbesiegten Sohn des Philipp und den unnachahmlichen des Apelles (Plutarch, *De Alex. Virt.* II, 335 A). Das Bildnis hing im Tempel der Artemis zu Ephesos und somit im Hause von Alexanders göttlicher Geburtshelferin. Seinem Schöpfer brachte es nicht nur Ruhm, sondern auch Reichtum, bezahlte man ihm doch nicht weniger als 20 Talente in Goldmünzen. Bedenkt man, daß ein Talent nicht weniger als 26 kg wog, dann läßt sich der königliche Preis unschwer ermessen.

Versucht man nun, sich Alexander mit dem Blitz vorzustellen, so müssen wir uns erneut mit sekundären Adaptionen begnügen. Im Typus des nackten Heros erscheint der König auf einem Siegelbild, das den Namen des Neisios trägt (Abb. 56).[53] Möglicherweise handelt es sich um einen Besitzer des Steins. Alexander trägt bereits das von den Persern übernommene Diadem und als Zeichen seiner herakleischen Abkunft das Löwenfell in der gesenkten Rechten. Die Linke hebt den Blitz, während der Adler des Göttervaters mit gespreizten Schwingen zu ihm aufsieht. Alexander als «jugendlicher Zeus». Dahinter steht natürlich die Idee, das Zeus als Vater des Herakles letztlich Alexanders Vorfahre sei, von Alexander als Sohn des Zeus-Ammon ganz zu schweigen.

Die herakleische Herkunft galt allerdings nicht nur für Alexander oder sein Haus, letztlich betrachteten sich alle Makedonen als Nachkommen der Herakliden und somit als Abkömmlinge des Herakles. Konsequenterweise erscheint der Herakleskopf bereits vor Alexander auf makedonischen Münzen (Abb. 36. 37). Bei besonderen Anlässen hat Alexander anscheinend tatsächlich Götterattribute getragen. So sei er in privatem Rahmen mit den Hörnern seines göttlichen «Vaters» aufgetreten, also als Zeus/Ammon.[54]

Mit dem verschollenen Gemälde des großen Apelles und dem frühhellenistischen Siegel des Neisios bewegen wir uns also eigentlich in einer interpretativen Grauzone. Der König trägt das Attribut des Zeus, doch ist er der Sohn des Zeus, der unerhörterweise den Blitz des Göttervaters führen darf, oder ist er bereits der jugendliche Zeus selbst? Daß diese Idee bereits früh zum Allgemeingut wurde,

56

57

58

bestätigt eine Gruppe seltener Dekadrachmen (Abb. 57. 58).[55] Auf der einen Seite erkennen wir einen Lanzenreiter im Helm, der gerade einen mächtigen Kriegselefanten attackiert. Die Szene wurde gemeinhin mit Alexanders Sieg über den Inderkönig Poros verbunden, auch wenn der Makedone Poros wohl niemals auf dem Schlachtfeld Auge in Auge gegenüberstand.

Auf der Rückseite erscheint Alexander schwer gepanzert, den Mantel über der Schulter und einen hohen, im makedonischen Heer beliebten Helm auf dem Haupt. In dem Helm glaubte man früher eine persische Tiara zu erkennen, doch sind Helmbusch und Federschmuck unstreitig. Es handelt sich um einen griechischen Helm, auch wenn der überdimensionierte Nackenschutz tatsächlich an eine Tiara erinnert. Auch wenn nicht völlig auszuschließen ist, daß hier Elemente orientalischer Tracht verarbeitet wurden, so ist die Darstellung unseres Makedonenkönigs mit dem Blitz des Zeus doch nahezu ausschließlich griechischen Vorstellungen verpflichtet, auch wenn Theokrit (XVII, 19) am Ptolemäerhof des frühen 3. Jhs. v. Chr. durchaus einen Alexander mit orientalischer Kopfbedeckung kannte, und sei es auch nur als literarisches Bild. Auch wenn die Münzen möglicherweise erst zu Zeiten des Alexandernachfolgers Philipp Arrhidaios in Babylonien geschlagen wurden, ist uns hier ein frühes Zeugnis eines Alexander Keraunophoros, eines blitztragenden Makedonenkönigs erhalten.

Könnte man Alexander tatsächlich als jugendlichen Zeus betrachten? Es ist ein Wandbild aus Pompeji, das diese Spekulation stützen könnte (Frontispiz).[56] Es stammt aus dem Wintertriklinium des Hauses der Vettier. Dargestellt ist ein Gott auf goldenem Thron, den rechten Arm auf ein hohes Zepter gestützt. Für Zeus spricht der große Blitz in der linken Armbeuge und auch der Eichenkranz wäre mit dem Göttervater zu verbinden, verehrte man ihn doch in Dodona in Gestalt einer Eiche. Das Antlitz selbst ist jedoch in krasser Verleugnung der Zeusikonographie bartlos, so daß sich anbietet, hier tatsächlich Zeus-Alexander zu erkennen. Ist dies eine Kopie des berühmten Gemäldes des Apelles? Wohl eher nein. Das Gemälde zeichnete sich dadurch aus, daß die Hand mit dem Blitz gleichsam vor dem Bild zu schweben schien. Das kann eigentlich nur bedeuten, daß der Maler im Gegensatz zu der pompejanischen Skizze alles Licht auf das göttliche Attribut konzentriert hatte. In jedem Fall zeigt uns jedoch das Bild aus dem Haus der Vettier, wie weitgehend man das Bildnis des Königs an Zeus und seine Ikonographie anlehnen konnte.

59

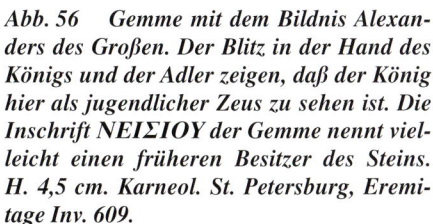

***Abb. 56** Gemme mit dem Bildnis Alexanders des Großen. Der Blitz in der Hand des Königs und der Adler zeigen, daß der König hier als jugendlicher Zeus zu sehen ist. Die Inschrift ΝΕΙΣΙΟΥ der Gemme nennt vielleicht einen früheren Besitzer des Steins. H. 4,5 cm. Karneol. St. Petersburg, Eremitage Inv. 609.*

***Abb. 57** Dekadrachme. Alexander kämpft zu Pferd gegen den Inderkönig Poros auf seinem Kriegselefanten in der Schlacht von 326 v. Chr. Unklarer Prägeort, geschlagen wohl im hellenistischen Osten. Silber. Gewicht ca. 41 g.*

***Abb. 58** Rückseite der Dekadrachme Abb. 57. Alexander im griechischen Helm, Schwert und Lanze werden von der Siegesgöttin Nike bekränzt. Der Blitz in seiner Hand zeigt ihn als Zeus oder zumindest als Sohn des Zeus.*

***Abb. 59** Aus Ägypten stammt eine ganze Serie unterschiedlichster Alexanderporträts, von denen unseres zu den eindrucksvollsten zählt. Das vom Bildhauer tief unterbohrte, halblange Haar ist die charakteristische Haartracht des Königs, und der Blick nach links verbindet den Kopf mit vielen anderen Alexanderporträts. Wohl 2. Jh. v. Chr. Kopenhagen, Ny Carlsberg Glyptotek.*

Der Herr der Schlachten

Vom Granikos bis Gaugamela

Es ist unstreitig, daß weder die Fama des Königs noch die historischen Konsequenzen seines Lebens ohne seine Schlachten denkbar wären. Und so sehr man auch Alexander in Antike wie Moderne kritisierte, so einig ist man sich doch in seiner Würdigung als Stratege, Taktiker und Kämpfer. Der König hat nie eine entscheidende Schlacht verloren. Selbst nach dem anfänglichen Mißerfolg gegen die Skythen in Zentralasien gelang es ihm auch hier, sich gegen die Steppenvölker durchzusetzen, ganz im Gegensatz zu dem persischen Reichsgründer Kyros, der dabei sein Leben ließ. Beide hatten Schwierigkeiten mit der Beweglichkeit eines nomadischen Reiterheers, doch war Alexander auch hier überraschend innovativ.

Am Ende sind es neben dem abschließenden Erfolg gegen den Inderkönig Poros (Abb. 57. 60. 61) vor allem drei große Schlachten, die seinen Ruf begründeten: Granikos, Issos und Gaugamela. Sie öffneten dem Griechentum eine neue Welt und begründeten eine neue Epoche. In all diesen Schlachten griff der König zurück auf sein Erfolgserlebnis von Chaironeia und erstaunlicherweise funktionierte es jedesmal. Das war natürlich nicht allein sein Verdienst, sondern der Erfolg einer exzellenten Armee und eines schlichtweg herausragenden Offizierskorps, aus dessen Reihen später ganze Königsgeschlechter hervorgingen. Den Kern formierten grandiose Fußtruppen, unter anderem die makedonische Phalanx und die wohl brillanteste Kavallerie, die die Antike kannte. Bemerkenswerterweise ist der junge König auch einer der wenigen, der die schlachtentscheidende Rolle der Reiterei erkannte und in vollem Maße ausspielte. Eine Erfahrung, die die Makedonen in der Folgezeit mißachteten, wie gerade die Entscheidungsschlachten gegen die Römer zeigen sollten, in denen die unbewegliche Phalanx an der weit flexibleren Legionsordnung der Römer scheiterte.

Die makedonische Phalanx, die Kerntruppe der schweren Infanterie war in Schulung und Ausrüstung eine Schöpfung seines Vaters. Sie bestand in der Essenz aus dicht gestaffelten Kämpfern mit langen Lanzen, so daß der Gegner sich einem einheitlichen Lanzenwald gegenübersah. Dabei maßen die längsten Sarissen, wie man die makedonischen Speere nannte, zwischen 4,5–5,5 m und wogen zwischen 3 und 6 kg.[59] Zusätzlich trug man zur Defensive noch einen Rundschild etwas kleineren Zuschnitts als der Hoplitenschild, wie er normalerweise von griechischen Fußkämpfern benutzt wurde. Wollte diese Truppe ihre Stärken ausspielen, dann mußte sie als geschlossene Einheit manövrieren und benötigte offenes Gelände, damit der Zusammenhalt der gestaffelten Glieder nicht verlo-

Abb. 60 Die Schlacht gegen den Inderkönig Poros (s. Abb. 5). Alexander läßt gegen die Elefanten glühende Statuen auf Wagen vorrollen, und die Elefanten verbrennen sich die Rüssel. Hinter der Elefantenphalanx drängt sich bereits das indische «Ritterheer». Die Türme auf den Rücken der Kriegselefanten entsprechen der Tradition des späteren Hellenismus und anscheinend nicht der Zeit Alexanders (vgl. Abb. 57). Berlin, Kupferstichkabinett Ms 78 C 1.

Abb. 61 Alexander in der Schlacht gegen den Inderkönig Poros. Illustration zu Johann Hartliebs Alexanderroman (s. Abb. 13). Darmstadt, Hessische Landes- und Hochschulbibliothek Hs 4256; fol. 69 v.

Abb. 62 Gemälde eines makedonischen Reiters im Kampf mit einem Orientalen. Aquarellrekonstruktion. Der griechische Sternenschild des orientalischen Fußkämpfers zeigt, daß es sich hier bereits um eine Kampfszene nach Alexanders Tod aus den Tagen der Diadochen handeln sollte. Aus dem sog. Kinchgrab von Naoussa / Makedonien.

60

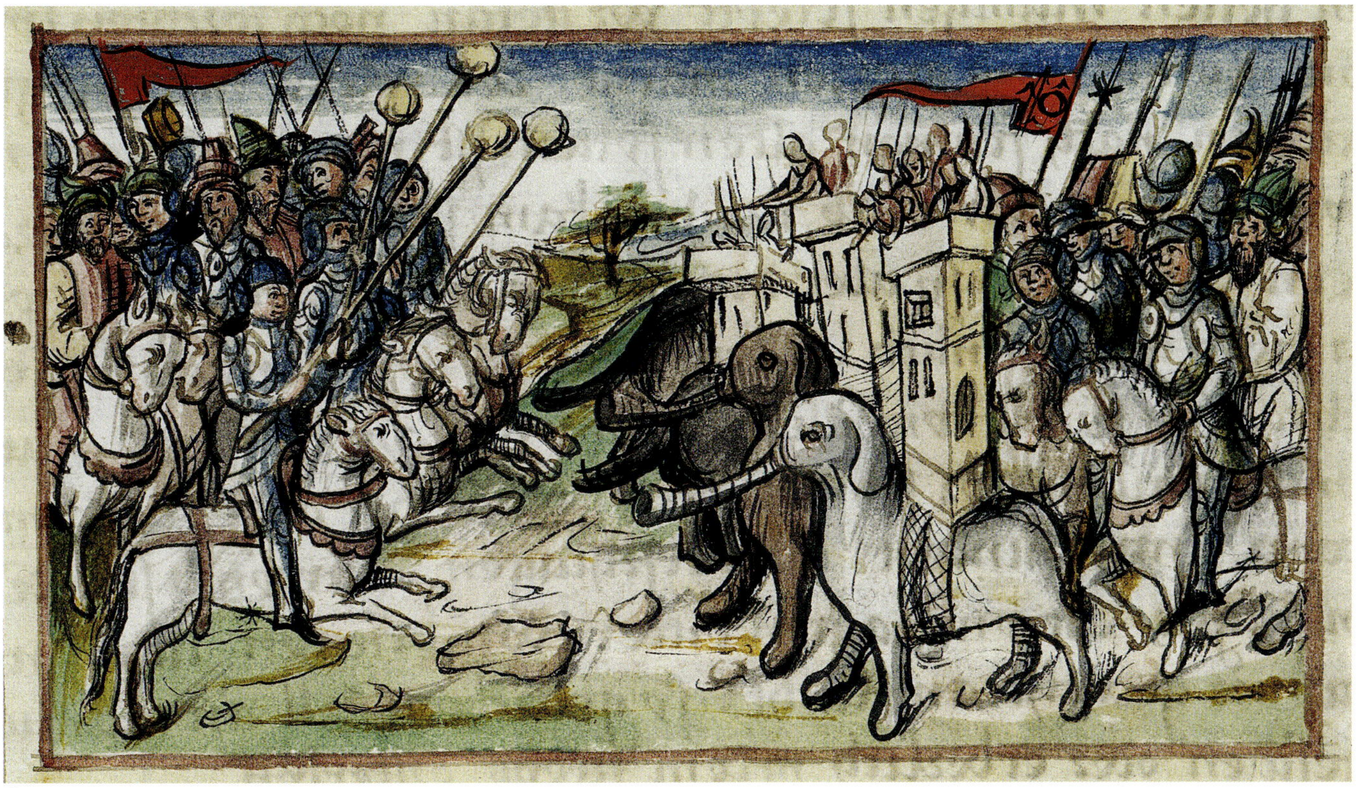

61

62

ren ging. Ihre schier unüberwindliche Massierung war zugleich auch eine ihrer Schwächen, die der König fraglos klar erkannte. Und so nutzte er sie vor allem als statisches Element zur Bindung gegnerischer Truppenmassen und führte die entscheidenden Angriffe an der Spitze seiner Hetairenreiterei, deren Sollstärke kaum mehr als einige tausend Mann betrug (Abb. 62).[60]

Vervollständigt wurde die Alexanderarmee durch verschiedenste Kontingente an Fußtruppen und leichtere Reiterei bis hin zu kretischen Schleuderspezialisten oder thrakischen Söldnern. An griechischen Einheiten spielten nur die thessalischen Reiter eine größere Rolle, deren Leistungen Alexander immer wieder ausdrücklich würdigte.

Die Kavallerie der Hetairen, der «Gefährten», verfehlte nicht ihren Eindruck auf die Wahrnehmung der griechischen Kunst. Dies zeigt sich vor allem in der künstlerischen Rezeption der großen Schlachten, in denen Reiter die Hauptrolle spielen, ganz im Gegensatz zu den Kampfbildern der griechischen Klassik. Zu nennen sind hier neben dem Lanzenreiter des Kinch-Grabes von Naoussa (Abb. 62) vor allem die Perserschlacht des Alexandersarkophags, das Alexandermosaik oder italische Vasenbilder (s. Abb. 70).

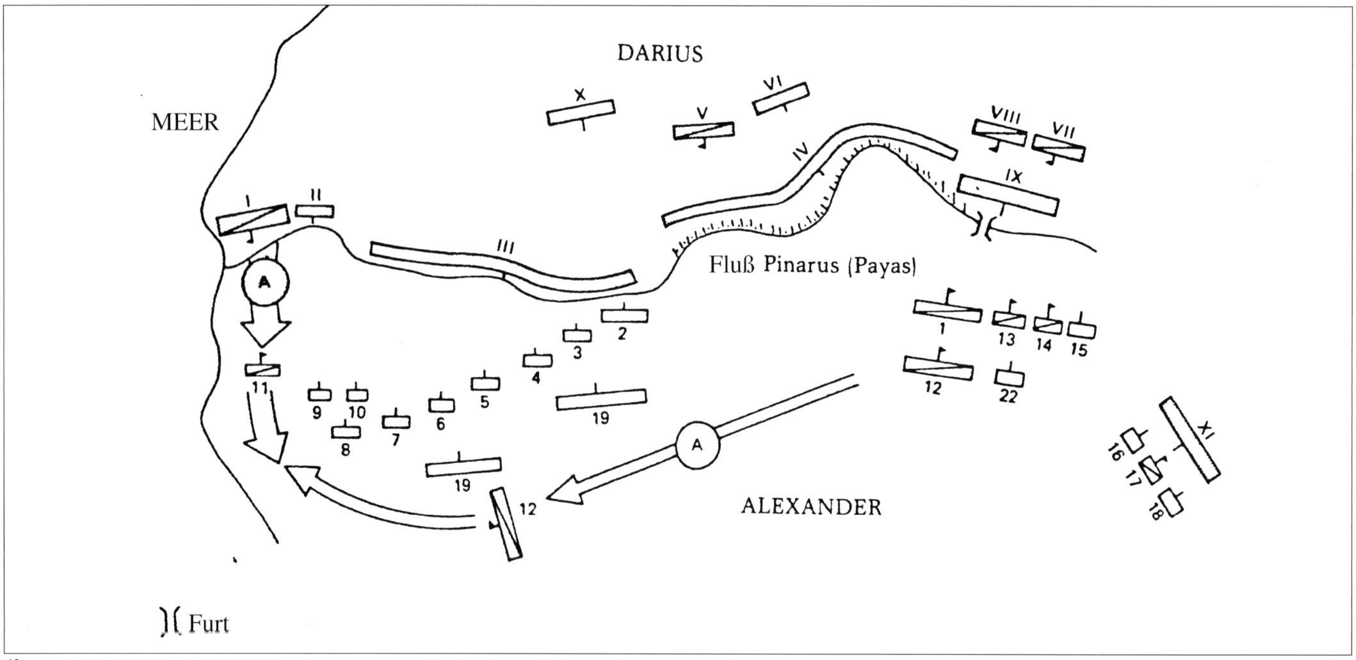

63a

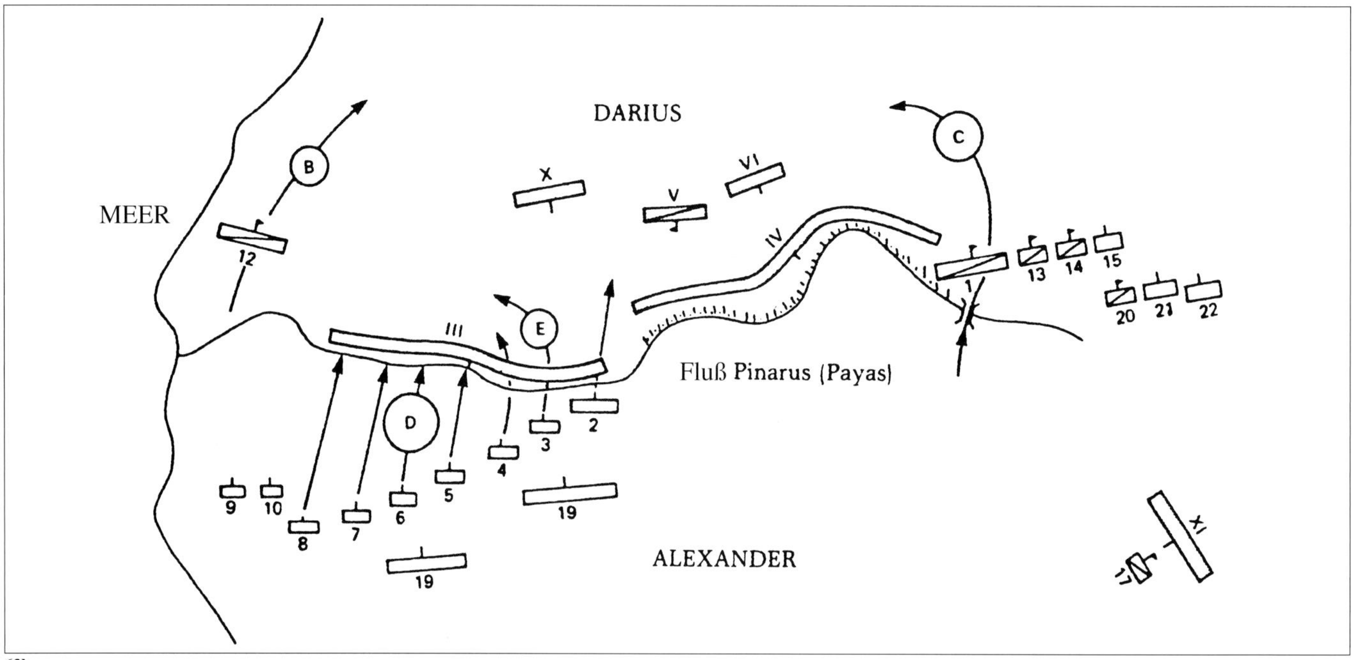

63b

Ehe wir uns diesen Zeugnissen zuwenden, scheint es angebracht, einen kurzen Blick auf den taktischen Ablauf der Schlachten zu werfen (Abb. 63a–c).[61] Ohne uns hier in Einzelheiten zu verlieren, zeigt sich sofort, daß der Makedonenkönig wie in Chaironeia auf den Flügel hielt, wobei er traditionell den Rechten wählte.

Bei Issos traf die makedonische Phalanx bei ihrem Versuch, den Pinaros zu überschreiten auf massierte Kräfte griechischer Söldner und beide Truppenkörper rangen nach Arrian wie zwei Völker.

Die schlachtentscheidende Rolle der Kavallerie bestätigte sich erneut. Sie warf die Persergarde nach härtestem Ringen nieder. Die antiken Autoren bieten kein einheitliches Bild, vor allem nicht, was das Verhalten des Großkönigs angeht. Lassen wir also die Quintessenz antiker Quellen Revue passieren, ohne uns allzu sehr in Details zu verlieren. Beginnen wollen wir mit der Alexandergeschichte des trajanischen Offiziers Arrian, der sich ausdrücklich auf Aristobul und Ptolemaios bezog, zwei herausragende Teilnehmer des Alexanderzuges:

Dareios hielt im Zentrum des persischen Heeres. Alexander ließ anfangs nur langsam vorrücken, doch als man in Schußweite kam, stürmte er mit seinen Leuten im Galopp als erster durch den Fluß (II 10.3,4). Schließlich wurde der linke persische Flügel geworfen (II 10.4), doch vermochte die gleichfalls zur Linken vorrückende Phalanx nicht zu folgen, vor allem, da sie vielfach das Steilufer ersteigen mußte. In die sich dadurch öffnende Lücke stießen die griechischen Söldner (II 10.5) und bemühten sich, die Makedonenphalanx wieder zum Fluß zurückzudrängen (II 10.6). Die Phalanx aber wollte nicht hinter ihrem König zurückbleiben, allein schon um ihre Fama der Unüberwindlichkeit zu wahren. Über 120 der angesehensten Makedonen fielen (II 10.7). Schließlich schwenkten die Kontingente des rechten Flügels (der Makedonen) auf die griechischen Söldner ein, nachdem der makedonische Flügel die sich abzeichnende Flucht ihrer persischen Gegner erkannt hatte (II 11.1). Dareios floh auf seinem Wagen als einer

Abb. 63a–c Taktischer Ablauf der Schlacht von Issos, November 333 v. Chr. nach A. M. Devine.
a) Aufstellung vor dem Beginn der Schlacht.

Makedonische Armee:
1) Hetairenreiterei (Philotas).
2) Hypaspisten (Nikanor).
3) Pezhetairoi (Infanterie, Phalanx) Taxis von Koenos.
4) Taxis von Perdikkas.
5) Taxis von Meleagros.
6) Taxis von Ptolemaios.
7) Taxis von Amyntas.
8) Taxis von Krateros.
9) Kretische Bogenschützen.
10) Thrakische Lanzenträger (Sitalkes).
11) Verbündete griechische Kavallerie.
12) Thessalische Kavallerie.
13) Prodromoi (Protomachos).
14) Paionische Kavallerie (Ariston).
15) Makedonische Bogenschützen (Antiochos).
16) Agnanische Lanzenträger (Attalos).
17) Verschiedene Kavallerieverbände (Arrian II, 9, 2) = 300 Reiter (Arrian II, 9, 4).
18) Einige der Makedonischen Bogenschützen (zu 15).
19) Griechische Söldner (Infanterie).
20) Zwei Ilen der Hetairenreiterei (Peroedas und Pantordanos) (zu 1).
21) Einige der Agrianer (zu 16).
22) Einige Verbände der griechischen Söldner (Infanterie) (zu 19).
A = Angriff der Kataphrakten des Nabarzanes und Gegenangriff der thessalischen Reiterei.

Persische Armee:
I. Persische Kataphrakten (Kavallerie) (Nabarzanes).
II. Schleuderer und Bogenschützen.
III. Griechische Söldner (Infanterie). (Thymondas).
IV. Persische Infanterie (Cardaces; Aristomedes).
V. Persische Garde Kavallerie mit Dareios.
VI. Persische Garde Infanterie.
VII. Hyrkanische und medische Kavallerie.
VIII. Persische Kavallerie.
IX. Lanzenträger und Schleuderer.
X. Leichte Infanterie.
XI. Zu einem Flankenmanöver abgestellte Infanterie.

b) Aufstellung auf dem Höhepunkt der Schlacht im Augenblick von Alexanders Reiterangriff.
B = Vorstoß der thessalischen Kavallerie.
C = Alexanders Durchbruch auf dem linken persischen Flügel und sein Vorstoß in Richtung Dareios.
D = Generalangriff der makedonischen Phalanx.
E = Abschwenken der Taxen von Koenos und Perdikkas zur Unterstützung der anderen Infanterieeinheiten.

c) Taktischer Ablauf der Schlacht von Gaugamela am 1. Oktober 331 v. Chr. nach S. Lauffer.

der ersten, sobald Alexander den linken Flügel der Perser erschüttert hatte und der Großkönig bemerkte, daß er vom übrigen Heer abgeschnitten wurde (II 11.4,5). Als Dareios schließlich aufgrund der Geländebeschaffenheit seinen Wagen verlassen mußte, stieg er unter Zurücklassung seines Mantels (Kandys) und seines Schildes auf ein Pferd um. Allein die nahende Nacht verhinderte seine Gefangennahme (II 11.5). Ptolemaios begleitete Alexander bei der Verfolgung des Flüchtenden, und man überquerte eine Schlucht auf einem Damm von Toten (II 11.8). Im Zuge des Gefechts wurde Alexander durch einen Schwertstreich am Schenkel verwundet (II 12.1).

Der wohl frühkaiserzeitliche, in lateinischer Sprache schreibende Historiker Curtius Rufus fokussiert hingegen seinen Blick vor allem auf die Könige: Der Großkönig stand hoch auf seinem Wagen, und Alexander setzte alles daran, Dareios zu töten. Der Perser Oxathres stürmte mit der Reiterei dazwischen und lieferte einen brillanten Kampf (III 11.8). Alexander und die Seinen brachen in diese Gruppe der Reiterei. Vor dem Wagen fielen die am höchsten geschätzten Truppenführer der Perser (III 11.9), unter anderem Atizyes, Rheomithres und der Satrap von Ägypten, Sabakes, sowie auch Reiter und Fußvolk geringeren Rangs (III 11.10). Alexander wurde von einem Dolch oder Schwert am Schenkel verwundet (III 11.10), allem Anschein nach nur eine leichte Verletzung (III 12.2). Die Pferde des königlichen Wagens, von Wurflanzen getroffen, kämpften gegen das Joch und zerrten den Wagen davon, so daß der Großkönig fürchtete, in die Hand der Feinde zu fallen. Er rettete sich auf ein bereitgehaltenes Pferd und warf schließlich schändlicherweise die Zeichen seiner königlichen Würde von sich (III 11.11). Angesichts seiner Flucht griff Panik um sich, und die Perser entledigten sich auf der Flucht zum Teil ihrer Waffen (III 11.12).

Plutarch (etwa 45–125 n. Chr.) ist noch weitaus knapper und konzentrierte sich vor allem auf Alexanders Verwundung: Der Makedonenkönig kommandierte seinen rechten Flügel. In der vordersten Linie fechtend, wurde er von einem Schwertstreich am Schenkel verwundet, nach dem Alexanderhistoriographen Chares empfing er die Wunde sogar von Dareios selbst, mit dem er handgemein wurde (*Alexander* XX 9). In einem Brief an Antipater schwieg Alexander zu seinem Gegner und schreibt nur, es habe sich um eine Dolchwunde gehandelt. Schließlich erbeutete Alexander den Wagen des Großkönigs und seinen Bogen (XX 10).

Interessant ist vor allem Diodor, der in der Zeit Caesars ein weit komplexeres Szenario bietet, vor allem was die Rolle des Perserkönigs angeht: Alexander entdeckte Dareios auf seinem Wagen inmitten des linken persischen Flügels und attackierte ihn mit der Reiterei. Zuerst schien die Reiterschlacht auf beiden Flü-

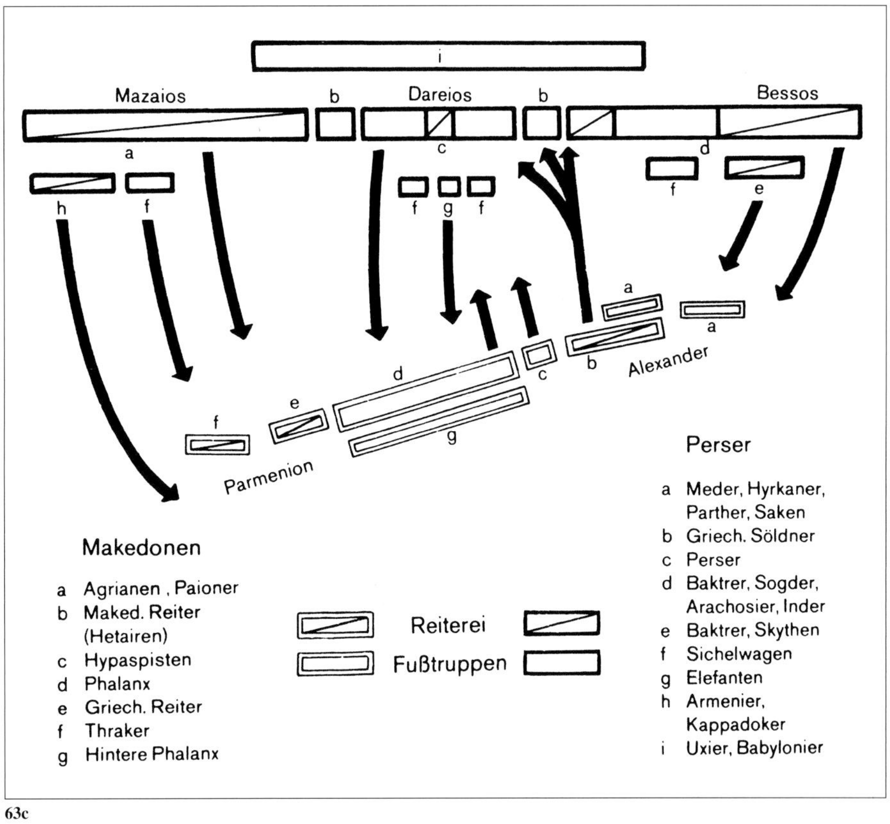

63c

geln unentschieden (XVII 33.6), doch dann bemerkte Oxathres, der Bruder des Dareios, Alexanders Vorstoß in Richtung des Großkönigs (XVII 34.2) und warf sich mit seiner besten Kavallerie dazwischen (XVII 34.3). Der Kampf tobte unmittelbar vor der Quadriga, doch setzte sich die überlegene Kampfkraft der Alexanderreiterei durch, und Leichen türmten sich um den königlichen Wagen (XVII 34.4). Angehörige des persischen Hochadels fielen bei der Verteidigung ihres Königs, darunter auch der Satrap von Ägypten (XVII 34.5). Alexander wurde am Schenkel verwundet. Die über und über mit Wunden bedeckten Pferde der Quadriga gehorchten den Zügeln nicht mehr und zerrten Dareios beinahe in die Mitte seiner Feinde. Entgegen aller Konvention persischen Königtums griff Dareios selbst nach den Zügeln (XVII 34.6). Schließlich brachte man einen zweiten Wagen (XVII 34.7). Doch als der Achämenide das Gespann wechselte, geriet er in Panik. Die Perser sahen das Entsetzen ihres Königs und flohen mit ihm. Da ihre regellose Flucht durch rauhes, schluchtenreiches Gelände führte, trampelten sie sich gegenseitig nieder (XVII 34.7).

Faszinierend ist vor allem, welch unterschiedliche Rolle die antiken Schriftsteller dem Perserkönig zubilligen. Nach Arrian flieht er als einer der ersten, keine Frage, daß hier das Bild des feigen Orientalen transportiert werden soll. Andere Historiker wie etwa Chares und auf ihm fußend Plutarch, wissen gar von einer Verwundung Alexanders durch Dareios selbst. Der Perserkönig als feiger Flüchtling und mutiger Kombattant, der Gegensatz könnte kaum größer sein. Wie man sich auch immer entscheidet, ein erheblicher Teil der Quellen ist offenkundig nicht nur parteiisch, sondern verfälschend, sprich reine Tendenzliteratur oder Propaganda. Die Frage ist nur, wem kann man trauen? Dabei ist festzuhalten, daß Zeitgenossen wie Onesikritos, der ein Teilnehmer des Alexanderzuges war, keineswegs automatisch den Vorzug verdienen, so stammte von ihm die bereits erwähnte Legende von Alexander und der Amazonenkönigin (s. S. 14).

Jeder der Historiker hat einen anderen Schwerpunkt, und mitunter ist kaum mehr zu verifizieren, ob er seine Informationen aus alexanderzeitlichen Quellen oder von einem weit späteren Historiographen bezog. Ist die eine Passage eher der märchenhaften Tradition entnommen, so kann die nächste durchaus von höchstem Wert sein. Ein Beispiel bietet uns etwa Plutarch mit seiner Schilderung von Alexanders Ausrüstung vor der Entscheidungsschlacht bei Gaugamela (*Alexander* 32). Als beide Heere bereits zur Schlacht angetreten waren, schlummerte der König noch immer in seinem Zelt, als sei die Schlacht bereits entschieden. Parmenion, der hochgeachtete Feldherr und Stratege, der bereits unter seinem Vater Philipp gedient hatte, wagte es schließlich, den König zu wecken.

Als der König am Ende aus dem Zelt trat, trug er Kleidung und Wappnung, wie sie vielfältiger kaum zu denken ist. Über einem sizilischen Chiton trug er einen bei Issos erbeuteten Leinenpanzer, also nicht etwa einen Eisen- oder Lederküraß griechischer Prägung. Wir dürfen deshalb wohl auf eine orientalische Defensivwaffe schließen, deren überlegene Wirksamkeit und Leichtigkeit den König überzeugt hatte. Sein Helm, ein Werk des berühmten Waffenschmieds Theophilos, glänzte wie Silber und der eiserne Halskragen war mit edlen Steinen geschmückt. Ein Stück vergleichbaren Reichtums ist nicht erhalten, doch entsprach es formal wohl den im thrakischen Raum belegten Halskragen, wie er auch im «Philippgrab» von Vergina gefunden wurde. Als Schwert bevorzugte der König ein Geschenk des kyprischen Stadtkönigs von Kition. Es handelte sich um eine Machaira mit geschweifter Klinge und einer Schneide an der Unterseite, also nicht um die normale Handwaffe Griechenlands. Sein reich geschmückter Mantel stammte aus den Händen des Helikon, ein Geschenk der Stadt Rhodos. Helikon selbst lebte wohl deutlich vor Alexander, so daß wir hier eine Antiquität vor uns haben.

Dies ist fraglos nicht die Wappnung, wie sie auf dem Alexandermosaik oder auf irgend einem anderen der erhaltenen Zeugnisse dargestellt wurde. Auf dem Mosaik trägt der König einen griechischen Panzer (Abb. 52. 64) und einen wohl aus dem Orientalischen übernommenen Ärmelchiton, also ein Kleidungsstück, das im Gegensatz zu griechischer Kleiderkonvention genähte Ärmel besaß. Zudem führt Alexander ein griechisches Schwert mit gerader Klinge.

Die unbefriedigende Quellenlage erschwert es mitunter, die Position und Bewegung einzelner Truppenkörper zu rekonstruieren. Fest steht nur, daß beide Schlachten ungeachtet des unterschiedlichen Terrains ähnlich verliefen. Erbitterte Kämpfe der Infanterie, Alexanders Attacke auf die achämenidische Garde, heldenhafter Widerstand der Perser und schließlich doch die Flucht des Großkönigs, möglicherweise in beiden Schlachten erst unter dem Eindruck unmittelbarer Lebensgefahr oder der Gefangennahme. Vor allem im Umfeld der Persergarde und des Großkönigs waren die Kämpfe außerordentlich blutig und die Makedonen stürmten keineswegs in unaufhaltsamer Manier ihrem Triumph entgegen. Vor allem Gaugamela stand lange auf des Messers Schneide.

Das Alexandermosaik, gestaltet nach einem verlorenen Original des späten 3. oder 2. Jhs. v. Chr., zeigt uns den Angriff der Hetairenreiterei wie kein anderes Kunstwerk (Abb. 64). Von links stürmt Alexander heran, dicht gefolgt von seinen Gefährten, im Vordergrund sogar begleitet von einem Fußkämpfer. Die letzte Reihe der achämenidischen Kavallerie scheint durchbrochen. Selbst Alexanders Gegner ist gestürzt. Verzweifelt wirft er den Arm hoch, als ihm die Lanze des Königs durch den Leib fährt. Hinter ihm reißt noch ein weiterer Orientale sein Pferd herum, die blanke Klinge in der Hand, doch wirklich eingreifen kann auch er nicht mehr. Die Attacke findet kaum mehr Widerstand und so trennt nur ein Galoppsprung die beiden Könige, deren Charakterisierung nicht unterschiedlicher sein könnte. Erbarmungslose Entschlossenheit bei Alexander, die der Künstler nicht zuletzt in dem riesigen Auge manifestierte und panische Erkenntnis des Unausweichlichen auf der Seite des Achämeniden, dem sein Wagenlenker schon rücksichtslos den Weg aus dem Chaos bahnt. Es sind die eigenen Gefährten, die er unter den eisenbeschlagenen Rädern seines Wagens zermalmt. Das geschlagene Heer vernichtet sich selbst, ein unheilvoller Topos antiker Schlachtschilderung. Es ist ein Augenblick schicksalhafter Entscheidung, und es sind die Reiter, die sie erzwingen. Unter ihrem Angriff taumelt ein Weltreich und der Künstler läßt es versinken – vor unseren Augen.

Wie realistisch ist eine solche Komposition und was für Monumente sind erhalten? Es zeigt sich sofort, daß sich kaum

***Abb. 64** Das Alexandermosaik aus der Casa del Fauno in Pompeji mit einer Darstellung der Schlacht von Issos (333 v. Chr.). Alexander stürmt an der Spitze seiner Reiterei von links heran. Der hoch in seinem Wagen stehende Perserkönig Dareios III. sieht alles verloren und wendet sich zur Flucht. Es ist die erste der beiden großen Niederlagen Dareios' III. Die Schlacht von Issos öffnete Alexander den Weg nach Syrien, Phönikien und Ägypten. Das wahrscheinlich gegen 100 v. Chr. entstandene Mosaik kopiert zentrale Passagen eines verlorenen Gemäldes, das im späteren 3. oder 2. Jh. v. Chr. entstanden sein dürfte. 5,82 x 3,13 m. Neapel, Nationalmuseum.*

64

ein Künstler für die Phalanx interessiert. Meist geht es um Alexander selbst, um den fliehenden Großkönig oder gar um beide. Die Zahl der Skulpturen und Gemälde mit Darstellungen des Königs waren beträchtlich, doch hören wir erst nach seinem Tode von Darstellungen seiner Schlachten. Zu nennen ist hier vor allem das für König Kassander von Makedonien entstandene Schlachtenpanorama des Philoxenos von Eretria oder die für den ptolemäischen Hof von der Malerin Helena gestaltete Schlacht von Issos. Man muß festhalten, daß es sich bei diesen beiden Werken eher um kulturgeschichtliche Kuriosa handelt. Mit Helena fassen wir die einzige herausragende Malerin, die uns aus der Antike überliefert ist und mit Kassander ausgerechnet einen der größten Alexanderhasser, der sogar im Verdacht stand, den König vergiftet zu haben.[62] Zudem war er ganz maßgeblich für den Tod des Alexandersohnes verantwortlich, und hier handelte es sich um den legitimen Herrscher über das Riesenreich seines Vaters (s. S. 89 f.).

Auch wenn all diese Zeugnisse unwiderruflich verloren sind, so ist es möglich, die Auswirkungen Alexanders auf die griechische Kunst zu analysieren, auch wenn wir uns stets vor Augen halten müssen, daß wir es mit Sekundärkunst zu tun haben, die mitunter sogar in miniaturisierter Form auf uns gekommen ist. Das monumentale Alexandermosaik ist zudem auf ein Original zurückzuführen, das nicht einmal der Diadochenzeit entstammt (s. S. 64 ff.). Zwar zitiert es Motive der Alexanderzeit, doch ist sein Entwurf einer Periode zuzurechnen, die sich längst daran gewöhnt hatte, in Alexanders Glanz zu baden und ihn zu imitieren. Imitatio Alexandri wurde zu einem stehenden Terminus.

So gering die Zahl unserer Denkmäler auch ist, ihre Verbreitung ist beträchtlich. Das Faszinierendste ist jedoch, daß die überwiegende Mehrzahl aus Kunstlandschaften stammt, deren Ethnika und Kultur überwiegend nichtgriechisch waren. So kennen wir bisher «Alexanderschlachten» aus dem spätrepublikanischen Pompeji oder aus Mittelitalien (s. S. 65). Eines der spektakulärsten Zeugnisse bietet der sogenannte Alexandersarkophag aus dem phönikischen Sidon (Abb. 66) und es scheint sogar, als zeige sich ein Reflex des großen Feldzugs auf goldenen Schwertscheiden, die in skythischen Kurganen in den Steppen der Ukraine oder Südrußlands zu Tage traten (Abb. 91 ff.). Allein mit einigen eher bescheidenen Vasenbildern rotfigurigen Stils aus dem unteritalischen Apulien bewegen wir uns in einem damals genuin griechischen Kulturraum (s. S. 63 f.).

Aus dem ohnehin alexanderskeptischen Griechenland ist bis heute nichts zu zitieren und in Makedonien selbst hat uns der Fundzufall Spektakuläreres verwehrt. Zwar erscheint auf einem stark zerstörten Stuckfries eines herrschaftlichen Grabes bei Lefkadia ein Perserkampf, doch ist leider nicht mehr zu klären, ob der König auf dem gegen Ende des 4. oder anfangs des 3. Jhs. v. Chr. aufgeführten Grabbau dargestellt war. Auch das bereits angesprochene Grabgemälde aus Naoussa (Abb. 62) bezieht sich erst auf ein hellenistisches Szenario, auf eine Auseinandersetzung der Diadochenzeit. Konsequenterweise hat sich auch der orientalische Fußkämpfer bereits mit einem makedonischen Phalangitenschild gewappnet, der den charakteristischen Sternschmuck trägt. Da dies künstlerischen Konventionen des 4. Jhs. v. Chr. krass zuwider läuft, ist wohl davon auszugehen, daß der Künstler damit andeuten wollte, daß der Orientale bereits Teil eines gräko-makedonischen Verbandes war, so wie es Alexander in seinen letzten Tagen bereits beschlossen hatte. Die Szene bezieht sich somit auf einen der endlosen Erbfolgekriege und nicht auf die Alexanderzeit selbst. Wir fassen sozusagen eine Heeresreform im Bild (s. S. 86).

Die Karriere des Gärtners

Manchmal erzählt die Geschichte nicht schlechter als Scheherazade in Tausendundeiner Nacht, und unser Märchen aus dem phönikischen Sidon könnte etwa heißen: Der Gärtner oder die Gunst eines Königs. Nach dem Sieg bei Issos im Jahre 333 v. Chr. erreichte Alexander auf

65

66

dem Weg nach Ägypten die Hafenstadt Sidon, die wenige Jahre zuvor durch den Perserkönig Artaxerxes III. auf grausame Art zerstört worden war. Die Eroberung hatte nahezu das gesamte Königshaus vernichtet (ca. 350 v. Chr.). Doch schließlich entdeckte Hephaistion in einem Garten Abdalonymos, einen Verwandten der alten Könige. Der Gärtner wurde vor Alexander geführt und ehe er sich versah, war er bereits zum Stadtkönig erhoben und saß auf dem Thron seiner Väter.

Der junge Eroberer besaß für Sidon außerordentliche Bedeutung, und dies zeigt vor allem der berühmte Alexandersarkophag aus der Königsnekropole von Sidon (Abb. 65–68). Gefertigt wurde er aller Wahrscheinlichkeit nach für die Beisetzung des Abdalonymos. Es handelt sich somit um einen Auftraggeber, der zutiefst in semitisch-orientalischen Vorstellungen verwurzelt war. Doch was er und seine Vorgänger liebten, das waren Sarkophage in griechischem Stil, auch wenn die Friesprogramme den spezifischen Wünschen der Stadtkönige Rechnung tragen. Im Falle des Alexandersarkophags bietet uns eine der Langseiten ein Schlachtenpanorama mit wild aufeinander eindringenden Kämpfern. Ganz zur Linken holt Alexander auf steigendem Ross zum Entscheidungsstoß aus. Er gilt einem Perser, der sich gerade von seinem niedergestürzten Pferd befreit (Abb. 66). Das sterbende Tier kam auf der Flucht zu Fall, niedergeworfen von einem Pfeil, der es mitten in die Brust traf.

Das Motiv ähnelt dem Zentralthema des Alexandermosaiks (Abb. 64), doch stürzt diesmal der Gegner Alexanders nicht auf der Flucht, sondern gleichsam auf der Stelle, eine unterschiedliche szenische Vorgabe. Bei dem Mosaik prallt die Hetairenreiterei auf die vor dem Wagen des Großkönigs haltende Achämenidenkavallerie, während sich das Gefecht auf dem Sarkophag längst in Einzelkämpfe aufgelöst hat.

Auch den König selbst könnte man kaum unterschiedlicher charakterisieren. In Pompeji stürmt er in realistischer Wappnung auf die Perser ein. Im Drama der Schlacht ist ihm der Helm vom Kopf geglitten und liegt unter ihm. Nur der Nimbus verriet auf dem Originalgemälde die Übermenschlichkeit des Streiters, so daß die in diesem Detail entmystifizierte Version des Mosaiks einen realistischen Kämpfer bietet. Auf dem Relief haben wir hingegen einen Heros vor uns, einen Herakles-Alexander, den wir allein am Löwenskalp auf seinem Haupt erkennen. Alexander als jugendlicher Herakles (Abb. 67), so wie ihn auch seine Münzbilder zeigen (Abb. 36). Zugleich ist Herakles-Melkart auch der Stadtgott von Sidon, so daß sich die Anwesenheit des göttergleichen Kämpen auch aus einheimischem Blickwinkel erklärt. Selbst

67

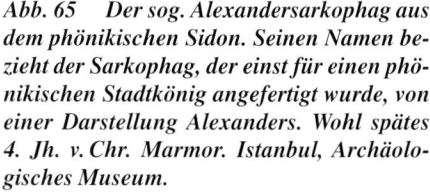

***Abb. 65** Der sog. Alexandersarkophag aus dem phönikischen Sidon. Seinen Namen bezieht der Sarkophag, der einst für einen phönikischen Stadtkönig angefertigt wurde, von einer Darstellung Alexanders. Wohl spätes 4. Jh. v. Chr. Marmor. Istanbul, Archäologisches Museum.*

***Abb. 66** Die Perserschlacht Alexanders auf dem Alexandersarkophag. Die Schlacht selbst ist nicht zu identifizieren, doch könnte man an Gaugamela denken (331 v. Chr.). Alexander prescht heran und holt zum entscheidenden Stoß gegen einen persischen Kavalleristen aus, dessen Pferd unmittelbar vor ihm durch einen Pfeilschuß niedergeworfen wurde. Der eigentliche Grabinhaber kämpft anscheinend zu Pferd in der Mitte des Frieses.*

***Abb. 67** Kopf Alexanders aus der Perserschlacht des sog. Alexandersarkophags. Als neuer Herakles trägt der Makedonenkönig das Fell des Nemeischen Löwen auf dem Haupt, gleichsam sein Wappenzeichen. Die Erdrosselung des mythischen Löwen war die erste der 12 legendären Aufgaben des Herakles. Im Gegensatz zu anderen Darstellungen ist das Tier hier gleichsam lebendig mit plastischen Augen gestaltet, als sei das Fell nicht eine Trophäe, sondern ein animalischer Dämon, der mit dem König verschmolzen ist.*

68a

68b

das Löwenfell ist mehr als eine Trophäe, denn die Augenhöhlen der Katze sind keineswegs leer wie bei einem Skalp, der Künstler gab ihnen grimmiges Leben zurück, und so starrt das Tier geradezu finster auf die persischen Feinde, als seien Raubkatze und König längst zu einem einzigen Wesen verschmolzen. Den Blutdurst des Löwen attestierte Plutarch dem König, und der Bildhauer liefert die Illustration.

Ungeachtet der heroischen Ikonographie ist Alexander nicht etwa die Hauptperson des Frieses. Im Gegenteil, im Kompositionszentrum kämpft anscheinend der Grabherr selbst in halb griechischer, halb orientalischer Aufmachung. Der Makedonenkönig ist eher ein Symbol, welcher Partei der Grabinhaber angehörte. Ich, der Stadtkönig von Sidon, ich bin ein Teil der Alexander-Welt. Ich habe die höchste Legitimation, die sich überhaupt denken läßt, denn sie stammt von einem König und von einem Gott zugleich. Der Makedonenkönig ist schon längst sein eigener Mythos, auch in der Art wie er dargestellt wurde. Ein Mythos bedarf keines Panzers, um unverwundbar zu sein. Mythen sind unsterblich. Der Gegensatz zu dem Reiter am rechten Friesrand könnte kaum größer sein, obwohl es sich doch um sein kompositionelles Gegenstück handelt. Bei diesem Krieger wurde weder auf den Panzer, noch auf den Helm oder auf Schuhe verzichtet.

Entstand der Sarkophag bereits zu Lebzeiten Alexanders, also vor 323 v. Chr.? Mit Sicherheit nicht. So kämpft der Grabherr in der großen Löwenjagd an der Seite eines jugendlichen Herrschers, der einst eine metallene Binde im Haar trug. Die Einkerbung ist deutlich zu erkennen. In dem König mit seinem kurzen Haar hätte ein antiker Betrachter schwerlich den Makedonenkönig erkannt. Es ist offenbar einer seiner Nachfolger.

Nicht minder interessant ist eine Kampfszene in einem der Giebelbilder (Abb. 68a). Dort kämpft ein gepanzerter Herrscher zu Fuß gegen einen orientalischen Reiter auf steigendem Roß. Daß der Fußkämpfer ein König sein sollte, zeigt wieder die Einkerbung für die verlorene Binde. Sechs Kämpfer sind in das Scharmützel verwickelt. Anders als in der großen Schlacht (Abb. 66) ist die ethnische Trennung zwischen Griechen bzw. Makedonen und Orientalen alles andere als stringent. So hat hinter dem zentralen Reiter ein schwer bewaffneter Orientale einen griechischen Hopliten in die Knie gezwungen, und dieser Orientale trägt bereits einen griechischen Panzer.

Multikulturell bewaffnet ist auch ein Orientale in der anderen Giebelhälfte. In die Knie gesunken hebt er seine medische Pelte zur Abwehr. Diese typisch orientalische Defensivwaffe trägt jedoch als Innenzier eine griechische «Rankengöttin», eine halb menschlich, halb pflanzliche Gestalt, die als Emanation der Artemis Ephesia und der großen kleinasiatischen Muttergöttin gesehen werden muß. Die «Rankengöttin» ist gänzlich unpersisch und hat in einer medischen Pelte nichts verloren, zumal es sich nicht nur um ein Ziermotiv handelt, sondern um eine religiöse Aussage. Die Künstler – Bildhauer und Maler – charakterisieren uns also eine gräko-orientalische Mischwelt, in der Orientalen mit griechischen Waffen fechten und sogar griechische Symbolik übernommen haben. Was uns hier vor Augen steht, ist der hellenisierte Orient, die zumindest militärisch verschmelzende Welt der Postalexanderzeit, wie wir sie bereits auf dem Naoussagemälde fassen konnten (Abb. 62).

Daß es sich auch bei dem jungen König des Giebels auf keinen Fall um Alexander handeln kann, zeigt sowohl seine Ikonographie wie auch die ganze Komposition. Alexander der Große war der göttliche Mentor des Stadtkönigs und nicht sein Gegner, den der orientalische Reiter zudem in arge Bedrängnis bringt. Der Kontrast zu dem Alexander-Herakles der Perserschlacht könnte kaum größer sein. Auch wenn uns die genaue Deutung des Giebels verschlossen bleibt, so zeigen Komposition und Attribute, daß der Bildhauer hier eine weit spätere Auseinandersetzung im Auge hatte, zumal die hellenistischen Könige nach Alexanders Tod eine gewisse Schamfrist beachteten und erst im «Jahr der Könige» 306/05 v. Chr. den Königstitel annahmen. Der Giebel kann keinesfalls vorher entstanden sein. Natürlich dachte sich der Künstler den Herrscher nicht ohne Helm, doch mußte er barhäuptig sein, um das Diadem sichtbar anbringen zu können. Deshalb setzte der für die Kolorierung Verantwortliche den prachtvollen Helm in Malerei hinzu und zwar zu Füßen des bedrängten Herrschers, als sei er ihm vom Kopf geschlagen worden. Den gleichen Kunstgriff nutzte auch der Entwerfende des Alexandermosaiks (s. S. 47).

Zu allem Überfluß erscheint im anderen Giebel ein bärtiger Herrscher, dessen schiere Existenz die nach-alexanderzeitliche Datierung untermauert. Da es sich nicht um Alexanders Vater Philipp handeln kann, öffnet sich hier ein weites Feld historischer Spekulation. Nur eines ist sicher – zu Lebzeiten Alexanders des Großen wäre diese Giebel-Komposition weitgehend unsinnig.

Faßt man die Aussage der Friese zusammen, dann lebte der Grabherr in einer komplexen Staatenwelt, die ihm zumindest teilweise feindselig gegenüberstand. Während ihn ein unbärtiger Herrscher nach orientalischer Sitte auf die Löwenjagd begleitet, steht den Sidoniern in einem der Giebel ein feindlicher König gegenüber. Der Sarkophag präsentiert eine fein abgestimmte Ikonographie, die uns von den Tagen Alexanders zumindest bis in die Diadochenkriege führt, die erst im Jahre 281 v. Chr. ihr Ende fanden.[63] Dies erklärt sicherlich auch, weshalb Alexander im Gegensatz zu allen anderen Königen der Sarkophagfriese so demonstrativ in deifizierter Form geschildert wird. Der längst unter die Götter entrückte Eroberer fungiert somit in Wesenseinheit mit dem Stadtgott Herakles-Melkart vor allem als deifizierter Legitimator der sidonischen Stadtkönige. Aus dem Schlachtengott ist selbst hier in der phönikischen Hafenstadt ein Mythos geworden.

Können wir die Alexanderschlacht des Sarkophags benennen? Rein kompositionell bieten sich kaum Anhaltspunkte. Sucht man dennoch einen Namen, dann kommt eigentlich nur Gaugamela in Frage, denn nur in diesem letzten großen Treffen könnte Abdalonymos als sidonischer Stadtkönig Mitkämpfer gewesen sein. Daß er als Gefolgsmann des Eroberers an dieser Schicksalsschlacht teilgenommen hat, ist zwar nicht überliefert, wäre jedoch durchaus denkbar. Zumindest hätte er ohne den großen Makedonen und dessen Freund Hephaistion vielleicht für den Rest seines Lebens im Garten gearbeitet.

Alexander-Abdalonymos oder eine Alexanderimitatio?

In einer jüngst vorgelegten Studie wurde nun erwogen, in dem «Alexander» des Alexandersarkophags nicht den König selbst, sondern keinen anderen als jenen Abdalonymos zu sehen, der sich hier gleichsam als neuer Alexander präsentiert habe. Wir hätten also einen extrem frühen Fall einer Imitatio Alexandri vor uns, einer programmatischen Angleichung an Alexander den Großen. Gewiß eine interessante These, die viele Fragen aufwirft.

Die Imitatio Alexandri, die Nachahmung Alexanders des Großen, ist als historisches Phänomen bestens geläufig und zwar in allen möglichen Schattierungen (s. S. 101 ff.). Den Archäologen führt sie allerdings häufig an die Grenzen des argumentativ Erfaßbaren. In der Regel ist man ja bei unbeschrifteten Denkmälern schon froh, wenn man die Ikonographie identifizieren kann – sagen wir etwa eine Alexanderschlacht. Doch was ist, wenn sich nun ein Fremder Alexanders Robe bemächtigt hat, wenn er mit dieser Mimikry eine ideologische oder vielleicht auch nur narzißtische Botschaft verbindet, was ist, wenn er uns sagen will, ich bin wie Alexander? Unnötig zu sagen, daß dieser Vergleich in der Realität selbst Großen der Weltgeschichte reichlich schwer von der Hand ging.

Selbst in der Antike konnten sich berühmte Alexanderverehrer offenbar nicht völlig sicher sein, daß ihre Ambitionen dem Publikum zweifelsfrei vermittelt wurden. Deshalb wählte Iulius Caesar die brachialste Form und machte aus der Imitatio eine Occupatio: Er stellte auf seinem Forum ein Reiterstandbild des Königs auf und ließ den Kopf des Makedonen durch sein eigenes Porträt ersetzen (s. S. 104).

Augustus war bei den Alexandergemälden auf seinem eigenen Forum zwar dezenter, doch war die alexandreske Botschaft unzweideutig: Wie Alexander der

***Abb. 68a** Einer der Giebel des Alexandersarkophags zeigt einen Orientalen, der hoch zu Roß auf einen jugendlichen König einstürmt, der ihm zu Fuß entgegentritt. Die Wappnung der Kämpfer bietet bereits eine Mischung griechischer und orientalischer Elemente, so daß wir hier nicht mehr eine Schlacht aus den Tagen Alexanders, sondern eine Auseinandersetzung der Diadochenzeit vor uns haben dürften.*

***Abb. 68b** Kopf des jugendlichen Königs aus dem Giebel des Alexandersarkophags. Das winzige Köpfchen hat noch all seine antike Farbigkeit bewahrt. Im Haar des Fußkämpfers ist die Vertiefung erkennbar, die einst eine Binde getragen haben dürfte.*

***Abb. 69** Die persischen Reitdecken des Grabinhabers auf dem Alexandersarkophag von Sidon (s. Abb. 65). Bei den geflügelten Fabelwesen handelt es sich offenbar um den bei Platon und Aristoteles erwähnten «Tragelaphos», den Bockhirsch, eine persische Kreatur, die eng mit dem orientalischen Königtum verbunden war.*

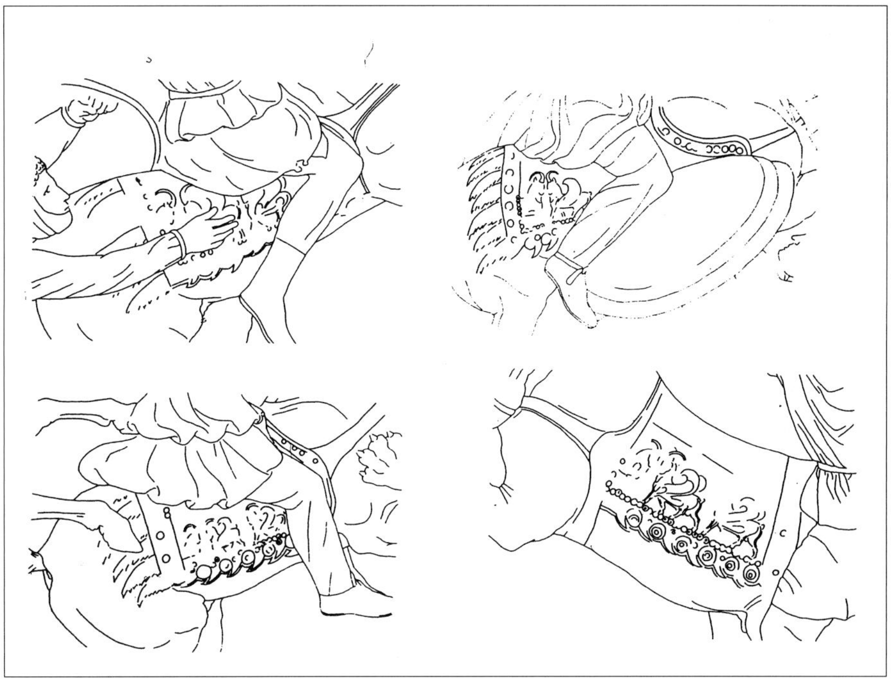

69

Große hatte auch Augustus den Krieg gefesselt und somit den Weltfrieden eingeleitet (s. S. 107), sah sich doch der erste Princeps als Garant des Friedens, der den Janustempel geschlossen hatte. Konseuenterweise ersetzte später Kaiser Claudius bei dem Gemälde des Apelles schließlich den Kopf Alexanders durch ein Augustusporträt. Selbst bei Heroen der Weltgeschichte wie Caesar oder Augustus war man sich also keineswegs sicher, daß das Publikum die Alexanderbotschaft ohne Wink mit dem «Porträt-Zaunpfahl» verstehen würde.

Doch was machen wir, wenn wir eine Alexanderimitatio vermuten, uns jedoch kein gesichertes Porträt erhalten ist, um den Usurpator dingfest zu machen? In diesem Fall hilft unseren Spekulationen, und um solche handelt es sich zwangsläufig, allein der kulturgeschichtliche Rahmen. Dies ist nun exakt unser Problem bei dem Alexander-Herakles des Alexandersarkophags. Ist also der Alexander des Sarkophags in Wahrheit Abdalonymos?

Problematisch ist nicht nur, daß wir hier den mit Abstand frühesten Fall einer Alexanderimitatio vorliegen hätten, wir wissen auch, daß die «wörtliche» Gleichsetzung mit dem großen König nahezu ausschließlich tragenden Gestalten der Weltgeschichte vorbehalten war oder zumindest Personen, die sich selbst so begriffen. Davon kann bei einem Stadtkönig, dessen Miniterritorium beständig ein Spielball der Kräfte war, keine Rede sein. Eine Alexanderangleichung des Abdalonymos, der seine Position einem Gnadenakt des Königs verdankte, wäre nichts als lächerlich gewesen, um nicht zu sagen peinlich.

Die Diadochen, die unmittelbaren Nachfolger Alexanders, die im wahrsten Sinne des Wortes Weltgeschichte machten, haben sich nie als Alexander dargestellt, sondern den göttlichen König gleichsam als Legitimation ihrer Herrschaft auf ihre Münzen gesetzt (Abb. 39). Es kann also eigentlich bereits aus diesem Blickwinkel kaum ein Zweifel daran bestehen, daß sich unser Grabherr nicht anders als ein Lysimachos oder Ptolemaios Soter durch die Darstellung des großen Königs legitimieren wollte. Zudem muß man sich vor Augen halten, daß eine Alexanderimitatio auch eine unmißverständliche Dokumentation politischer Ansprüche war. Man tat kund, daß man sich politisch als legitimer Erbe des Makedonen sah. Dies wäre für einen sidonischen Stadtkönig, dessen Stadt nicht einmal die Unabhängigkeit wahren konnte, in höchstem Maße gefährlich gewesen.

Wenn man bei einer derart sekundären Gestalt wie dem sidonischen Dynasten eine Alexanderimitatio postulieren will, so müßte man zumindest ein unbezweifelbares Zeugnis aufbieten – etwa eine Inschrift oder einen antiken Historiker. Ist dies nicht vorhanden, und es liegt nicht vor, so bewegen wir uns auf mehr als dünnem Eis.

Selbst Herrscher von antiken Großmächten wie Ptolemaios III., Ptolemaios VI. oder später Mithridates der Große übernahmen Alexanders Titulaturen wie «König von Asien» nur überaus selten, und so kennen wir die Mehrzahl von Alexanderangleichungen überhaupt erst im Späthellenismus oder in der ausgehenden Römischen Republik. Hier fallen dann Namen wie Antonius, Octavian oder Pompeius, von Caesar ganz zu schweigen. In dieser Gesellschaft hat ein Abdalonymos schlichtweg nichts zu suchen. Wir müßten also einen unzweideutigen Beweis fordern, um die ikonographische Gleichsetzung Alexander-Abdalonymos überhaupt zu wagen.

Daß die Alexander-Abdalonymos-Deutung auch aus kompositionellen wie attributiven Gründen extrem unwahrscheinlich ist, liegt zudem auf der Hand. Zum einen sitzt unser «Alexander» auf der falschen Reitdecke, eben nicht auf der des Stadtkönigs (Abb. 69), und zum anderen spricht die Bildhierarchie entschieden gegen eine Gleichsetzung Alexanders mit dem sidonischen Stadtkönig. So ist in sämtlichen Friesen der lokale Dynast im Zentrum dargestellt, und nun sollte ausgerechnet in der Perserschlacht dieses Dogma aufgebrochen sein (Abb. 65. 66)? Weshalb, wenn er sich doch gerade hier als neuer Alexander präsentieren wollte, wenn er gerade hier klarmachen wollte, daß er sich mit dem größten historischen Mythos verglich, den die antike Geschichte je geboren hatte? Schließlich ist dieser Fries, und er zeigte einst zum Eingang der Grabkammer, fraglos der dramatischste von allen und wäre bei einer Alexanderimitatio des Grabherrn auch das mit Abstand zentralste Bildthema. Und ausgerechnet hier sollte er einem namenlosen Reiter das Kompositionszentrum überlassen haben?

Konsequenterweise ist das Gegenteil weit wahrscheinlicher: Der Grabinhaber ist jener halb orientalisch, halb griechisch charakterisierte Reiter im Frieszentrum der Alexanderschlacht, der ohnehin auf der richtigen Reitdecke sitzt. Es ist auf allen vier Seiten des Sarkophagkastens stets eine Decke mit Tragelaphen, jenen fabulösen «Bockhirschen» der Perser, die auch am Leichenwagen Alexanders erscheinen und als Symbole königlichen Glanzes verstanden werden können (s. S. 91). Die Reitdecken liefern uns gleichsam wie ein Götterattribut einen Hinweis auf die Identität des Dargestellten, ist doch ansonsten bei einem Fries ohne klar identifizierbare Porträts die Hauptperson gar nicht besser kenntlich zu machen.

Ungeachtet seiner zentralen Position ist er jedoch kompositionell nicht sonderlich herausgehoben, ganz im Gegensatz zu Alexander und seinem stürzenden Gegner. Hier hat der Künstler also fein differenziert, um der internen Hierarchie des Bildes gerecht zu werden. Ein Alexander mußte optisch dominanter sein, und der Künstler löste das durch das dramatische Motiv des stürzenden Perserreiters und durch einen merklich größeren Freiraum der Alexandergestalt. Dennoch ist der Makedonenkönig an den Rand verbannt, denn er ist letztlich «nur» der göttliche Legitimator des lokalen Dynasten. Um diese gleichsam attributive Verwendung des großen Königs nicht allzu despektierlich wirken zu lassen, reduzierte der Entwerfende die optische Dominanz des zentralen Reiters. Inhaltlich eine vorzügliche Balance.

Die Beute des Königs oder Alexander in Unteritalien

Als in den frühen Jahren des 5. Jhs. v. Chr. das Schicksal Griechenlands auf des Messers Schneide stand, als die Perser Athen besetzten und sich die Flotte Athens bei Salamis zum letzten Widerstand sammelte, da weigerten sich die reichen Griechenstädte Unteritaliens und Siziliens, ihren Verwandten zur Hilfe zu kommen. Mit der panhellenischen Solidarität war es nicht weit her.

Doch nun, nach dem entscheidenden Sieg von Gaugamela, erinnerte sich der König an einen im 5. Jh. v. Chr. berühmten Athleten: Phayllos aus Kroton in Unteritalien. Dieser hatte damals auf eigene Rechnung ein Kriegsschiff ausgerüstet und war der attischen Flotte vor Salamis

***Abb. 70** Die Schlachten Alexanders erscheinen auch auf rotfigurigen Vasen der Griechenstädte Unteritaliens. Der fliehende Großkönig auf seinem Wagen wird jedoch von einem Reiter angegriffen, der angesichts seines Vollbartes nicht Alexander sein kann. Viele Details wie der griechische Wagen des Perserkönigs entsprechen in keiner Weise historischen Vorgaben. Auf dem mittleren und dem unteren Vasenbild wird die Schlacht ganz wie der Kampf um Troja von Göttern beobachtet. Spätes 4. Jh. v. Chr.*

70

zu Hilfe geeilt. Für Alexander war diese offenbar weithin bekannte Episode ein willkommener Anlaß, seinen Sieg propagandistisch zu verkaufen, und so sandte er einiges aus der Perserbeute nach Kroton, um den Mut des Phayllos zu ehren (Plutarch, *Alexander* 34). Zugleich dokumentierte er, wie sehr er sich den alten Kämpfern für Griechenlands Freiheit verpflichtet fühlte.

Es ist also kaum verwunderlich, daß sich die Persersiege Alexanders auch in der unteritalischen Kunst niederschlugen und zwar in der apulisch-rotfigurigen Vasenmalerei (Abb. 70).[64] Ob dies etwas mit der Gaugamelabeute zu tun hat, wissen wir nicht, doch zeigen die Vasenbilder deutlich, wie man sich mit Alexander und seinen Schlachten auseinandersetzte. Die Bilder sind beileibe nicht groß und mit vier Exemplaren auch alles andere als zahlreich, zumal wenn man bedenkt, daß diese Vasengattung zigtausendfach überliefert ist. Dennoch bleiben die Darstellungen bemerkenswert, zumal die Bildthemen dieser Vasen normalerweise völlig ahistorisch sind. In der Mehrheit wurden sie als Grabbeigaben gefertigt und so dominieren Szenen am Grab und mythologische Gestalten, während die Zeitgeschichte so gut wie keine Rolle spielt.

Wie bereits vermerkt, hatte der Verzicht auf real erlebte Geschichte in griechischer Kunst System, verblaßte doch vor den Heroen des Mythos ein jeder Mensch. Und wenn in Polygnots berühmtem Gemälde der Schlacht von Marathon am Ende doch einmal attische Geschichte verherrlicht wurde, dann griffen die Götter persönlich ein, als Kombattanten, wie weiland im Kampf vor Troja (Plinius, *Naturalis historia* XXXV, 57). Mit einem Wort, erst die Teilnahme der olympischen Götter adelte den Sieg der Athener und machte das Thema künstlerisch wertvoll.

Dies muß man vor Augen haben, wenn man hört, daß kein Geringerer als Aristoteles dem berühmten Maler Protogenes vorschlug, die Taten Alexanders zu malen, denn sie seien beispielhaft (Plinius, *Naturalis historia* XXXV, 106). Die Anregung implizierte, daß die Anabasis den König zumindest in die Reihe griechischer Heroen stellte.

Die wenigen Vasenbilder sind eher Miniaturen und meist nicht einmal die Zentralmotive der Vasen, doch besitzen sie ungeachtet ihres bescheidenen Zuschnitts bereits alle Züge des Mythischen. Der Großkönig flieht mit theatralischer Geste hoch zu Wagen. Seine Perser ähneln eher Amazonen mit ihren charakteristischen Schilden und zeigen nur allzu deutlich, daß die Assoziation Amazonomachie-Perserschlacht-Alexanderschlacht deutlich vor Augen stand. Auch sonst kann von einer historisch korrekten Darstellung keine Rede sein. Der Achämenide steht in einem griechischen Wagen, der mit dem massiven Gefährt achämenidischer Könige kaum Ähnlichkeit hat (Abb. 64). Seine Kleidung erinnert an die Kostüme des griechischen Theaters. Die Griechen kämpfen teilweise nackt im Stile griechischer Heroen, ein Topos, der sich auch in der Alexanderschlacht des Alexandersarkophags noch einmal niederschlägt (Abb. 65).

Mitunter sitzen sogar die olympischen Götter im Zuschauerraum und es fehlt eigentlich nur noch, daß sie wie vor Troja persönlich eingreifen, doch hatte ein Alexander das offenbar nicht nötig. Anders als sein mythisches Gegenstück Achill scheint er offenbar ungeachtet aller Verwundungen keine Achillesferse besessen zu haben. An seiner Seite kämpfte ohnehin so mancher Kriegsgott: Seleukos, Antigonos, Ptolemaios, Lysimachos und wie sie alle hießen, die später Reiche und Dynastien begründen sollten. Allein aus rein militärischer Sicht eine schier unglaubliche Generation, von denen einige Weltgeschichte schreiben werden.

Faszinierend sind die bescheidenen Bilder vor allem auch angesichts ihrer verblüffenden Ähnlichkeit zur Komposition des Alexandermosaiks. Der nach rechts fliehende König und der hinter ihm anstürmende Lanzenreiter erinnern an das Mosaik. Nur der stürzende Persergardist fällt weg, doch ist dies nicht der einzige kompositionelle Unterschied, denn bei näherer Analyse stellt sich schnell heraus, daß der attackierende Kavallerist stets bärtig ist. Von Alexander kann also keine Rede sein, und die Analogie reduziert sich auf die Tatsache, daß der Großkönig von makedonischer Kavallerie in die Flucht geschlagen wird. Die Forschung hat seit langem versucht, den Vergleich Vasenbild – Alexandermosaik zu retten. So wurde postuliert, man habe in Unteritalien eben nicht gewußt, daß Alexander bartlos war. Das bedeutet, die Vasenmaler, die eigens von der griechischen Präferenz für mythische Themen abwichen, ausgerechnet diese Künstler oder die Schöpfer ihrer Vorlagen hätten von Alexander keine Ahnung gehabt. Bedenkt man zudem, daß der König fraglos die bekannteste Person seiner Zeit war, so sollte man diese Hypothese möglichst schnell ad acta legen. Der bärtige Kavallerist ist nicht Alexander.

Sucht man sonst nach einem heroischjugendlichen Reiter, nach einem Alexander, dann bietet sich auf einem der Bilder ein Kämpfer an, der sich dem Perserkönig von rechts in den Weg stellt (Abb. 70). Er trägt einen Petasos, einen breitkrempigen griechischen Reisehut, wie wir ihn auch bei Hermes antreffen, der als Götterbote den Reisenden schlechthin verkörperte. Da sich bereits Philipp II. auf makedonischen Münzen mit dem Petasos darstellen ließ, könnte man hier eine Anspielung auf die Tracht makedonischer Könige erwägen.

Doch selbst wenn dies tatsächlich Alexander sein sollte, so zeigen die Vasenbilder überdeutlich, daß man den Sturz des achämenidischen Weltreichs eher als griechische Gesamtleistung von mythischen Ranges interpretierte und an einer dramatischen Überhöhung Alexanders noch kaum Interesse hatte, ganz im Gegensatz zu anderen Zeugnissen.

Das Alexandermosaik – Autopsie eines Duells

Das Drama einer Alexanderschlacht findet sich nirgends eindringlicher als auf dem Alexandermosaik aus Pompeji. Gefunden wurde das Paviment bereits im frühen 19. Jh. (Abb. 64).[65] Noch in seinen letzten Lebenstagen übersandte man Johann Wolfgang von Goethe eine Zeichnung des spektakulären Fundes. Sogar das Haus, das heute als Casa del Fauno bekannt ist, trug damals den Namen des Dichterfürsten: Casa di Goethe. Die Beschaulichkeit der Exedra steht in krassem Gegensatz zur Dramatik ihres Schmucks. Es ist ein gewaltsames Bild – so gewaltsam wie das Leben des Königs. Ein

Abb. 71a.b Tatsächlicher Befund und Rekonstruktion des persischen Königswagens auf dem Alexandermosaik. Der auf dem Mosaik völlig verunstaltete Wagen mit seinen drei unterschiedlichen Rädern oder Radfragmenten zeigt deutlich, daß das Mosaik selbst zentrale Teile des verlorenen Vorbilds nur unvollkommen wiederholt.

Abb. 72 Umzeichnung eines mittelitalischen Reliefbechers mit einer Alexanderschlacht aus der Werkstatt des Töpfers Popilius. Die Komposition geht auf das verschollene Originalgemälde des Alexandermosaiks zurück und bietet Details, die auf dem Mosaik selbst aus Platzgründen nicht dargestellt wurden. Dies gilt vor allem für die Fußkämpfer zwischen Alexander und dem fliehenden Großkönig. Ob auch all die rahmenden Kampfgruppen dem Gemäldeoriginal entlehnt sind, läßt sich nicht mehr nachweisen. 2. Jh. v. Chr. Ton. Boston, Museum of Fine Arts.

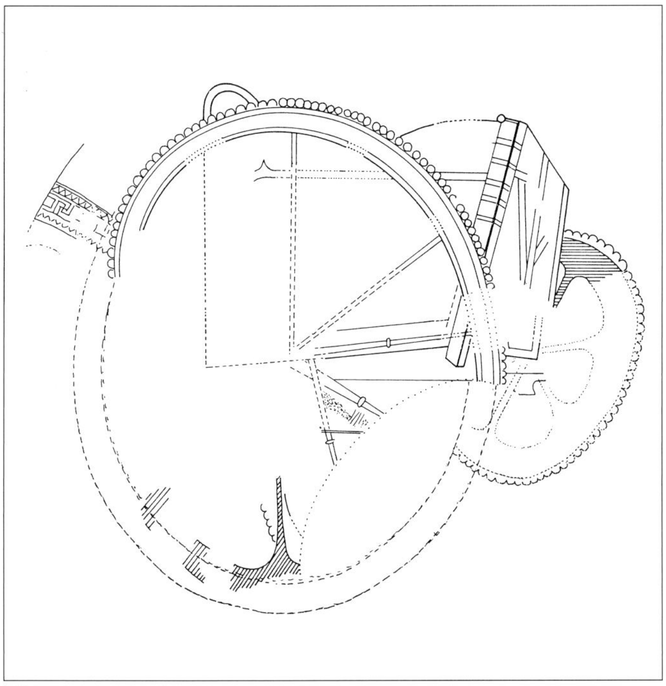
71a

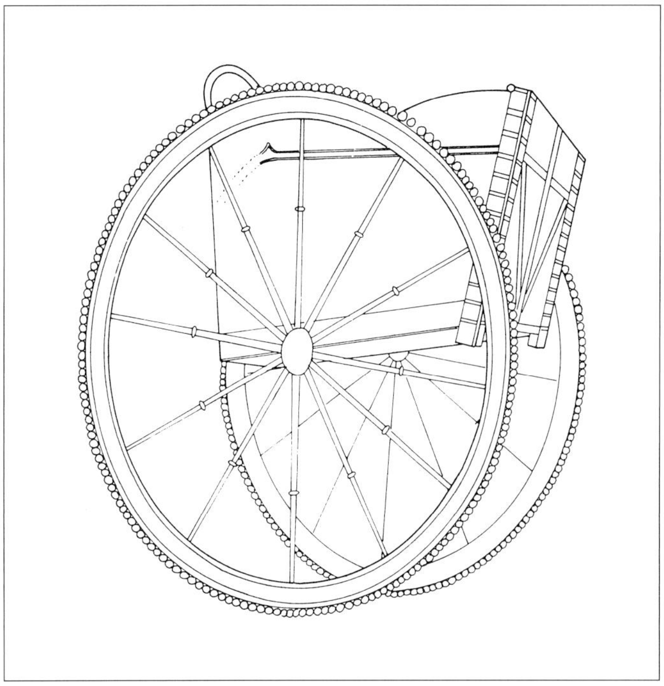
71b

72

geschichtliches Großereignis in Gestalt eines Duells – Alexander gegen Dareios.

Doch gekämpft wird eigentlich nicht mehr, die Schlacht ist entschieden. Der Perserkönig steht hoch zur Rechten in seinem Wagen. Ein Bild des Entsetzens. Sein Wagenlenker hat gewendet und treibt das Gespann rücksichtslos durch die eigenen Reihen. Die Pferde zerstampfen einen Bogenschützen und auch die riesigen Räder mit ihren Eisennägeln zermalmen einen Kämpfer, während sich ein dritter vergebens mit seinem Rundschild deckt. Es ist ein griechischer Söldner, der das Schicksal seiner persischen Geldgeber teilt.

Von links fliegt der Makedonenkönig heran, hinein in die letzte Reihe der persischen Garden, und das Perserheer flutet nach rechts. Nur noch ein einziger Galoppsprung trennt die Könige. Unmittelbar vor Alexander versucht ein Orientale über den Hals seines sterbenden Pferdes abzuspringen, da fährt ihm die Lanze des Königs durch den Leib. Hinter ihm hat ein zweiter Kavallerist das Schwert gezogen, doch auch sein Pferd ist bereits gewendet. An Widerstand ist kaum zu denken. Unmittelbar vor uns versucht ein Perser auf ein Pferd zu kommen. Das entsetzte Tier dreht sich vom Reiter weg und wir sehen es nur von hinten.

Ein dramatischer Augenblick, und antike Schriftsteller wurden nicht müde, ihn zu beschwören. Weltgeschichte als Konfrontation von Königen, die sich sowohl bei Issos 333 wie auch 331 v. Chr. bei Gaugamela gegenüberstanden. In beiden Schlachten erzwang schließlich der Reiterangriff die Flucht des Großkönigs. Wenig später wird der Achämenide eintauchen in den Dunst und den Staub, der

73

– wie man berichtet (Curtius Rufus 4, 15, 32) – von unzähligen Füßen aufgewirbelt wird. Die Komposition ist so eindeutig, daß die Deutung bereits in den Tagen Goethes mehr oder weniger feststand.

Deshalb lohnt es sich, die so oft diskutierte Komposition etwas eingehender zu analysieren. Zunächst wollen wir noch einmal festhalten, daß wir hier ein Mosaik und somit eine Kopie vor uns haben. Eine Kopie, die noch dazu in einem Material ausgeführt wurde, das weit weniger flexibel ist als die Farbpalette eines Malers. Daß man dennoch allenthalben von einem Mosaikgemälde spricht, zeigt die Wertschätzung, die man der technischen Leistung der Künstler zollte. Zu Recht? Teilweise sicherlich, jedoch leider nur teilweise, wie wir sehen werden.

Aus Gründen die wir nicht kennen, hat man das Mosaikgemälde in einem Raum verlegt, der für die Abmessungen des Originals zu klein war. Es ist auch kaum begehbare Fläche um das Paviment vorhanden, geschweige denn die Möglichkeit, Speisesofas aufzustellen. Es ist sozusagen ein Bild im Boden. Gesetzt wurde das 5 x 2,5 m große Meisterwerk von verschiedenen Kunsthandwerkern und konsequenterweise stehen schwächere und vorzügliche Partien Seite an Seite. Wir haben Glück, denn unter den gelungensten Gestalten sind auch die beiden Hauptexponenten ihrer Welten –

***Abb. 73** Alexanderschlacht von Pietro da Cortona. Das berühmte Schlachtenpanorama zeigt ganz wie das Jahrhunderte später gefundene Alexandermosaik (Abb. 64) die Flucht des Perserkönigs. Unter dem Ansturm der makedonischen Kavallerie wendet der Wagen des Großkönigs und flieht nach rechts. Über dem Kopf Alexanders fliegt der Adler des Zeus, ein anekdotisches Detail, das Curtius Rufus (IV, 15, 26–32) in seine Schilderung der Entscheidungsschlacht von Gaugamela einflocht. Alexander reitet hier als angehender Herr der Welt auf einem Schimmel, während das düstere Gespann des Großkönigs bereits auf seinen unausweichlichen Untergang verweist. Deshalb verzichtete der Maler auch auf die Darstellung des legendären Alexanderpferdes Bukephalos,*

das wohl ein Rappe war. Da Curtius Rufus lateinisch schrieb, war seine Alexandergeschichte seit dem Mittelalter über viele Jahrhunderte hinweg bekannter als griechische Werke. Dennoch bietet auch ein griechischer Autor wie Plutarch (Alexander 33) eine vorzügliche Paraphrase des Gemäldes: «Die Edelsten und Tapfersten (der Perser) ließen sich in der Verteidigung ihres Königs niederhauen, fielen übereinander und hinderten so das Nachsetzen, indem sie noch sterbend den Feinden und deren Pferden ein Hemmnis waren». Die so verblüffend an das Mosaik erinnernde Komposition verrät somit eine profunde Kenntnis antiker Literatur, auch wenn die Gestalten selbst in keiner Weise antik gewappnet sind. Öl auf Leinwand, ca. 1635. Rom, Kapitolinische Museen Inv. 260.

fraglos kein Zufall, hat man doch Alexander oder Dareios nicht gerade den durchschnittlichsten Händen anvertraut.

Entstanden ist das Mosaikgemälde wohl gegen 100 v. Chr., also in der Zeit der späten Republik, als Rom bereits zur beherrschenden Weltmacht aufgestiegen war. Es stammt aus einer sehr dramatischen Phase Pompejis. Die einstigen Bundesgenossen der Römer, die jedoch rein staatsrechtlich keine Römer waren, begehrten plötzlich auf, ja sie kämpften gegen Rom. Nicht etwa um ihre Unabhängigkeit, nein, man will nicht weg, sondern hin zu Rom. Man wollte endlich Römer sein, vollgültiger römischer Bürger mit allen Rechten und Privilegien. Nach all den Siegen, nach dem Aufstieg zum Weltreich will man teilhaben am Triumph. Und so ringt man nicht um seine eigene Identität, sondern um sein «Römersein». Das geht nicht ohne gewaltige Verwerfungen und ohne einen beträchtlichen Blutzoll. Schließlich wird die Stadt im Jahre 88 v. Chr. von den Römern gar ein zweites Mal «gegründet»: als Colonia Veneria Cornelia Pompeianorum und die einstigen Foederati erhalten tatsächlich das römische Bürgerrecht.

In dieser Endphase «pro Rom», in der man sich mit aller Macht als Teil einer römischen Vergangenheit begriff, in dieser Periode schmückt man einen repräsentativen Raum mit einem Mosaikbild, in dem es nicht etwa darum ging, den Ruhm römischer Waffen zu beschwören, wie etwa den Sieg über Hannibal. Man wählt ein Bildthema, das mit Rom nichts zu tun hatte. Zwar existierte eine Legende, nach der die Samniten, denen das Gros der alteingesessenen Pompejaner angehörte, sowohl griechischen wie persischen Ursprungs waren[66], und dies mag die Themenwahl befördert haben, aber daß den Pompejanern römische Feldherrn und Staatsmänner näher standen als der Makedonenkönig, daran besteht kein Zweifel. Dennoch entschied man sich für die Darstellung eines Mythos, dessen Rechtsnachfolger auf dem Thron Makedoniens noch vor wenigen Generationen zu Roms erbittertsten Feinden zählten. Könige, die man schließlich in drei blutigen Kriegen überwand. Makedonien selbst wurde zur römischen Provinz degradiert. Dies alles vollzog sich vor der Verlegung des Alexandermosaiks und zeigt schlaglichtartig, wie sehr sich die Wertschätzung des Königs von seiner historischen Heimat emanzipiert hatte. Ein Mythos ist Allgemeingut.

Nun konnten wir bereits bei der Betrachtung des Alexanderporträts feststellen (Abb. 44), daß der Mosaizist dem König ursprünglich einen Nimbus geben wollte (s. S. 44). Das gewiß höchst ausgefallene Motiv war sicherlich Bestandteil des Gemäldes, doch verzichtete man dann auf seine Umsetzung. Der Nimbus zeigt bereits schlaglichtartig, daß das Paviment seiner Vorlage nicht in allen Details gerecht wird. War dies ein Versehen, eine Ausnahme? Beileibe nicht. Es genügt ein Blick auf die Quadriga des Achämeniden, um das ganze Ausmaß der antiken Klitterung zu erkennen.

In Abbildung 71 ist der Königswagen mit all seinen Unzulänglichkeiten (a) dem «Sollzustand» (b) gegenübergestellt. Das eigentlich einachsige Gefährt besitzt nicht weniger als drei Räder, die zudem drei verschiedenen Radtypen angehören und zudem auch noch drei verschiedenen Kulturen. Das riesige Nagelrad an der Front ist charakteristisch für den achämenidisch geprägten Orient, während das unten erkennbare Radfragment mit seiner, an der Felge weit ausschwingenden Speiche typisch griechisch ist. Der Schlagschatten des griechischen Rades ist hingegen wieder persisch mit genagelter Felge. Zu allem Überfluß entschied sich der Mosaizist bei dem rückwärtigen Rad für eine Mischform, die wir ebenfalls aus dem gräko-orientalischen Raum kennen, wenn auch erst in hellenistischer Zeit. Zudem sitzt das rückwärtige Rad mit seiner Achse in der Nähe der Wagenvorderkante, so daß der Wagen selbst nach der rein empirischen Perspektive antiker Kunst zweiachsig zu ergänzen wäre, was natürlich absurd ist. Unser Wagen ist also ein kulturgeschichtliches Paradoxon allerersten Ranges.

Daß ein Maler, der imstande war, das Gemäldevorbild des Mosaiks zu schaffen, an der Darstellung eines Streitwagens gescheitert sein soll, ist schlechterdings auszuschließen. Die Erklärung liegt also auf der Ebene der Mosaikkopie. Zudem wiederholt sich der Befund in mehr oder weniger krasser Weise an zahlreichen Stellen des Paviments. So erkennt man etwa vor dem Gegner Alexanders menschliche Beine, zu denen nur leider die Körper fehlen. Die Erklärung bietet ein bescheidenes Tongefäß aus der Werkstatt des Popilius, eines mittelitalischen Töpfers (Abb. 72). Der reliefierte, aus einer Form gepreßte Figurenfries wiederholt wesentliche Szenen des Alexandermosaiks und zwar einschließlich eines schildbewehrten Fußkämpfers unmittelbar vor dem stürzenden Perser. Die originale Komposition war also weit umfangreicher, zumal das Mosaik am rechten Bildrand einen persischen Reiter einfach durchschneidet. Zugleich wird hier deutlich, daß das Gemälde im 2. Jh. v. Chr. in Italien verfügbar gewesen sein muß, da der Becher das Original und nicht etwa das Mosaik kopiert.

Das Mosaik wiederholt also augenscheinlich zentrale Gestalten einer berühmten Komposition, wobei man sich nicht die Mühe machte, sinnlos gewordene Details wegzulassen – gewiß kein Ruhmesblatt für unser Atelier. Diese Leute waren fraglos vorzügliche Handwerker, aber leider keine Künstler. Auf diese Weise erklärt sich auch der absurde Streitwagen. Anscheinend waren auf dem Gemälde mit seiner beträchtlich erweiterten Komposition wesentliche Partien des Wagens mit Vordergrundfiguren verstellt. Da das Mosaik aus Platzgründen auf diese Personen verzichten mußte, waren die Mosaizisten gezwungen, die entsprechenden Partien zu ergänzen – mit desaströsem Ausgang. Die Leute waren völlig überfordert. Eben Handwerker, keine Künstler.

Verblüffend ist jedoch, daß sie bereits bei einer so schlichten Sache wie den Wagenrädern scheiterten. Was könnte sie überhaupt auf den Gedanken gebracht haben, verschiedene Radtypen zu verwenden? Offenbar waren sie der Ansicht, die seltsamen Räder würden zu dem Thema passen, und das kann eigentlich nur bedeuten, daß auf der Vorlage noch ein weiterer Wagen dargestellt war, dessen Räder eher griechischem Typus folgten. Nun wird man einwenden, daß die Alexanderarmee keine Streitwagen verwendete und daß der Großkönig eigentlich nicht in einem griechischen Wagen dargestellt werden sollte. Zugegeben, doch entstand das Gemälde nicht vor dem ausgehenden 3. Jh. v. Chr. , also wenigstens drei Generationen nach Alexanders Tod. Damals hatte sich schon längst eine Vermischung griechischer und orientalischer Formen durchgesetzt, so daß wir vom hellenisierten Orient sprechen. Dieses Nebeneinander griechischer und persischer Formen bei der Wappnung der Orientalen ist auf dem Mosaik mehrfach festzustellen. Es ist hier nicht der Ort, all diese Details auszubreiten, einige Beispiele müssen genügen. So sitzt der von Alexander niedergestreckte Kavallerist auf einem griechisch gezäumten Pferd, dessen Reitdecke jedoch persisch ist, ganz wie die Reitdecken des Alexandersarkophags. Die Reitdecke selbst ist dann jedoch im Gegensatz zu dem Sarkophag mit hellenisierten Motiven verziert. Der unglückliche Gardist führt zudem ein griechisches Schwert und keine achämenidische Handwaffe. Der hinter ihm sein Pferd herumreißende Orientale hat ebenfalls ein griechisches Schwert gezogen, kenntlich an seiner langen, geraden Klinge. Andere Details wie die Helme entsprechen zudem in der Regel hellenistischen Typen und nicht Formen der Alexanderzeit. Der detailverliebte Maler zitierte also akribisch Gegenstände seiner Lebenszeit,

***Abb. 74** Die «Alexanderschlacht» von Albrecht Altdorfer bietet uns die Antike als mittelalterliches Schlachtenpanorama, eingebettet in eine phantastische Donaualpenlandschaft, die von der Idee her weit eher an Issos (333 v. Chr.) und nicht an die Ebene von Gaugamela (331 v. Chr.) erinnert. Alle Gebäude und Kämpfer entsprechen mittelalterlichen Traditionen, und so fliegt Dareios im Bildmittelgrund auf seinem Schimmelgespann nach links, gefolgt vom Ritterheer Alexanders, das sich wie ein riesiger Lindwurm um den zentralen Berg herumwindet. Das Heer strömt aus dem Zeltlager vor der Stadt, während im Bildvordergrund eine Kavallerieschlacht entbrennt. Die Senkrechte teilt das Bild gleichsam in zwei «Königshälften» von denen ganz in antikem Sinne Alexander die Sonne und Dareios der Mond zuzuordnen ist. Der kompositionelle Unterschied zum Alexandermosaik (Abb. 64) und zu Pietro da Cortonas Alexanderschlacht (Abb. 73) ist bemerkenswert. Der Maler wurde von Herzog Wilhelm IV. beauftragt und lehnte für die Fertigstellung seines Werkes sogar das ihm 1528 angetragene Bürgermeisteramt von Regensburg ab. Öl auf Holz, 1529. Dem Bild fehlt heute ein Streifen am oberen Bildrand. 158 x 120 cm. München, Alte Pinakothek 688.*

ALEXANDER M. DARIVM VLT: SVPERAT
CÆSIS IN ACIE PERSAR: PEDIT: C.M. EQVIT
VERO X.M. INTERFECTIS. MATRE QVOQVE
CONIVGE, LIBERIS DARII REG. CVM M. HAVD
AMPLIVS EQVITIB: FVGA DILAPSI, CAPTIS.

und er lebte im Hellenismus. Doch bleiben wir bei der Frage der Streitwagen, denn diese führt uns direkt zurück zu den Schlachten von Issos und Gaugamela.

Wie bereits angedeutet, ähnelt sich der taktische Ablauf der Alexanderschlachten. Nun überliefert Diodor – und nur Diodor – eine bemerkenswerte Variante der Schlacht von Issos. Dort sei das großkönigliche Gespann nach der Verwundung der Pferde und erbittertem Kampf dermaßen von Leichen eingekeilt und demobilisiert worden, daß Dareios den Streitwagen wechseln mußte (s. S. 56). Erst als der tapfer kämpfende König den zweiten Wagen bestieg, sei ihm die Hoffnungslosigkeit der Lage klar geworden. Voller Panik habe er sich zur Flucht entschlossen. Da ist er also, unser zweiter Wagen. Ob diese ansonsten singuläre Überlieferung historischer Nachprüfung standhalten würde, darf man bezweifeln, doch ist dies für ein Kunstwerk sekundär. Sicher ist nur, daß Diodor als Zeitgenosse Caesars in jedem Fall Jahrhunderte nach dem Tod des Königs schrieb. Der Künstler unseres Bildes entschied sich für den dramaturgisch komplexeren Wagenwechsel, der ihm zudem gestattete, dem Sieg Alexanders eine weitere Facette hinzuzufügen – eine beinahe literarische. Da das verlorene Gemälde lange vor Diodor entstand, wird nun auch klar, daß der Literat den Wagenwechsel nicht etwa eigenständig erfunden hatte. Er griff vielmehr auf eine ältere Überlieferung zurück.

So scheidet sich die antike Historiographie in eine dareiosfreundliche und -feindliche Richtung. Die orientfeindliche Richtung, vertreten durch den ersten Ptolemäer, sah den Großkönig als jämmerlichen Feigling, der als einer der ersten seiner Armee geflohen sei. Die orientfreundliche Richtung ging davon aus, daß Dareios tapfer gefochten habe. Plutarch spricht sogar mit Berufung auf Chares von einer Schenkelwunde Alexanders, die ihm der Großkönig bei Issos eigenhändig zugefügt haben soll (s. S. 55). Tatsächlich zeigt ein Fragment unseres Mosaiks, daß Alexander wohl aus einer Beinwunde blutet.

Nun ist die Konfrontation der Könige dramaturgisch nur realisierbar, sobald man den Achämeniden als Kämpfer sieht. Wenn jedoch Arrian anscheinend mit Verweis auf Ptolemaios annimmt, er sei «*... feige, wie er nun einmal war, als einer der ersten geflohen ...*», dann ist die Komposition unseres Mosaiks und des Gemäldes weitgehend sinnlos, selbst wenn man noch einen zweiten Wagen im Bildvordergrund plaziert, so daß die Könige etwas weiter separiert werden müßten. Auf der anderen Seite zeigt uns der Künstler Dareios durchaus als kraftlosen Feigling, der nicht einmal daran denkt, seinen Bogen zu heben. Im Gegensatz zu Alexander, der in voller Wappnung auf ihn einstürmt, sehen wir bei ihm weder Schwert noch Panzer. Und während dem Makedonenkönig der Helm vom Kopf «geschlagen» wurde, trägt der Achämenide nur seine Tiara. Dazu kommt noch die entsetzte Geste. In den Augen des Künstlers ist der Perserkönig in diesem Augenblick ein feiger Flüchtling – und zwar auf Kosten seiner eigenen Leute. Diodor versöhnt mit seiner Geschichte vom Wagenwechsel beide Traditionen. Erst kämpft der Perserkönig tapfer, verwundet Alexander, dann packt ihn die Panik und er läßt seine Armee im Stich.

Diese salomonische Sicht ist durchaus akademisch, und das fügt sich nun auch zu einem weiteren Detail – der Barhäuptigkeit des Makedonenkönigs. So zeigt uns der Becher des Popilius (Abb. 72), daß die Lanze Alexanders offenkundig beim Aufprall zersplitterte, ein für antike Kampfszenen ganz außergewöhnlicher Realismus, der zu dem peniblen Detailreichtum der Vorlage vorzüglich paßt. Unseren Mosaizisten war das Motiv wohl nicht heroisch genug und so verzichtete man auf dieses Detail, wie man bereits auf den Nimbus verzichtet hatte (s. S. 44).

Bei der gesplitterten Lanze scheint zudem ein historischer Aspekt insinuiert, der auch zu der Barhäuptigkeit des Königs passen könnte. Zum einen ist Alexander auf diese Weise leicht erkennbar, zum anderen wissen wir jedoch, daß der König bei seinem ersten Treffen mit der persischen Weltmacht tatsächlich schwer am Helm getroffen wurde. Curtius Rufus, eine wohl erst kaiserzeitliche Quelle, berichtet vom Verlust des Helmes (VIII, 1, 20). Und es ist auch die Schlacht am Granikos des Jahres 334 v. Chr., bei der eine gesplitterte Lanze des Königs bezeugt ist (Arrian, *Anabasis* I, 15, 6. – Plutarch, *Alexander* XVI).

Das auf den ersten Blick so authentisch wirkende Mosaikgemälde erweist sich somit als komplexes Kompilat. Sicher ist nur, daß die Schlacht von Issos gemeint ist. Doch daneben bietet man offenbar auch eine Anspielung auf die Schlacht am Granikos. Von Realismus im Sinne moderner Kategorien kann keine Rede sein. Im Gegenteil. Dies zeigt sich auch bei einem Vergleich von kompositionellen Einzelgruppen. So kennen wir das Motiv des stürzenden Reiters bereits vom Alexandersarkophag (Abb. 66), auch wenn der Reiter dort nach einer Verfolgung stürzt, während das Mosaik den Aufprall auf eine immobile Persergarde zeigt.

Auch den fliehenden Perserkönig finden wir bereits auf unteritalischen Vasen (Abb. 70). Es handelt sich um einen Topos, der in jeder literarischen Tradition enthalten war. Das Mosaik vereint also nicht nur die bei Diodor überlieferte Kombination perserfreundlicher und perserfeindlicher Traditionen, auch aus ikonographischer Sicht erweist es sich als Kompilation. Es ist die Psychologie, die das Bild regiert. Der Künstler spielt mit der Phantasie und dem Wissen des Betrachters. Historische Realität ist sein Thema nicht. Es ist ein zutiefst akademisches Bild, auch wenn uns die peniblen Details einen fiktiven Realismus suggerieren.

Fassen wir zusammen, dann war unser verlorenes Gemälde weitaus größer als das Alexandermosaik. Entstanden ist es im späteren 3. oder früheren 2. Jh. v. Chr. Es zeigte die Schlacht von Issos des Jahres 333 v. Chr. Der Großkönig flieht auf dem Höhepunkt des Treffens unter dem Eindruck der entscheidenden Attacke, anscheinend unmittelbar nach dem später auch von Diodor beschriebenem Wagenwechsel. Der Makedonenkönig trug auf dem Original einst einen Nimbus und war somit als Gottheit dargestellt, ein vor allem alexandrinisches Motiv. Das Gemälde entstand also möglicherweise für den ptolemäischen Hof. Auf diesem Hintergrund erklärt sich wohl auch die Themenwahl, denn Ptolemaios I. hatte sich bei Issos besonders profiliert und an der Seite Alexanders den flüchtenden Großkönig verfolgt (s. S. 55).

Durchaus faszinierend ist ein Vergleich mit nachantiken Darstellungen der Alexanderschlachten. Während Pietro da Cortona (Abb. 73) für sein gegen 1635 entstandenes Gemälde zu einer kompositionellen Lösung kam, die dem Alexandermosaik verblüffend ähnlich ist, fiel das mittelalterliche Panorama von Albrecht Altdorfer mit seiner Vogelperspektive völlig unantik aus (Abb. 74). Beide verraten die Kenntnis literarischer Quellen, doch sind bei Pietro da Cortona die konzeptionellen Anklänge an antike Schilderungen weit prägnanter. Wie auf dem Alexandermosaik flutet das geschlagene Perserheer nach rechts. Der Wagen des Großkönigs wendet, während er auf dem Mosaik bereits gewendet hat und der Wagenlenker die Pferde zur Flucht spornt, hinweg über die eigenen Gefährten. Natürlich konnte Pietro da Cortona das Mosaik noch gar nicht kennen, so daß sich die Ähnlichkeit letztlich allein auf den zugrunde liegenden Schilderungen beruhen dürfte.

Ritterlich und erbarmungslos

Alexander und die Frauen

Es läßt sich nicht leugnen, Krieg war der zentrale Aspekt im Leben des Königs, doch finden sich auch zahlreiche Geschichten, die den geborenen Kämpfer von ganz anderer Seite zeigen – in seinem Verhältnis zu Frauen.

Im Jahre 336 v. Chr. zahlte Theben für seine Erhebung gegen Makedonien. Eine grausige Warnung für das alte Griechenland. Wer nicht über die Klinge sprang, wurde in die Sklaverei verkauft. Ein Trupp thrakischer Söldner stürmte das Haus von Timokleia, einer vornehmen Dame (Plutarch, *Alexander* 12). Der Anführer vergewaltigte die Frau und forderte ihre verborgenen Schätze. Sie führte ihn zu einem Brunnen, in dem sie angeblich ihre Pretiosen versteckt hatte. Als der Thraker gierig über den Brunnenrand spähte, stieß sie ihn hinab und schleuderte so lange Steine hinunter, bis er sich nicht mehr regte. Die Thraker schleppten Timokleia vor Alexander, dem sie stolz gegenübertrat. Auf die Frage wer sie sei, entgegnete sie: «*Ich bin die Schwester von Theagenes, der unser Heer gegen deinen Vater Philipp kommandierte. Er fiel bei Chaironeia im Kampf für Griechenlands Freiheit.*»

Mut hat dem König stets imponiert und so blitzte sie unversehens auf, die Noblesse des Kriegers. Timokleia wurde umgehend entlassen und zwar zusammen mit ihren Kindern. Ein Anflug von Menschlichkeit inmitten einer blutigen Orgie, die der König selbst entfesselt hatte. Es ist der erste Schimmer jener chevaleresken Attitüde, die sein ganzes Leben durchziehen wird.

Alexanders Verhältnis zum schwachen Geschlecht hat antike wie moderne Historiker beschäftigt. Dabei geht es weniger um das exzellente Verhältnis zu seiner unberechenbaren Mutter, der er ungeachtet aller Zuneigung nahezu jeden politischen Einfluß verweigerte. Die Antike faßte dies in mannigfaltige Anekdoten. So soll der König auf eine allzu harte Zumutung seiner Mutter geantwortet haben, das sei eine hohe Miete für neun Monate Schwangerschaft. Die ehrgeizige Königinmutter konfrontierte den Sohn mit ständig neuen Anliegen. Viele bezogen sich fraglos auf Antipatros, ihren Dauer-

75

***Abb. 75** «Das Zelt des Darius», ein Gemälde von Charles LeBrun. Das im Auftrag Ludwigs XIV. im Jahre 1660 entstandene Gemälde zeigt den Sonnenkönig, wie er als Alexander der Große in Begleitung Hephaistions nach der siegreichen Schlacht von Issos ins Zelt der gefangenen persischen Königsfamilie tritt. LeBrun war die beherrschende Künstlerpersönlichkeit am Hofe des Sonnenkönigs. Ludwig XIV. war ein begeisterter Verehrer des Makedonenkönigs, so daß wir hier ein spätes Zeugnis der bereits aus der Antike bekannten Imitatio Alexandri vor uns haben, der Nachahmung Alexanders des Großen. Der königliche Auftrag umfaßte ursprünglich eine ganze Reihe von Gemälden aus dem Leben Alexanders. Öl auf Leinwand, 298 x 453 cm. Paris, Châteaux de Versailles et de Trianon Inv. 6165.*

76

77

feind in Makedonien. Der alte General fungierte als Alexanders Statthalter an der Heimatfront und zog sich schnell die Feindschaft von Olympias zu. Der König deckte zwar seinen Platzkommandanten, doch als sich dieser allzu heftig über Olympias beschwerte, murrte der König, Antipater wisse nicht, daß eine Muttertränе viele Anklagebriefe auslöschen könne.

Weit faszinierender ist sein Verhalten, sobald ihm Frauen oder Töchter seiner Gegner in die Hände fielen. Eine Geschichte bezieht sich bereits auf die ersten Tage seiner Herrschaft, als er zuerst die aufständischen Illyrer im Norden niederwerfen mußte. In einem Heiligtum des Zeus sah er eine wunderschöne Frau und betrachtete sie eine ganze Weile voller Erstaunen. Da sagte Hephaistion: *«Mit Recht kannst du dich ihrer Reize bedienen».* Alexander soll erwidert haben: *«Es*

***Abb. 76** Blick auf die Apadana von Persepolis/Iran. Alexander ließ den Thronsaal des Dareios und Xerxes aus dem frühen 5. Jh. v. Chr. anzünden, angeblich aus Rache für die Zerstörung der Athener Akropolis durch die Perser im Jahre 480 v. Chr.*

***Abb. 77** Blick auf die Apadana von Persepolis.*

***Abb. 78a–c** Die Hochzeit Alexanders mit der baktrischen Prinzessin Roxane. Rekonstruktion eines verlorenen Gemäldes des antiken Malers Aetion von Giovanni Antonio Bazzi, der unter dem Namen Sodoma bekannt wurde (1477–1549). Der antike Literat Lukian (120–180 n. Chr.) beschrieb ein Gemälde des Aetion, das Sodoma mit Elementen seiner eigenen Zeit umsetzte. Roxane sitzt auf dem Hochzeitsbett, und ein Eros zieht ihr den Schleier vom Kopf (c), andere nesteln an den Sandalen. Alexander beherrscht die Bildmitte (b) und streckt der Braut die Hand entgegen. Zu seiner Rechten sehen wir zwei junge Männer, von denen Lukian erklärt, es handele sich um Hephaistion und um den Hochzeitsgott. In der rechten unteren Ecke schaffen schließlich einige Putten die Waffen Alexanders beiseite. Die penible Umsetzung der antiken Beschreibung zeugt von dem Interesse an antiken Themen, und dies zeigt sich auch in dem Alexanderporträt, das in seinem Profil durchaus antiken Münzbildern nahe kommt (Abb. 39) und das in seiner weichen, jugendlichen Formensprache antiken Schilderungen des Makedonenkönigs weit mehr entspricht als so manch heroisiertes Alexanderbildnis der Antike (vgl. etwa Abb. 44). Wandgemälde im Schlafzimmer des Antonio Chigi in der Villa Farnesina in Rom. Andere Gemälde dieses Raumes zeigen Alexander mit der Familie des Dareios und Alexander mit Bukephalos.*

78a

78b

wäre doch schlimm, wenn wir, die wir die Zügellosigkeit anderer strafen wollen, selbst von den Fremden dabei ertappt würden, wie wir der Zügellosigkeit frönen.» Nun weiß man selbstverständlich nie, ob diese Geschichten nicht erfunden sind, weil man sich den König eben so und nicht anders vorstellte.

Sprichwörtlich wurde jedoch vor allem der Tag von Issos. Die Schlacht war geschlagen und Dareios hatte seine Familie, seine Mutter, seine Frau, seine Schwestern und seinen kleinen Sohn schmählich zurückgelassen. Während Alexander in das goldprunkende Zelt des Achämeniden trat, plünderten seine siegestrunkenen Truppen das persische Lager, entrissen der Königsfamilie den Schmuck und kasernierten sie in einem Zelt zu Alexanders Verfügung. Die Frauen dachten, Dareios selbst sei gefallen, da Alexander Wagen und Schild des Geflohenen triumphierend ins Lager gebracht hatte. Angesichts der laut klagenden Frauen sandte der junge König einen seiner Freunde, um die Königsfamilie zu beruhigen. Dareios sei entkommen und sie selbst hätten nichts zu fürchten. Der Kampf sei ein königliches Duell um den Besitz von Asien, andere seien nicht involviert.

Um seinen Worten Nachdruck zu verleihen, machte Alexander wenig später der unglücklichen Familie an der Seite Hephaistions seine Aufwartung, fraglos, um seinen Worten auch bei seinen eigenen Leuten Nachdruck zu verleihen. Charles LeBrun hat im Auftrag Ludwigs XIV. gegen 1660 diesen dramatischen Augenblick neu gestaltet (Abb. 75). Die betagte Königin sah in der schwärzesten Stunde ihres Lebens in dem hünen-

78c

haften Hephaistion den König der Makedonen und kniete vor ihm nieder. Doch der junge König entschärfte die peinliche Situation mit einem Lächeln und den Worten: «*Auch dieser ist Alexander.*»

LeBrun gab Alexander die Züge Ludwigs XIV., und man muß nicht lange fragen, was den Sonnenkönig bewog, in Alexanders Robe zu schlüpfen.[67] Für den großen Frauenfreund war das eine Situation nach seinem Geschmack. Man sieht ihn förmlich hereintreten mit all dem Pathos, der seinen Porträts zu eigen ist, als wolle er sagen: «*Frauen fanden mich schon immer toll – und ich sie.*»

Alexander ordnete an, daß den Frauen all ihr persönlicher Schmuck zurückgegeben werde. Mit einem Wort, seine Leute mußten auf einen Teil ihrer Beute verzichten. Die gefangene Königsfamilie erhielt eine eigene Garde, um ihren Schutz und natürlich auch ihre Bewachung dauerhaft sicherzustellen. Das galt auch für Ochos, den kleinen Sohn Dareios' III., der sich so unerschrocken zeigte, daß Alexander sich beglückwünschte, daß der Vater nicht die Courage seines Sohnes habe. Die schwangere Gattin Dareios III., vielleicht seine leibliche Schwester, wurde ebenfalls mit höchstem Respekt behandelt. Um unflätigen Anspielungen vorzubeugen, wurde gar verboten, in Alexanders Gegenwart ihren Namen zu nennen. Und als sie schließlich bei der Geburt ihres Kindes starb, ging Alexander als erster im Leichenzug.

Ein Eunuch mußte Dareios die traurige Nachricht überbringen und der unglückliche Gatte konnte gar nicht glauben, daß Alexander Stateira nicht vergewaltigt haben sollte, zumal sie als schönste Frau Asiens apostrophiert wurde. Der von dieser Großzügigkeit überwältigte Achämenide soll ausgerufen haben, er hoffe, er könne Alexander seine noble Haltung vergelten. Die Geschichte entschied anders, er wurde von seinen eigenen Leuten ermordet. Es ist doch immer wieder bemerkenswert, mit welchen humanitären Selbstverständlichkeiten man Eindruck hinterlassen kann, weil offenbar jeder das Gegenteil erwartet.

Sisygambis, die alte Königinmutter, dankte es Alexander in ganz ungewöhnlicher Weise. Zwischen beiden hat sich schon früh, noch vor dem Tode Dareios' III., ein bemerkenswert gutes Verhältnis eingestellt. Vielleicht betrachtete sie den jungen Makedonen beinahe als «besseren» Sohn. Denn als persische Truppen auf dem Höhepunkt der Schlacht von Gaugamela Alexanders Lager stürmten, da verweigerte die Königin jede Befreiung und blieb eisern auf ihrem Thronsessel sitzen. War in ihren Augen ein Sieg über Alexander derart unwahrscheinlich? Nach der Ermordung des Großkönigs ermöglichte Alexander der Mutter eine ehrenvolle Bestattung des letzten Achämeniden. Erst beim Tode Alexanders ließ sie schließlich jede Hoffnung auf eine bessere Zukunft fahren und setzte angeblich ihrem Leben durch Verhungern ein Ende.

Wir wollen hier nicht das hohe Lied der Humanität anstimmen. Alexander war ein Eroberer ohne alle Skrupel. Man hat von einer Urgewalt wie bei einer Völkerwanderung gesprochen. Die Noblesse gegenüber der Familie seines Erzfeindes war naturgemäß auch eine geniale Selbstinszenierung und vor allem eine Demonstration für den unterworfenen Orient, die Alexander kaum etwas kostete. Hier ging es natürlich vor allem um die Chance, sich als Bewahrer iranischer Würde und legitimer Herrscher zu profilieren. Konsequenterweise heiratete Alexander wenige Monate vor seinem Tod auch die älteste Tochter Dareios' III., die gleichfalls Stateira hieß, während Hephaistion die jüngere Schwester Drypetis zur Frau erhielt (s. S. 79). Die Absicht war fraglos die Begründung einer orientalisch-makedonischen Dynastie. Bezeichnenderweise ließ Alexanders baktrische Gattin Roxane nach dem Tod des Königs die beiden Schwestern liquidieren und zwar mit tätiger Mithilfe des zukünftigen Reichsverwesers Perdikkas – vielleicht weil man fürchtete, die Schwestern könnten schwanger sein.

Seine chevalereske Attitüde trug dem

79

König in der Forschung den Verdacht ein, homosexuell zu sein. Verdächtig schien zudem seine an Raserei grenzende Verzweiflung beim Tode Hephaistions. Offenbar ist Rücksichtnahme gegenüber Frauen vor allem bei Homosexuellen zu erwarten. Hier geht es jedoch vor allem darum, daß ihm die unglückliche Familie völlig ausgeliefert war, ohne daß er seinen Vorteil nutzte. Dies scheint mir angesichts der endlosen Exzesse gegen Frauen, die wir gerade in kriegerischen Ereignissen unseres Jahrhunderts beobachten mußten, höchst bemerkenswert.

Dabei war Alexander weit davon entfernt, sich keine Affären zu leisten, auch wenn er fraglos nicht den Damenverschleiß seines Vaters erreichte. Berühmt wurde etwa die Geschichte der Hetäre Pankaste, offenbar eine Sklavin. Aufgrund ihrer Schönheit beauftragte Alexander seinen Hofmaler Apelles, sie nackt zu malen. Dabei verliebte sich der Künstler in sein Modell und der König war großzügig genug, sie ihm zu schenken (Plinius, *Naturalis historia* XXXV, 86, Aelian, *Varia historia* XII, 34). Maler müßte man sein! Pankaste war möglicherweise auch das Vorbild für eine berühmte Aphrodite Anadyomene des Apelles. Das Gemälde zeigte offenbar die Geburt der Göttin aus dem Schaum der Brandung, wie sie sich das Wasser aus dem Haar strich.

Daß nicht jede dieser Anekdoten über jeden Zweifel erhaben ist, zeigt hingegen die Geschichte der Thais, ebenfalls eine Hetäre aus der Entourage des Königs. Daß die Dame selbst historisch ist, wissen wir aus ihrer späteren Verbindung mit Ptolemaios I., dem sie mehrere Kinder gebar. Weniger historisch scheint jedoch die berühmte Geschichte, sie habe den angetrunkenen Alexander nach der Einnahme von Persepolis überredet, die persische Audienzhalle (Abb. 76. 77) niederzubrennen, als Fanal und Rache für den Brand der Akropolis von Athen. Bekränzt und in dionysischem Taumel habe die Festgesellschaft das Feuer gelegt.

Der Brand selbst ist historisch, das haben Ausgrabungen belegt, nicht jedoch der Hergang selbst.[68] Die Halle mit ihrem Wald aus steinernen Säulen war weit über

20 m hoch. Das Gebäude in Brand zu stecken, bedurfte präziser Vorbereitung und tatsächlich sieht es so aus, als habe man Baugerüste und anderes brennbares Material zu hohen Haufen geschichtet, um die nötige Hitze zu erzeugen. All das war fraglos nicht die spontane Aktion betrunkener Symposiasten. Das Resultat war also mit ziemlicher Sicherheit als progriechische Propagandamaßnahme gedacht und wurde von Alexander nach seiner Rückkehr aus Indien heftigst bedauert (Arrian VI, 30, 1).

Weitreichende Folgen hatte auch seine Beziehung zu Barsine, der Frau seines großen strategischen Gegenspielers Memnon, ein Rhodier in persischen Diensten, der 334 v. Chr. verstorben war. Barsine selbst war Perserin. Nach dem Sieg bei Issos geriet sie 333 v. Chr. bei Damaskus in die Hand von Parmenion, des verdientesten aller makedonischen Strategen. Dieser General, den Alexander später ermorden ließ, lenkte die Aufmerksamkeit des Königs auf Barsine. Zwischen den beiden entwickelte sich tatsächlich eine feste Beziehung, die schließlich in Baktrien 327 v. Chr. in der Geburt eines Sohnes gipfelte. Der König, den Apelles in einem Gemälde mit dem Blitz des Zeus dargestellt hatte, nannte seinen Sprößling bezeichnenderweise Herakles. Somit hatten nun Alexander und der Göttervater einen unehelichen Nachkommen namens Herakles, ein beredter Hinweis, daß der König durchaus bereit war, sich selbst als lebende Emanation des Zeus-(Ammon) zu begreifen (Abb. 39). Kurz nach der Geburt mußte Barsine jedoch einer neuen Favoritin weichen, der großen Liebe des Königs – Roxane.

Im Urteil der Makedonen war sie nach Stateira, der verstorbenen Gattin des ermordeten Perserkönigs die schönste Frau Asiens. Die Tochter des vornehmen Baktrers Oxyartes geriet auf einer eigentlich uneinnehmbaren Felsenfestung in die Hand des Königs. Anscheinend verliebte er sich sofort in die Tochter seines Feindes, und man kann sich die Verblüffung des Vaters vorstellen, als der König in ritterlicher Manier um die Hand seiner Gefangenen anhielt. Die rauschende Hochzeit hat der Maler Aetion später in einem Gemälde festgehalten, ein Thema, das auch die italienische Renaissance inspirierte (Abb. 78a–c). Eine Beschreibung des verlorenen Bildes blieb bei Lukian erhalten (Herodotos s. *Aetion* 5):

«Das Bild befindet sich in Italien und ich selbst sah es, so daß ich auch dir etwas darüber zu sagen vermag. Die Szene bildet ein prächtiges Brautgemach mit dem bräutlichen Lager und Roxane sitzt darauf, ein wunderschönes Beispiel von Jungfrau. Sie blickt zur Erde aus Scham vor Alexander, der vor ihr steht. Einige Eroten sind lächelnd dabei beschäftigt: der eine steht hinten und hebt von dem

Abb. 79 Audienzszene aus dem Schatzhaus von Persepolis. Die Szene zeigt den persischen Großkönig Dareios I. bei der Audienz. Hinter ihm steht sein Sohn Xerxes, sowie der Waffenträger des Königs und Hofbeamte. Vor ihm in demütiger Haltung der Audienzsuchende. L. 6,22 cm. Gegen 500 v. Chr.

Haupte den Schleier weg und zeigt dem Bräutigam Roxane, ein anderer aber zieht ganz dienstfertig die Sandale vom Fuße, damit sie sich nun niederlege. Wieder einer hat den Alexander beim Mantel ergriffen, ebenfalls ein Eros, und schleppt ihn, ganz kräftig anziehend, zu Roxane. Der König selbst aber reicht dem Mädchen einen Kranz. Als Begleiter und Brautführer ist auch Hephaistion mit brennender Fackel gegenwärtig. Er stützt sich auf einen in schönster Blüte stehenden Jüngling, Hymenaeos, meine ich (der Hochzeitsgott), denn der Name ist nicht dabei geschrieben. Auf der anderen Seite des Bildes scherzen andere Eroten mit den Waffen Alexanders. Zwei tragen seinen Speer, indem sie die Lastträger nachahmen, wenn sie beim Tragen eines Balkens schwer beladen sind. Zwei andere ziehen einen dritten, der sich auf den Schild gelagert hat, gewissermaßen als den König, indem sie den Schild bei den Schildfesseln gefaßt haben. Einer endlich ist in den umgestürzt daliegenden Harnisch gekrochen als läge er im Hinterhalt, um die anderen zu erschrecken, wenn sie beim Ziehen ihm nahe kommen.»

Als Alexander starb, war Roxane schwanger. Sie gebar einen Sohn, der wenigstens formal die Nachfolge seines Vaters antrat – Alexander IV. (Abb. 32; s. S. 90).

So galant sich der König Frauen gegenüber zeigen konnte, so skrupellos war er, sobald sich ihm jemand in den Weg stellte. Von Toleranz konnte dann keine Rede sein. Nichts zeigt dies schärfer als das Drama seiner Freunde Kleitos und Philotas. Sie führen uns zur dunkelsten Seite von Alexanders Charakter.

Ein königlicher Mörder

Philotas, der Sohn des Parmenion, zählte offenbar zu den Jugendfreunden des Königs und stammte aus makedonischem Hochadel. Bei Beginn des Asienzuges übertrug ihm Alexander das Kommando über die gesamte Hetairenreiterei. Doch so nah er dem König stand, Philotas gehörte zur konservativen Fraktion der makedonischen Elite, ein Kreis, der den orientalenfreundlichen Vorstellungen des Königs und seinen Tendenzen zur Selbstdeifizierung höchst skeptisch gegenüberstand. Bereits in Ägypten ließ sich Philotas anscheinend zu abfälligen Äußerungen zu Alexanders Ammonsohnschaft verleiten (Arrian III, 26, 1). Daß dies das Mißtrauen des Königs erregte, steht außer Frage, doch kam es erst zur Eskalation, als er im Jahre 330 v. Chr. Alexander eine angebliche Verschwörung verschwieg, angeblich, weil er nicht an den Ernst der Sache geglaubt habe.

Nach eingehender Beratung mit hohen Offizieren ordnete Alexander in der übernächsten Nacht die Verhaftung des Philotas an. Alexander selbst führte vor der makedonischen Heeresversammlung die Anklage. Der Beschuldigte räumte ein, die Information zurückgehalten zu haben, doch war die Beweislage außerordentlich dünn, so daß man ihm schließlich gar seine Freundschaft zu dem 336 v. Chr. von Alexander hingerichteten Kronprätendenten Amyntas vorhielt, also einen Jahre zurückliegenden Sachverhalt, der damals sein Verhältnis zu Alexander nicht getrübt haben kann. Man verwies gar auf seine Verwandtschaft mit Attalos, dem Oheim, der im gleichen Jahr so grausam zu Tode gekommenen Kleopatra (s. S. 24).

Die Heeresversammlung sprach Philotas schuldig, und er soll angeblich unter der Folter eine frühere Verschwörung gegen Alexander zugegeben haben, die von seinem Vater Parmenion ausgegangen sei. Als Motiv nannte man Alexanders Verachtung altmakedonischer Traditionen, wie sie sein Vater Philipp gepflegt habe (Curtius Rufus 6, 11, 22). Nach dem vorgeblichen Geständnis wurde Philotas hingerichtet.

Besonders perfide war danach Alexanders Vorgehen gegen den alten Vater des Philotas. Parmenion war einer der Verdientesten aller makedonischen Generäle, der sich bereits unter Philipp ausgezeichnet hatte. Er kommandierte zu dieser Zeit die Besatzungstruppen in Persien mit Sitz in Ekbatana und hatte offenbar keine Ahnung von der Tragödie seines Sohnes. Alexander sandte dem alten Mann einen fingierten Brief des Philotas und ließ einigen der Parmenion unterstellten Offiziere einen geheimen Mordbefehl zukommen. Als der General im Beisein dieser Offiziere den Brief las, stieß man ihn plötzlich ohne Warnung nieder. Er starb, ohne auch nur die Ursache seines Todes erfahren zu haben.

Ganz fraglos sah der König in den konservativen Adelskreisen seine innenpolitischen Hauptgegner, zumal so mancher dieser hochverdienten Männer selbst in der Öffentlichkeit aus ihrem Mißfallen über Alexanders Maßnahmen kein Hehl machte. Ein besonders bedrückendes Beispiel bietet hier das Ende des Kleitos im Winter 328/27 v. Chr.

Ähnlich wie Philotas war auch Kleitos ein Vertreter des makedonischen Adels und führte in der Hetairenreiterei die «Ile basilike». Am Granikos rettete er dem König das Leben, als er einem Perser, der hinter Alexander bereits zum Todesstoß ausholte, in letzter Sekunde den Arm abschlug. Dem Tod des Kleitos gingen angeblich böse Vorzeichen voraus. So träumte dem König, er habe Kleitos schwarz gekleidet als Toten neben den toten Söhnen des Parmenion sitzen sehen. Am Abend traf man sich zum Gelage. Griechen mokierten sich über makedonische Offiziere, die jüngst ein Gefecht verloren hatten. Zur Erbitterung altgedienter Makedonen sangen die Griechen Spottlieder, offenbar unter Billigung des Königs. Kleitos, fraglich schon angetrunken, interveniert und beginnt, altmakedonische Tradition und König Philipp zu preisen. Es seien eben jene Makedonen, die Alexander so groß gemacht hätten, daß er es sich jetzt leisten könne, Philipp zu verleugnen und Ammon als Vater zu propagieren (Plutarch, *Alexander* 50f.).

Der König ist wütend. «*Glaubst du, du kannst so über mich sprechen und Ärger unter den Makedonen verursachen, ohne dafür zu zahlen?*»

Doch Kleitos ist nicht mehr aufzuhalten: «Oh, wir Makedonen zahlen dafür», schreit er zurück. «*Denk nur an all den Dank, den wir für unsere Anstrengungen erhalten. Es sind die Toten, die glücklich sind, weil sie niemals sehen, wie Makedonen mit persischen Ruten geschlagen werden oder wie Makedonen bei Persern bitten müssen, um eine Audienz bei ihrem eigenen König zu erhalten.*» Der Vorwurf spielte offenbar an auf das verhaßte Audienzzeremoniell der persischen Könige (Abb. 79).

Keine Frage, die Angelegenheit eskaliert, obwohl der König anfangs noch versucht, die Sache ins Lächerliche zu ziehen, doch gießt er nur Öl ins Feuer. So fragt er die anwesenden Griechen, ob sie

***Abb. 80** Alexander im Disput mit indischen Philosophen. Miniatur eines islamischen Manuskripts. Die islamische Kultur erkannte in Alexander vor allem einen weisen Gesandten Allahs und einen Verbreiter des rechten Glaubens (Koran, 18. Sure). Mit dem historischen Alexander hatten diese Vorstellungen so gut wie nichts zu tun. Zu Alexanders engsten Freunden zählte allerdings tatsächlich ein Inder namens Kalanos, der zu den «nackten Weisen» gehörte, den Gymnosophisten, bei denen Alexander und seine Zeitgenossen Anklänge an die griechischen Kyniker sahen (Diogenes, s. Abb. 43). Schließlich kam es tatsächlich zu einem Tischgespräch mit indischen Weisen, unter ihnen auch der spätere Alexanderfreund Kalanos. The Pierpont Morgan Library, New York, Ms M.471, f.330.*

80

sich angesichts so vieler makedonischer Tiere nicht als Halbgötter fühlten?

Kleitos entgegnet, es sei wohl besser für den König, sich mit Barbaren und Sklaven zu umgeben und nicht mit freien Männern. Alexander schleudert einen Apfel nach ihm und greift nach seinem Dolch, doch hat ein Leibwächter die Waffe bereits vorher beiseite geschafft – vorsichtshalber. Gut gemeint, aber ein Fehler, denn nun vermutet der König eine Revolte. Während Alexander «auf Makedonisch» nach seinen Wachen brüllt, zerren einige Freunde Kleitos aus dem Zelt. Doch der schwer angetrunkene Mann reißt sich los, stürzt zurück zum Zelt, eine Zeile aus der Andromache des Euripides auf den Lippen: «*Seht her, was für üble Sitten in Griechenland regieren.*»

Der König hört ihn kommen, entwindet einem Gardisten den Speer und als Kleitos den Vorhang vom Eingang reißt, durchbohrt ihn Alexander mit der Lanze. Er tötet einen Mann, der ihm einst das Leben rettete. Danach bricht er in Tränen aus und will sich selbst in die Waffe stürzen, doch die Umstehenden verhindern es. Ein moralischer Tiefpunkt ist erreicht.

Man kann von Affekt sprechen, von unglücklichen Umständen, doch bleibt das Faktum, daß er mit Philotas, Parmenion oder Kleitos Wortführer traditionellen Makedonentums eliminierte. Es waren Leute, die seinem orientalisch angehauchten Gottkönigtum in höchstem Maße ablehnend gegenüberstanden. Kein Zweifel, daß er sie längst als Gegner sah.

Mit Jähzorn gepaarte Skrupellosigkeit ist der dunkelste Zug im Wesen des Königs. Wenn er sich herabgesetzt sah oder gar in Gefahr wähnte, kannte er keine Hemmungen, was sich wenig später auch bei der Pagenverschwörung zeigen sollte (s. S. 14). Ist angesichts dieser Mentalität wirklich auszuschließen, daß er zusammen mit seiner Mutter einst den Anschlag auf seinen Vater plante?

Interessant ist auch die Bemerkung des Königs zur angeblichen Unkultiviertheit seiner Makedonen. Er selbst war zweifellos an Literatur und Philosophie hoch interessiert. Schon in Athen hatte er seinerzeit Diogenes aufgesucht und mußte erleben, daß er den Kyniker nicht im mindesten interessierte (Abb. 43). Verbürgt scheint auch in Indien sein Disput mit indischen «nackten» Philosophen, den Gymnosophisten (Abb. 80).

Einer von ihnen, der Inder Kalanos, blieb schließlich nach einigem Zögern im Lager Alexanders und zählte bald zu seinen Freunden. Als der Philosoph nach Alexanders Rückkehr nach Persien erkrankte (324 v. Chr.), entschied er sich zur Selbstverbrennung, da er sich nicht von griechischen Ärzten behandeln lassen wollte. Berühmt ist seine letzte Botschaft an den König, obwohl er jetzt sterbe, werde er ihn bald in Babylon wiedersehen – ein Hinweis auf Alexanders bevorstehenden Tod in der babylonischen Metropole.

Das Umfeld Alexanders oder besser seine Tafelrunde wurde bunter und multikultureller, je länger der Feldzug dauerte. So mancher Makedone mußte das als Zurücksetzung begreifen. Tragödien wie das Ende des Kleitos haben Alexanders Verhältnis zu seinen Makedonen fraglos schwer belastet, ein Zerwürfnis, das durch seine Hinwendung zu orientalischen Gepflogenheiten immer weiter eskaliert sein dürfte.

Dem Ende entgegen

Eine neue Rasse?

Der Legende nach war es nicht die eigene Armee, die Alexander in Indien zur Umkehr zwang, sondern göttlicher Ratschluß. Halbmenschliche Vögel hätten den Eroberer auf seinem Himmelsflug beschworen (Abb. 14–17), die gottgesteckten Grenzen zu wahren. Der König kehrt um, marschiert durch die Wüsten Gedrosiens im Südiran und ist mit seiner gesamten Armee dem Verschmachten nahe, doch sie kommen durch, auch wenn die Verluste gewaltig sind, ehe sie in den urbanen Zentren Persiens Rettung finden. Die Armee ist schwer gezeichnet, doch er kommt als Sieger. Ein Feldzug mythischen Zuschnitts ist vorüber. Die Herrschaft Alexanders steht unangefochten, kein Aufstand, keine Schwierigkeiten. Der König kehrt heim, und er kommt mit der Vision von einer neuen Gesellschaft, mit der Vision einer multikulturellen Elite.

Als er vor mehr als einem Jahrzehnt im Norden Griechenlands aufbrach, war er gerade 20 Jahre alt und folgte dem Prinzip Hoffnung. Als er aus Indien zurückkehrte, war er längst sein eigener Mythos. Er herrscht über das größte Reich, das die Geschichte je gekannt hatte, doch der ewig Rastlose schmiedet schon neue Pläne. Arabien und das westliche Mittelmeer sollen seine Weltherrschaft vollenden. Er ist gerade 32 Jahre alt und sieht seine Herrschaft erst am Anfang. Und jetzt, am Ende seines kurzen, flamboyanten Lebens, da entwickelt dieser «universelle Soldat» plötzlich die Vision einer neuen Gesellschaft. Versöhnung heißt die Devise: Orient und Okzident, sie sollen verschmelzen.

Mit der für Alexander charakteristischen Konsequenz wird die neue Politik vorangetrieben. So gilt es, alle Kinder zu legalisieren, die seine Makedonen mit orientalischen Konkubinen hatten. Und um die offenbar nicht allzu begeisterten Väter zu locken, bekommt jeder Zeich-

81a.b

***Abb. 81a.b** Achämenidischer Becher makedonischen Typs aus einem Grab in Stavroupolis, einem Vorort von Thessaloniki. Das Gefäß bietet uns eine griechische Umsetzung eines orientalischen Trinkgefäßes, das der Zecher auf den ausgestreckten Fingern balancierte. Mit Frauenkopf im Inneren. Spätes 4. Jh. v. Chr. Silber. H. 6 cm. Thessaloniki, Museum Inv. 7427.*

***Abb. 82** Die im Jahre 323 v. Chr. in Babylon errichtete Pyra (Scheiterhaufen) Hephaistions war eines der größten Monumente, die in der Antike je geplant wurden (180–210 m im Geviert bei einer Höhe von ca. 65 m). Die wahrscheinlich in der Form einer Zikkurat errichtete Stufenpyramide war überreich in griechischem Stil verziert. Die Basis bildeten nach Diodor 240 vergoldete Vorderteile von Kriegsschiffen, darüber ein Stockwerk mit Fackeln, dann eine vergoldete Schlacht von Griechen gegen Kentauren, darüber gleichfalls vergoldete Jagdszenen und schließlich ein Waffenfries aus persischen und makedonischen Waffen. Den Dachrand schmückten Sirenen.*

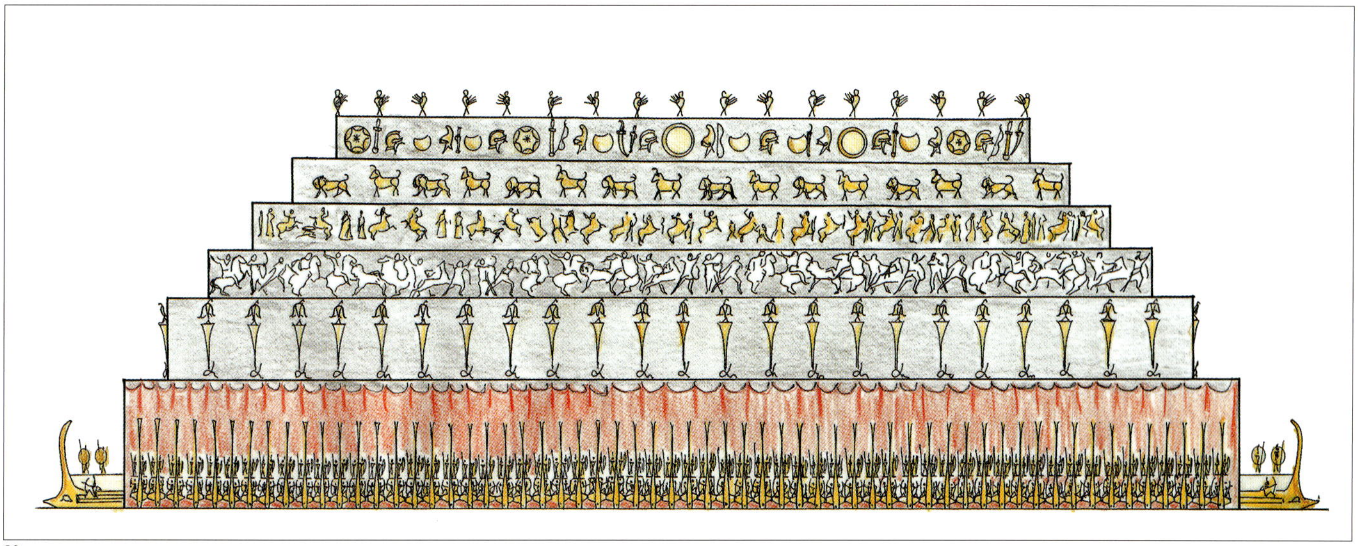

82

nungswillige eine goldene Schale. Bedenkt man, daß es gegen 10 000 dieser Verhältnisse gab, dann sollte die Zahl der aufgewerteten Sprößlinge beträchtlich gewesen sein – Kindersterblichkeit hin oder her. Sodann verheiratet der König seine Führungsoffiziere in der Massenhochzeit von Susa mit Angehörigen des orientalischen Adels: gegen 90 Ehen. Er selbst geht mit gutem Beispiel voran: Er ehelicht Stateira, die ältere Tochter des Großkönigs und sein Alter ego Hephaistion erhält die jüngere Schwester Drypetis. Der Prunk der Hochzeit ist überwältigend, doch werden nur wenige dieser Ehen den Tod ihres Initiators überleben.

Klar ist auch das Ziel: Eine multikulturelle Königsfamilie. Nachdem er bereits mit Roxane eine Baktrierin geheiratet hatte, ist es nun Stateira. Doch damit nicht genug, denn auch all seine hohen Offiziere sollen halborientalische Nachkommen zeugen. Mehr noch – der König beschließt, die Mehrzahl all jener Mannschaften, die gerade ihre unehelichen Kinder legalisiert hatten, nach Makedonien zurückzusenden. Die Ausbildung des Nachwuchses sei Chefsache. Irgendwann würde er den Vätern ihre Kinder vorstellen, um zu zeigen, was aus ihnen geworden sei. Im Klartext: Die Väter waren überflüssig. Die eigentlichen Sieger schickte er nach Hause. So absurd das auch klingen mag, wir sprechen von einer multikulturellen Führungselite, von einer erzwungenen Konvergenz zweier Kulturen. Gewaltsam und ... verführerisch.

Im Klartext: die Makedonen mußten fürchten, mit dem Heranwachsen dieser neuen Elite ins zweite Glied zu treten. Dies galt selbst für die makedonische Nobilität. Das war natürlich keine Frage weniger Jahre, doch hätte dem König eine normale Lebensspanne fraglos genügt, um unzählige Schlüsselpositionen des Riesenreiches mit seiner kosmopolitischen Elite zu besetzen. In der gesellschaftspolitischen Realität wären die Konsequenzen fraglos dramatisch gewesen, wissen wir doch aus leidvoller Erfahrung, daß kulturelle «Mischehen» häufig in beiden Lagern auf erbitterte Ablehnung stoßen. Fremdenfeindlichkeit war für die Menschheit stets ein Thema, allem kulturellen Fortschritt zum Trotz. Die neue Elite wäre gerade aufgrund ihrer absehbaren Minderakzeptanz im griechisch/makedonischen wie im orientalischen Lager umso mehr auf die Fahne des Königs verpflichtet gewesen. Lag das in seiner Absicht?

Wie sich Alexander seine neue makedonisch-persische Welt vorstellte, das zeigt schlaglichtartig eine neue Gefäßkreation, die nach seinem Tode in den Gräbern Makedoniens im späteren 4. Jh. v. Chr. außerordentlich populär werden sollte (Abb. 81a.b).[69] Es handelt sich eigentlich um achämenidische Trinkgefäße ohne Henkel und Fuß, wie wir sie bereits aus den Tagen der Assyrer kennen. Spätestens in der Diadochenzeit schuf man nun eine makedonische Variante, bei der alle Details in rein griechischem Duktus ausgestaltet wurden, auch wenn die Grundform orientalisch blieb. Es sind achämenidische Becher makedonischen Typs.

Interessant ist schließlich noch, daß diese Becher auch die Übernahme einer orientalischen Trinksitte implizieren. Da die Gefäße in der Regel nicht richtig stehen, hält man sie in der Hand und stürzt sie allenfalls, sobald sie leer sind. Im Gegensatz dazu lassen sich griechische Trinkgefäße nahezu immer bequem abstellen. Wären Alexanders Visionen Realität geworden, womöglich stünde heute eine ganze Epoche gräko-orientalischer Kunst in unseren Museen.

Der Schöpfer eines Weltreichs bot also den Besiegten die Hand, er wollte sie beteiligen, beide Völker vermischen. Selbst wenn man die Bestimmung aller Kultur im Kontakt sieht und nicht in der Isolation, so ist die Frage erlaubt, ob der König erfaßte, was er da eigentlich plante? Man denke sich nur den spanischen oder britischen Hof auf dem Höhepunkt imperialer Macht, ein Hof dominiert von Eliten, halb spanisch, halb indianisch, halb britisch, halb afrikanisch oder indisch. Visionär oder illusionär?

Auch wenn die Idee realpolitische Hintergründe hatte, ja vielleicht angesichts der geringen Zahl seiner Makedonen aus der Not geboren wurde, so ist sie ihrer Zeit doch weit voraus – bis heute. Vielleicht wäre diese Vision zum Scheitern verdammt, aber allein der Versuch wäre schon faszinierend. Ein visionäres, revolutionäres Gesellschaftsmodell, vor allem wenn man bedenkt, daß solche Ideen damals noch völlig unformuliert waren und daß selbst bei einem Aristoteles von einer multikulturellen Gesellschaft keine Rede sein konnte. Wie auch immer, der König hat seinen revolutionären Plan nur um wenige Monate überlebt. War das Zufall?

Der Scheiterhaufen Hephaistions oder die enthauptete Weltstadt

Die Vision einer multikulturellen Welt, sie steht unter einem schlechten Stern. Schon in Susa machen unheilvolle Vorzeichen die Runde. So hat man in Babylon bei einem Opfertier eine Leberschau vorgenommen – aus Furcht des Stadtkommandanten vor Hephaistion. Das Urteil war negativ und Hephaistion stirbt noch in Susa. Und als der Seher Peithagoras später das Orakel nach Alexander befragt, erhält er die gleiche Antwort.

Unmittelbar nach der Massenhochzeit von Susa, bei der gegen 90 Offiziere mit Orientalinnen verheiratet wurden, erkrankt Hephaistion, der beste Freund des Königs und genuine Nachfolger, der allerdings weidlich verhaßt war. Nach einigen Tagen geht es ihm besser, doch dann, sein unglücklicher Arzt ist gerade im Theater, wirft ihn eine Lebensmittelvergiftung zurück. Angeblich ein verdorbenes Huhn. Hephaistion stirbt und der halb wahnsinnige Alexander läßt den Arzt Glaukias kreuzigen.

Rasend vor Trauer fällt der König über ein Bergvolk her und rottet es nahezu aus. Er läßt Gefangene als «Totenopfer für Hephaistion» hinrichten, wohl in Anlehnung an das homerische Menschen opfer, das Achill, das mythische Gegenstück des Königs, einst am Grabmal des Patroklos dargebracht haben soll. Anschließend schafft man den Toten nach Babylon. Der König soll den Leichenwagen zum Teil persönlich gesteuert haben. Um den Toten zu ehren, plante Alexander offenbar ein Monument geradezu gigantischen Ausmaßes, das zwar nicht im Detail rekonstruiert werden kann, dessen Grundzüge jedoch von Diodor (XVII, 115, 1–5) in großen Zügen überliefert sind (Abb. 82. 83)[70]:

Alexander versammelte Künstler und eine ganze Armee von Arbeitern und legte die Stadtmauer auf eine Länge von 10 Stadien nieder (ca. 2 km). Dann sammelte er die gebrannten Ziegel und nivellierte das Areal, das die Pyra (Scheiterhaufen bzw. Grabmal) aufnehmen sollte. Er konstruierte es viereckig, jede Seite hatte die Länge eines Stadions. Dann unterteilte er das Areal in 30 Abteilungen und brachte mittels Dächern über Palmstämmen das ganze in eine kubische Form. Schließlich dekorierte er die äußeren Wände. An den Fundamenten (Basis) brachte man in enger Reihung die goldenen Vorderteile von Fünfruderern an (Penteren), insgesamt 240 Schiffe. Auf den Ruderkästen knieten jeweils zwei Bogenschützen, die ca. 4 Ellen hoch waren (ca. 2 m). Auf dem Laufdeck standen jeweils Krieger, die 5 Ellen hoch waren (ca. 2,5 m). Die Zwischenräume wurden mittels purpurner Filzteppiche verkleidet. Über diesen, im zweiten «Stockwerk», standen Fackeln, 15 Ellen hoch (ca. 7,5 m), mit goldenen Kränzen an ihren Henkeln. Über ihrem «brennenden» Ende schwebten Adler mit ausgebreiteten Schwingen, die nach unten sahen, während sich an den Basen (der Fackeln) Schlangen ringelten, die zu den Adlern empor sahen. Auf dem dritten Umgang (Periphoran) hatte man eine Vielzahl von wilden Tieren skulptiert, die von Jägern verfolgt wurden. Das vierte Stockwerk trug eine vergoldete Kentauromachie, während die fünfte Etage goldene Löwen und Stiere in alternierender Reihe zeigte. Das darauffolgende Stockwerk wurde von makedonischen und persischen Waffen geschmückt, die Zeugnis ablegten von der Überlegenheit der einen und der Niederlage der anderen Seite. Ganz oben standen schließlich hohl gearbeitete Sirenen, in denen sich Menschen verbergen konnten, um die Totenklage anzustimmen. Die Gesamthöhe des Baus betrug mehr als 130 Ellen (ca. 65 m).

Zwei Architekten sind für den Bau überliefert. Arrian nennt Stasikrates und Plutarch den weit berühmteren Deinokrates, auf den auch der Stadtplan von Alexandria zurückgehen soll. Man darf noch hinzufügen, daß laut Arrian (VII 14, 8) die Pyra die gigantische Summe von 10 000 Talenten verschlungen haben soll, während Justin sogar 12 000 nennt. 10 000 Talente waren angeblich auch das Lösegeld, das Dareios III. für seine bei Issos gefangene Familie zahlen wollte (s. S. 71 ff.). Die riesige Summe mußte das Umland aufbringen. Um sich die Dimensionen zu vergegenwärtigen, sei auf den monumentalen Leuchtturm von Alexandria verwiesen, der nur 2000 Talente gekostet haben soll, und dieser Leuchtturm zählte Jahrhunderte zu den Sieben Weltwundern.

Da die Länge des Baus ein Stadion betrug, also 179–213 m, haben wir hier eines der gewaltigsten Einzelgebäude vor uns, das aus antiker Zeit überliefert ist. Geht es allein um den umbauten Raum, dann wäre der Caesarenpalast in Rom weitaus kleiner. Der Vergleich bezieht sich allerdings allein auf die Abmessungen, denn Hephaistions Scheiterhaufen und Grabmonument war letztlich anscheinend nichts als ein gewaltiger, künstlicher Berg ohne nennenswerte Innenausstattung, doch war die Schale dafür umso prunkvoller. Wenn dieser Koloß für den besten Freund Alexanders errichtet wurde, was hätte der König dann für sich selbst geplant? Auf diesem Hintergrund sollte man auch seine sogenannten letzten Pläne betrachten, die angesichts ihrer Gigantomanie oft angezweifelt wurden.

In der Forschung betrachtet man den Koloß entweder als Scheiterhaufen oder als Grabmonument, an dem wohl noch bei Alexanders Tod gearbeitet wurde (Diodor XVIII, 4, 2).

Gehen wir von einem Maß von ca. 180–210 m Länge aus, dann erklären sich die 30 Abteilungen als schmale Gänge, die einschließlich der Mauern etwa 6–7 m breit waren. Nimmt man etwa das Muster der berühmten hängenden Gärten der Semiramis in Babylon, dann waren die Mauern stärker als der Durchmesser der Gänge, also etwa 4 m Wand und 3 m Gang. Nun wird auch klar, weshalb man zur Ziegelgewinnung gegen 2 km der berühmten babylonischen Stadtmauern abtragen mußte. Zudem konnte man die noch brauchbaren Ziegel des Turmes von Babel verwenden, der auf Alexanders Anordnung zeitgleich niedergelegt wurde. Der König beabsichtigte, dem Stadtgott Marduk, den die Griechen seit alters her mit Zeus gleichsetzten, ein neues Heiligtum zu errichten, schließlich handelte es sich bei Marduk/Zeus in gewisser Weise um seinen Vater Zeus/Ammon. Die gigantischen Ziegelmassen passen also bestens zu dem kolossalen Monument.

Bedenkt man nun, daß auf jeder Seite 60 Schiffsvorderteile angebracht waren, so blieb für jedes Schiff nur 3–3,5 m Platz, es handelte sich also um schmale Imitate und nicht etwa um die Bugpartien realer Schiffe.

Die entscheidende Frage ist nun, ob der 65 m hohe Aufbau als plane Fläche oder im Sinne mesopotamischer Zikkurate als Stockwerkbau mit zurückspringenden Etagen zu begreifen ist (Abb. 84). Daß die zweite Lösung vorzuziehen ist, zeigt sich allein schon angesichts der Schiffsprotome, von denen das zweite Stockwerk zwangsläufig zurückspringen mußte. Bei der dritten Etage fällt dann der ungewöhnliche Begriff «Periphoran», der so etwas wie «Rundherumtragen» suggeriert. Da erinnert man sich unwillkürlich an die berühmte Aussage Herodots (*Historien* 1,181), daß man den Turm von Babel gleichsam umschreite, wenn man ihn ersteige. Wir haben also wahrscheinlich eine griechische Zikkurat mit gewaltigen Ausmaßen vor uns, die zwar nur etwa zwei Drittel von der Höhe des Turmes von Babel erreichte, die jedoch mit ihrer Grundfläche das einstige Weltwunder mühelos in den Schatten stellte.

***Abb. 83** Der mit Bildschmuck überladene Bau des Scheiterhaufens hätte eigentlich jedes Recht gehabt, unter die Weltwunder gerechnet zu werden. Daß dies nicht geschah, könnte bedeuten, daß er niemals fertig wurde oder daß man ihn nach Alexanders Tod seines Schmucks beraubte. Skizze Verfasser.*

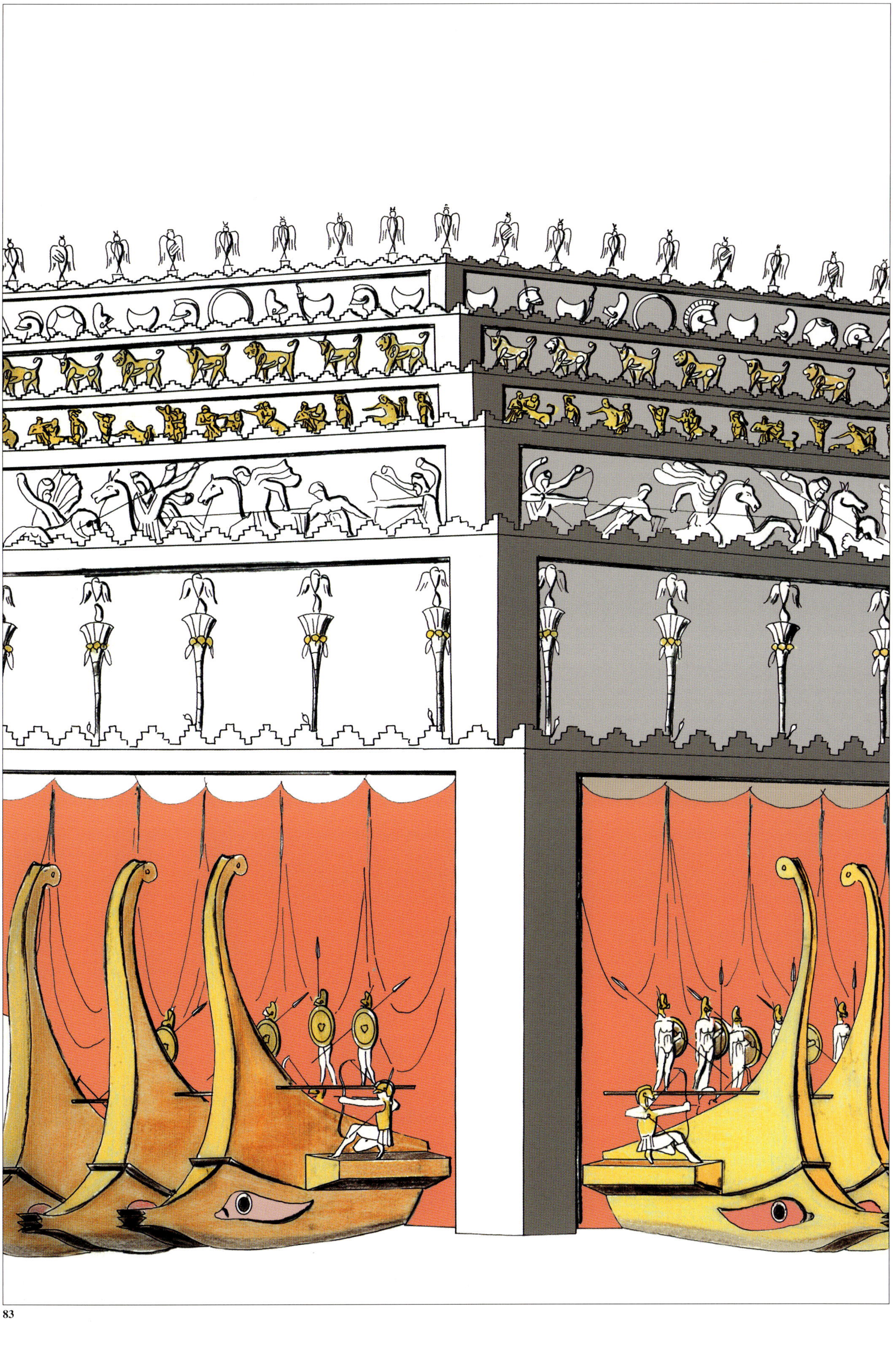

83

84

Natürlich wissen wir nicht, wie weit die Stockwerke jeweils zurücksprangen, doch darf man wohl annehmen, daß sie jeweils auf den Mauern der 30 Grundeinheiten waren und an den Stirnseiten der hohen Kompartimente nur verkleidet waren.

Ganz oben wird man dann wohl den Scheiterhaufen anzunehmen haben, über den Diodor allerdings kein Wort verliert. Auch Treppen sind nicht erwähnt, so daß wir keine Ahnung haben, ob die neue Zikkurat ganz analog zu der Zikkurat des Marduk eine große keilförmige Zentraltreppe bis ins zweite Stockwerk und dann an den anderen Seiten weiterführende Treppen besaß. Doch all dies ist nichts als Spekulation, so daß wir in unserer Skizze auf jegliche Treppen verzichtet haben.

Hochinteressant ist jedoch vor allem der Bildschmuck. Hephaistion war einer der bedeutendsten Generäle der Alexanderarmee, und dennoch trug der monströse Bau keine einzige Kampfszene. Allein die Waffen im obersten Stockwerk sind laut Diodor Zeichen für den Ruhm der makedonischen und die Niederlage der persischen Seite. Für diesen epochalen Kampf kannte die griechische Kunst nun eigentlich seit vielen Generationen einige kanonisierte Ikonographien. Da war zunächst die Amazonomachie, der Kampf zwischen Griechen und Amazonen, als Sinnbild des Kampfes von Orient und Okzident, ein Thema, das man ja auch bei Alexanders Amazonenlegenden bemühte (s. S. 42).

Und dann war da noch die Iliupersis oder die reine Historiendarstellung. Vor allem letztere war zwar selten, aber sie existierte (s. S. 57 ff.), doch fand sich nichts von all dem im Repertoire des Scheiterhaufens. Der Waffenfries war somit die dezenteste nur mögliche Art, die militärischen Erfolge Hephaistions zu verherrlichen, ohne den besiegten Orientalen allzu ostentativ ihre Niederlage vor Augen zu führen. So setzte man die Wappnung der Sieger neben die Waffen der Besiegten und jeder Betrachter wußte angesichts von Alexanders Heeresreform, daß in Zukunft die Waffen der Sieger auch die Waffen der Besiegten sein würden.

Nicht jedes Detail des Bildschmucks ist einwandfrei zu deuten. Die goldene Flotte mag eine Anspielung an das Flottenbauprogramm beinhalten, wollte doch Alexander in Babylon angeblich nicht weniger als 1000 Schiffe bauen lassen. Auch mag man an Hephaistions Hafenbauaktivitäten in Indien denken, bei denen sich der Verstorbene in herausragender Weise ausgezeichnet hatte (Arrian, *Anabasis* VI, 20, 1).

Der Fackelfries in der zweiten Etage ist wohl sepulkral zu deuten und mag auf die Feierlichkeiten anspielen. Der Adler ist zugleich das Symbol des Zeus und somit eine Anspielung auf den König selbst. Der Adler, der im Angesicht der zur

***Abb. 84** Imaginärer Blick über Babylon mit der Zikkurat Nebukadnezars, dem «Turm von Babel», vollendet gegen 570 v. Chr. Im Hintergrund die berühmten Stadtmauern, die die Griechen wie die Zikkurat zu den Weltwundern rechneten. Rekonstruktion und Modell der Firma Panasensor für eine Babylondokumentation des ZDF von Günther Klein. © (2000) Panasensor.*

***Abb. 85** Blick über Babylon nach der von Alexander initiierten Abtragung der maroden Zikkurat, die bereits auf Anordnung des Perserkönigs Xerxes (485–481 v. Chr.) unbegehbar gemacht worden war. Der Blick verdeutlicht Alexanders gewaltigen Eingriff in die Stadtlandschaft. Rekonstruktion und Modell der Firma Panasensor für eine Babylondokumentation des ZDF von Günther Klein. © (2000) Panasensor.*

85

Schlacht angetretenen Armeen Alexanders und des Inderkönigs Poros eine Schlange fallen ließ, galt später als Zeichen des Dionysos. Ob dies auch hier intendiert sein könnte?

Der Kampf der Kentauren gegen die Lapithen führt uns in die Welt des griechischen Mythos und zu den Hochzeitsfeierlichkeiten des Lapithenfürsten Peirithoos. Auch die Kentauren hatte man geladen, doch vergriffen sie sich vom Wein berauscht an den Hochzeitsgästen. Der Kampf gegen die kulturlosen Fabelwesen galt dem Griechentum als Beispiel für den Sieg griechischer Zivilisation über das Chaos. Hier könnte man eine unterschwellige Anspielung auf den Orientsieg vermuten, doch wird jede Darstellung von Orientalen vermieden. Eine interessante Parallele bietet die Kentauromachie an einem wenig später entstandenen Grabbau im makedonischen Lefkadia. Die Botschaft «Sieg der griechischen Zivilisation» ist sicherlich identisch, doch in Lefkadia feierte man den Sieg über den orientalischen Erbfeind noch zusätzlich in einem großen Fries, in dem nun explizit Perser gegen Griechen antreten. Davon kann bei der Pyra keine Rede sein.

Die Jagdszenen im darüberliegenden Stockwerk gehörten im Orient zwar zur herrscherlichen Repräsentation, doch spiegelt sich hier wohl vor allem die Jagdbegeisterung des makedonischen Adels (Abb. 31) wider.

Der Löwen- und Stierfries erinnert hingegen ganz elementar an die gewaltigen Ziegelreliefs babylonischer Architektur aus den Tagen Nebukadnezars, wie wir sie etwa am Ishtartor finden.

In das Umfeld griechischer Grabsymbolik führen schließlich die bekrönenden Sirenen mit ihren menschlichen Sängern. Zugleich sind die Sirenen vielleicht auch eine Anspielung auf die Sphärenklänge, die von den Sirenen intoniert werden.

In der eher zurückhaltenden Programmatik des Bildprogramms spiegelt sich offenbar die auf Ausgleich bedachte Politik Alexanders, der die Orientalen nicht mehr als Besiegte, sondern als wesentlichen Teil seiner Reichsbevölkerung sah. Die Pyra bietet uns somit eine psychologische Momentaufnahme dieser Tage, ganz wie wenig später auch der Bildschmuck des Leichenwagens. Dort erscheint zwar Marine und Reichsheer, doch bei der Parade und nicht im Kampf. Alexander wird zudem als orientalischer Herrscher im Kreise persischer und makedonischer Garden präsentiert und somit als König von Asien (Abb. 91. 92a. b).

Man hat die Pyra in den Kreis der Hypomnemata Alexanders verwiesen und sie als Teil der sog. «letzten Pläne» begriffen, die in der Forschung mit Mißtrauen betrachtet und höchst kontrovers diskutiert worden sind.[71] Zu diesen Maßnahmen gehörte der Plan zur Eroberung des westlichen Mittelmeeres, der Bau von 1000 Schiffen, von gewaltigen Tempeln oder die Umschiffung Afrikas. Auch die Legende von dem Vorschlag, den Berg Athos in eine gewaltige Skulptur Alexanders zu verwandeln, gehört in dieses Umfeld (Abb. 12). Was daran fabulös ist oder nicht, muß jeder für sich selbst entscheiden, sicher scheint nur, daß uns durch Alexanders Tod eine Epoche imperialer, griechisch-orientalischer Mischkunst verloren ist, von der uns Pyra und Leichenwagen (s. S. 91) wohl für immer die einzigen Reflexe bieten.

Es genügt zudem ein Blick auf die fiktive Kulisse der Stadt mit dem Mardukheiligtum (Abb. 84. 85), um zu erfassen, daß Alexander die Stadt durch die Abtragung der Zikkurat geradezu enthauptet hatte, auch wenn das sicher nicht seine Absicht war. Die Vernichtung des Stadtheiligtums mußte jedem Zeitgenossen als höchst unheilvolles Vorzeichen gelten. Aus städtebaulicher Sicht ersetzte die wohl nach Alexanders Tod unvollendete Pyra den Turm von Babel, doch sollte dieser Wechsel eigentlich nicht von Dauer sein, da Alexander beabsichtigte, die Zikkurat durch einen Neubau zu ersetzen, ein Vorhaben, das wie alle anderen Pläne von seinen Nachfolgern aufgegeben wurde.

Mordsache Alexander oder der Fluch eines Königs

Alexanders Rückkehr nach Babylon wird von unheilvollen Vorzeichen begleitet, doch schon in Indien soll er angeblich den ersten Hinweis auf sein bevorstehendes Ende erhalten haben. Man führt ihn in einen heiligen Hain und vor die weissagenden Bäume der Sonne und des Mondes (Abb. 86. 87). Alexander fragt nach seinem Schicksal, und die Bäume wissen die Antwort: Er werde fallen von der Hand eines Menschen, von dem er es am wenigsten erwartet und auch seine Mutter werde im Elend enden. Aufgewühlt fordert der König Namen, doch diesmal verweigern sich die Bäume, um zu verhindern, daß er die Zukunft antaste. Die Geschichte erfreute sich vor allem im Mittelalter großer Beliebtheit.

Die unheimlichen Worte des Kalanos oder die Orakel um den Tod Hephaistions sind also im Sinne der Legende nur Etappen auf dem Weg nach Mesopotamien. Noch dramatischer werden die Orakel dann in Babylon selbst, eine Stadt, die vielleicht auserkoren war, das Imperium zu beherrschen. In Babylon zeigt man dem König eine schauerliche Mißgeburt, die einer Skylla glich, wie sie uns bei Homer überliefert ist (Abb. 88). Wie das in der Straße von Messina hausende Monster, so besaß auch die Mißgeburt einen menschlichen Oberkörper, während der Unterleib Tierköpfen glich. Es war ein babylonischer Magier, der das Unheil erkannte: «*Gewaltigster König! Die menschliche Gestalt bist du, die Tiergestalten aber sind deine Gefährten. Wenn nun die oberen Teile lebten und sich bewegten wie unten die Tiere, so wäre das Zeichen günstig und glücklich. So wie aber auch dieses (Körperteil) aus dem Leben geschieden ist, so wird es auch dir, o König, geschehen; und so wie die Tiere unten keine Vernunft haben, sondern wild gegen die Menschen sind, so sind auch deine Gefährten wild gegen dich* (III, 30).»

Hier geht es nicht mehr allein um den Tod des Königs, hier insinuiert man ein Attentat. Die Vorderleiber geifernder Hunde umgaben das homerische Monster wie eine Schürze, und wie Hunde werden die Gefährten Alexanders übereinander herfallen, sobald die einigende Stimme des Königs verstummt ist. Nichts symbolisiert dies besser als eine Skylla.

Alexanders Rückkehr nach Babylon hat die Kunst stets fasziniert. Gemälde, Gobelins und selbst klassizistische Reliefs wurden dem Thema gewidmet (Abb. 89. 90a–c), doch zeigen sie wenig von der unheilvollen Atmosphäre, die der Alexanderroman zeichnet. Schon vor dem Einzug und dann in der Stadt selbst häufen sich warnende Orakel. Raben verkünden Unheil, die babylonischen Astrologen raten dem Heer, von Westen in die Stadt zu ziehen, was aus topographischen Gründen unmöglich ist. Dem König wird auf einer Schiffspartie das Diadem vom Kopf geweht, ein Irrer setzt sich auf seinen Thron, ja man rät ihm, sich am Besten gar nicht in Babylon aufzuhalten. Glaubt man Plutarch (*Alexander* 73), so verfehlten diese Prophezeiungen schließlich selbst bei dem glücksverwöhnten König ihre Wirkung nicht. Wenn irgend möglich quartiert er sich außerhalb Babylons ein oder übernachtet zumindest auf einem Schiff.

86

87

Abb. 86 Darstellung des Orakels an den Bäumen der Sonne und des Mondes in Indien. Miniatur aus der Handschrift Abb. 5. Der Legende nach befragte Alexander in einem Hain zwei heilige Bäume nach seinem Schicksal. Die Bäume weissagten seine Ermordung. Er werde fallen von der Hand eines Menschen, von dem er es am wenigsten erwarte. Als sich der erregte König nach dem Namen des Attentäters erkundigte, verweigerten sich die Orakelbäume, damit Alexander den Lauf der Geschichte nicht verändere. Die Episode stammt aus der romanhaften Alexandertradition der Antike. Berlin, Kupferstichkabinett, Ms 78 C 1.

Abb. 87 Seitenteil eines byzantinischen Elfenbeinkästchens mit mehreren Szenen aus der Alexanderlegende. Auch wenn die Ikonographie nicht eindeutig ist, so glaubt man doch folgende Szenen zu erkennen: Alexander, fälschlich zu Pferd, erfährt bei den Bäumen der Sonne und des Mondes sein Schicksal (s. Abb. 86). Alexander in der Höhle der Götter vor dem Pharao Sesonchosis (s. S. 16) und Alexander auf dem Totenbett in Babylon mit seiner Gattin Roxane, die ihn einer Legende nach in Babylon sogar am Selbstmord hinderte, als er die Aussichtslosigkeit seiner Krankheit erkannte (Arrian, Anabasis 7, 27, 3). Darmstadt, Hessisches Landesmuseum Kg 54:215 c.

88

Abb. 88 Medaillon einer Skylla. Das Seemonster mit dem Oberkörper einer Frau, Fischschwänzen und einer «Schürze» von Hundeprotomen hauste in der Straße von Messina und war ein Schrecken der Seefahrt. Die Geburt eines vergleichbaren Monsters in Babylon gehört im Alexanderroman zu den Vorzeichen, die Alexanders nahen Tod verkünden. Das Medaillon schmückte das Innere einer Silberschale. Aus einem großgriechischen Silberschatz wohl des 2. Jhs. v. Chr. Silber. Dm. 10,5 cm. New York, Metropolitan Museum of Art Inv.

Doch ungeachtet aller Warnungen, der König ist so aktiv wie immer. Eine riesige Flotte wird gebaut, gewaltige Bauvorhaben ins Leben gerufen und die Eroberung der restlichen Welt geplant. Arabien steht auf der Agenda und später Karthago. Kein Wunder, daß Gesandtschaften aus aller Herren Länder eintreffen – angeblich erschienen sogar die Römer, was die römische Historiographie später aus Nationalstolz natürlich bestreiten wird (Livius 9,17–19; Arrian VII, 15, 5–6).

Die Skythen der nördlichen Schwarzmeerküsten, die gerade noch vor Olbia ein makedonisches Interventionsheer vernichtet haben, tragen Alexander gar ein Oberkönigtum an.[72] Glaubt man den Quellen, dann erschien die Skythenge-

89

sandtschaft in Babylon zusammen mit Abgesandten aus aller Herren Länder, ein Beleg, daß man den König als mächtigsten Mann der Welt begriff. Jede Gesandtschaft überreichte Geschenke, die für ihre jeweilige Heimat typisch waren.

Die Skythen der nordpontischen Steppen hatten gegen 500 v. Chr. selbst einen großen Sieg über Dareios den Großen errungen und ein Jahrhundert früher Vorderasien vom Iran bis an die Grenzen Ägyptens terrorisiert. Es ist also durchaus denkbar, daß sie der Asiensieger Alexander an ihre eigene «Frühgeschichte» erinnerte. Faszinierend ist nun, daß just im ausgehenden 4. Jh. v. Chr. in skythischen Gräbern goldene Schwertscheiden auftreten, die nicht etwa Szenen des skythischen Lebens zeigen, sondern einen Kampf zwischen Persern und Griechen (Abb. 91. 92a.b). Der goldene Perserkampf liegt auf nicht weniger als drei modellgleichen Prunkwaffen vor. Bedenkt man, daß sich auf Goldarbeiten für skythischen Bedarf früher nahezu ausschließlich Skythen fanden, so ist die Koinzidenz nur umso auffallender.

Unser Perserkampf ist ganz im Stile der Voralexanderzeit gehalten: Die Griechen kämpfen zu Fuß und teilweise noch in heroischer Nacktheit. Von einer Reiterschlacht im Sinne von Issos oder Gaugamela keine Spur. Doch im Zentrum der Kampfszene ficht ein nackter Grieche siegreich gegen einen Orientalen und einen persischen Reiter, dessen Pferd gerade unter ihm zusammenbricht, ein Motiv, das unwillkürlich an den Alexandersarkophag erinnert (Abb. 66). Im Haar des nackten Kämpen erkennen wir nun eine Binde und zwar erscheint das Detail auf allen drei Repliken unseres Schwertscheidentypus. Angesichts der Zeitgeschichte und des Bildthemas liegt es nahe, hier an Alexander mit dem Königsdiadem zu denken. Daß die einzelnen Figuren einem älteren Repertoire entstammen, steht außer Frage, doch scheint man den zentralen Kämpfer als Alexander umgedeutet zu haben.

Nach seinem Einmarsch in Babylon entfaltete der König also eine fieberhafte Aktivität auf diplomatischem Parkett. Daneben sind auch allerlei Gigantomanien überliefert, die man glauben kann oder nicht. So wollte der König angeblich über dem Grab seines Vaters eine Pyramide errichten – im Format der Pyramiden von Giseh. Das an der nördlichen Schwarzmeerküste arbeitende Atelier besaß eine beachtenswerte Kenntnis orientalischer Tracht und Bewaffnung, selbst persische Reitdecken bildete man korrekt ab. In diesen Rahmen gehört auch die bereits erwähnte Idee, den Berg Athos in ein Porträt des Königs umzuformen (Abb. 12; s. S. 13).

Doch reformiert werden sollte vor allem die Armee. Nicht weniger als 30 000 Orientalen sind bereits in makedonischer Weise ausgebildet (Plutarch, *Alexander* 71) und sollen nun in das Heer übernommen werden. Jeder Makedone soll dabei als Kern einer Dreimanngruppe fungieren – gelingt das Experiment, so würde man das Heer binnen Kürze nicht mehr wiedererkennen. Doch der innere Widerstand ist beträchtlich, und bei Opis kommt es zur offenen Meuterei. Der König droht, alle Makedonen nach Hause zu senden und die Kommandostellen mit Orientalen zu besetzen. Ein erstaunliches Selbstbewußtsein. War er so sicher, daß der Orient einen Eroberer ohne Machtbasis als Alleinherrscher akzeptieren würde? Natürlich weiß man, daß es selbst unter persischen Satrapen eine gewisse Alexanderimitatio gab. Man versuchte so zu reden, sich so zu kleiden wie er und imitierte sogar seine Kopfhaltung. Doch wird man ihm ohne makedonische Drohkulisse folgen?

Alexander und das Heer, sie versöhnen sich, doch war der Graben fraglos tief. Der Hintergrund liegt klar auf der Hand: Die Makedonen fühlten sich zurückgesetzt, sollten Seite an Seite mit den Besiegten kämpfen, Orientalen als gleichwertig akzeptieren. Vergleichbares wurde in der Militär- wie Gesellschaftsgeschichte wohl nie wieder versucht.

Waren in diesen Tagen höchster Anspannung tatsächlich all jene Prophezeiungen bekannt, von denen unsere Quellen berichten? Falls ja, dann wäre das Ende des Königs wohl das einzige Großereignis der Weltgeschichte, das gleichsam angekündigt worden wäre. Angesichts einer solchen Massierung zielgerichteter «Einsichten» ist wohl die These erlaubt, daß die überwiegende Zahl ex eventu sein dürfte. Die Frage ist jedoch, wer wäre später interessiert gewesen, eine gleichsam göttliche Drohkulisse aufzubauen? Antwort: Eventuelle Täter, die ihr Wirken unter einem Deckmantel göttlichen Ratschlusses verbergen wollten. Vergegenwärtigt man sich die Grundstimmung im Alexanderheer, so muß die nächste Frage unbedingt lauten: Könnte es Mord gewesen sein?

Doch was hat sich eigentlich abgespielt, zumindest aufgrund offizieller Quellen? Natürlich auf keinen Fall ein Mord, denn nahezu jeder antike Autor beruft sich auf die Ephemeriden, also auf die offiziellen Verlautbarungen des Hofes, die von Plutarch zum Teil wörtlich zitiert werden (*Alexander* 76 f.). Daneben kursierte jedoch eine Fülle von Gerüch-

Abb. 89 Alexanders Einzug in Babylon. Gobelin nach einem Entwurf von Charles LeBrun und Louise Testelin 1664. Die Rückkehr Alexanders nach Babylon im Jahre 323 v. Chr. ist von Legenden umrankt und wurde von unheilvollen Vorzeichen begleitet. Eine Beschreibung des Einzugs selbst ist uns nicht erhalten. Umso origineller ist die Idee aus der Zeit Ludwigs XIV., Alexander als Indiensieger auf einem Elefantengespann einziehen zu lassen, ein Motiv, das später auch Francesco Fontebasso inspirierte (Abb. 102). Die Architekturmotive des Hintergrunds passen allerdings so gar nicht zu unserem heutigen Bild babylonischer Architektur (Abb. 82. 83). Paris, Mobilier National.

Abb. 90a–c Alexander-Fries von Thorvaldsen (1812). Der einst über 30 m lange Fries zeigt Alexanders Einzug in Babylon, doch war der eigentliche Anlaß Napoleons «Befreiung» von Rom. Der große Korse erscheint hier als Alexanderverehrer, der sich im Sieg des Makedonen spiegelt. Ein weiterer Gipsabguß dieses Frieses wurde einst im Auftrag von Napoleons Stiefsohn Eugen Beauharnais, Herzog von Leuchtenberg, im später zerstörten Leuchtenberg-Palais in München angebracht; a) zeigt den Einmarsch des Heeres in Babylon. Das Pferd ist ganz wie bei antiken Darstellungen makedonischer Reiter (Abb. 62) bereits mit einem Raubtierfell gesattelt; b. c) Entwürfe weiterer Gruppen, die später nicht in den Fries übernommen wurden. Es zeigt sich, daß der Entwurf von einem weitaus größeren Friesprogramm ausging. Kopenhagen, Thorvaldsen-Museum, Inv. Nr. A 513, A 512, A 508.

90a

90b

90c

91

ten, doch dazu später. Bleiben wir vorerst bei den Fakten.

Wir haben Mai 323 v. Chr. Man hebt die Landestrauer für Hephaistion auf, löscht jedoch die heiligen Feuer der Perser und reißt einen Teil der babylonischen Stadtmauern nieder, die selbst den Rang eines Weltwunders hatten. Psychologisch sicherlich ein Fehler, galt das Verlöschen der Feuer im Orient doch als Zeichen für den Tod eines Königs – und Alexander stirbt tatsächlich.

Am 29. Mai 323 v. Chr. lädt Medios, ein thessalischer Freund Alexanders zum Symposion, es ist der 17. Daisos makedonischer Zeitrechnung (Abb. 93).[73] Die gesamte Elite ist anwesend. Man feiert beinahe eineinhalb Tage. Als der König aus einem etwa 6 l (!) fassenden Gefäß trinkt, angeblich einem «Herakles», schreit er plötzlich auf und muß hinausgeführt werden. In der folgenden Nacht fühlt sich der König fiebrig. Alle Ärzte werden zusammengerufen. Tags darauf schläft er im Bad, nachdem wieder Fieberanfälle auftreten. Am folgenden Tag geht es etwas besser, er badet, ißt mit Appetit und macht mit Medios ein Würfelspiel. Die Strategen erhalten die Anweisung, sich mit dem Heer zum Abmarsch nach Arabien bereitzuhalten. Die Flotte sollte einen Tag später euphratabwärts auslaufen. Die nächste Eroberung stand bevor. Der König fiebert wieder die ganze Nacht, doch unterhält er sich tags darauf mit seinem Admiral Nearchos über die geplante Marineoperation. Die nächsten Tage sehen steigendes Fieber, und es steht schlimm. Alexander läßt sich in den Park und anschließend in den Palast führen. Zum darauffolgenden Opfer muß er getragen werden, doch bespricht er die Besetzung vakanter Offiziersstellen. Die Offizierskader erhalten den Befehl, über Nacht im Palasthof zu warten.

Als sie tags darauf eintreten, kann er bereits nicht mehr sprechen. Peukestas und Seleukos, der spätere Begründer der seleukidischen Großmacht, eilen zum Tempel des «Sarapis» um anzufragen, ob man den König bringen solle. Der Gott antwortete, man soll ihn lassen, wo er sei, dann werde es bald besser gehen. Unterdessen verbreitet sich in der Armee das Gerücht, man verheimliche den Tod des Königs. Die Soldaten erzwingen den Eintritt und ziehen Mann für Mann an seinem Totenbett vorüber. Der König grüßt sie mit einem Blick, mit einem matten Heben der Hand. Ein Abschied für immer.

Alexander stirbt am 15. Tag seiner Erkrankung – wir schreiben den 10. Juni 323 v. Chr., den 28. Daisos makedonischen Kalenders. Selbst der Tod schien zu zögern, sein Recht auf den Leichnam geltend zu machen, und so habe der Tote tagelang ohne Anzeichen von Verwesung im Palast gelegen – in Mesopotamien im Juni! Das könnte bedeuten, daß der König in eine Art Koma fiel und dann regelrecht verschmachtete. Offenbar war man so irritiert, daß sich anfangs sogar die Balsamierer weigerten, ihrer Aufgabe nachzukommen.

Als moderne Diagnosen wurden Lungenentzündung, Malaria oder Pankreatitis angeboten[74], doch hören wir im Heer von keiner Seuche. Nicht ein einziger der Führungselite stirbt. Konsequenterweise kursierten umgehend allerlei Verschwörungstheorien. Antipater, der alte Kommandant der makedonischen Heimatarmee und langjähriger Intimfeind von Alexanders Mutter Olympias habe Gift nach Babylon gesandt, weil er seine Absetzung fürchtete. Selbst Aristoteles sei eingeweiht gewesen, dessen Verhältnis zu Alexander dramatisch abgekühlt war, seit der König fußfällige Verehrung forderte und in größerem Umfang Orientalen in

***Abb. 91** Goldene Schwertscheide mit einer Perserschlacht, gefertigt von einem griechischen Künstler für einen skythischen Fürsten in den Steppen der Südukraine. Der in heroischer Nacktheit kämpfende Grieche im Bildzentrum ringt gleich zwei Gegner nieder, einen Fußkämpfer und einen persischen Reiter. Da der Heros eine diademartige Binde im Haar trägt, ist denkbar, daß man hier das Thema «Perserschlacht» im Sinne einer «Alexanderschlacht» interpretierte. Die Skythen, die im 6. Jh. v. Chr. selbst einen großen Sieg gegen ein persisches Invasionsheer gefeiert hatten, akzeptierten Alexander 323 v. Chr in Babylon als Oberherren. Die «Alexanderschlacht» der Schwertscheide liegt uns aus Skythengräbern in drei modelgleichen Repliken vor. Das kurze, dolchartige Schwert der Skythen entspricht dem persischen «Akinakes». Wohl spätes 4. Jh. v. Chr. L. 54,5 cm. Aus dem Cajankurgan. New York, Metropolitan Museum of Art. Rogers Fund, 1930, Inv. 30.11.12.*

***Abb. 92a.b** Detail der Schwertscheide mit dem mutmaßlichen «Alexander» (Abb. 89). Wenn es sich wirklich um den Makedonenkönig handelt, dann zeigt die Komposition, daß der Künstler auf die Darstellung einer Reiterschlacht nicht vorbereitet war oder vom tatsächlichen Ablauf der Schlachten keine Kenntnis hatte.*

seinen Kreis aufnahm. Der Antipatersohn Kassander habe das Gift nach Babylon gebracht, in Wahrheit das eisige Wasser des Unterweltflusses Styx, der angeblich in Arkadien an die Oberfläche trat. Man mußte es in einem Eselshuf transportieren, da die Flüssigkeit jedes andere Behältnis zerstört hätte. Kassander haßte den König, vor allem da Alexander ihn in Babylon gegen eine Wand geschleudert hatte, als sich der Makedone über die Proskynese von Orientalen mokierte. Noch Jahre später war seine Furcht vor dem Toten angeblich derart groß, daß er beim Anblick einer Alexanderstatue erschrak. Verabreicher des Giftes sei dann Iolaos gewesen, Kassanders jüngerer Bruder, der bei Alexander als Mundschenk diente.

Eine weit spektakulärere These vertritt der Alexanderroman. Nur eine kleine Gruppe um Perdikkas und Ptolemaios sowie der berühmte Arzt Philippos seien unbeteiligt gewesen, während sich viele andere gegen Alexander verschworen hatten. Der Roman geht von einem Massenkomplott und nicht von Einzeltätern aus, beinahe eine Analogie zur Ermordung Caesars. Der Roman ist natürlich alles andere als eine verläßliche Quelle, doch ist die Tendenz fraglos interessant.

In diesen letzten Tagen ging es nicht nur um Macht, hier standen Weltanschauungen zur Disposition. Das Griechentum hatte gegen die Perser gefochten, über anderthalb Jahrhunderte hinweg. Doch jetzt, im Augenblick des totalen Triumphs, da sollte man ein Machtgleichgewicht und gar eine multiethnische Elite akzeptieren? Die Sieger zu Hause als Bauern, steuerfrei und die Weltmacht zumindest teilweise in den Händen der Besiegten? Und auch die hochrangigen Offiziere in Alexanders Umgebung konnten sich an fünf Fingern abzählen, daß sie letztlich stets durch Orientalen ersetzbar waren, das hatte die Meuterei von Opis nur allzu deutlich gemacht. Und je fester Alexander im Sattel saß, desto mehr würde die Zeit für ihn arbeiten und für den Orient.

Und daß später niemand offen von Mord sprach, wen wundert es? Eine Morduntersuchung hätte nur gestört, und es gab ohnehin Probleme genug. Zudem sollte man nicht vergessen, daß keine Gerichtsmedizin existierte. Über Gerüchte und Verdächtigungen war kaum hinauszukommen. Zudem waren es gerade die mutmaßlichen Täter, die die öffentliche Meinung kontrollierten und so war an eine Untersuchung nicht zu denken. Der König war tot, und es gab eine Welt zu verteilen und man verteilte sie. Es kann jedoch nicht erstaunen, daß auch die moderne Forschung Mord erwog, wenn auch als Mindermeinung.[75]

Mit Blick auf die Theorie des Alexanderromans ist nun bemerkenswert, daß sich so gut wie alle Adeligen auf der einen und das makedonische Fußvolk, sprich die Phalanx, auf der anderen Seite wiederfanden. Nicht daß man sich gegenseitig des Mordes verdächtigte, nein, es ging um Grundsätzlicheres, denn Roxane war schwanger und man hoffte natürlich auf einen Sohn des toten Königs, zumindest der Adel.

Den Phalangiten war jedoch offensichtlich allein schon der Gedanke an einen halbmakedonischen Bastard ein Greuel, und so favorisierten sie allen Ernstes als Nachfolger einen kranken Halbbruder des Königs. Dieser Arrhidaios hatte seinerzeit die brutale Säuberungsaktion Alexanders aus dem Jahr 336 v. Chr. nur deshalb überlebt, weil er nicht ganz zurechnungsfähig war. Unter normalen Umständen wäre der Mann niemals als Kronprätendent in Frage gekommen. Er hatte offenbar den gesamten Feldzug mitgemacht und wohl priesterliche Funktionen wahrgenommen (Curtius Rufus 10,7,2).[76] Der Mann war zwar der Sohn einer Thessalierin und kein «Vollmakedone», jedoch wenigstens gut griechisch. Um den programmatischen Charakter seiner Proklamation zu unterstreichen, mußte er seinen Namen in Philipp Arrhidaios ändern – es handelt sich wahrscheinlich um den Grabherrn unseres «Philippgrabes» (s. S. 24 ff.).

Man halte sich vor Augen, daß man den Mann selbst dann nicht fallen ließ, als Roxane einem Sohn das Leben schenkte. Zwar ein Sohn des großen Alexander, aber eben das Kind einer Orientalin. Nicht satisfaktionsfähig in den Augen der Traditionalisten. Soviel zum Rückhalt von Alexanders multikultureller Vision.

Doch auch der kleine Sohn hatte seine

92a

92b

Lobby – den makedonischen Hochadel, der sich zusammen mit der Hetairenreiterei hinter Roxane und das Baby stellte. Nur ganz wenige der bedeutenderen Truppenkommandeure wechselten ins Lager des Fußvolks, wie etwa Meleager, der jedoch bereits zu Lebzeiten Schwierigkeiten mit Alexander gehabt hatte. Die Wahl des Babykönigs war jedoch keineswegs uneigennützig, würde der kleine Titularkönig doch über Jahre hinweg unter Vormundschaft stehen. Als der junge Mann volljährig wurde – im Jahre 312 v. Chr. – da liquidierte ihn der Alexanderhasser Kassandros.

Friedlich war der babylonische Konflikt nicht zu lösen und so spaltete sich das Heer. Während der Leichnam des Königs im Palast lag, kämpfte man im Königsviertel um die Nachfolge. Schließlich schnitt die Reiterei die Fußtruppen in Babylon ab, so daß in der Weltstadt eine Hungersnot ausbrach, ehe man sich schließlich im Jahre 322 v. Chr. einigte. Beide Könige sollten unter der Vormundschaft des Perdikkas regieren. Kavallerie und Fußvolk wurden entsühnt, doch nutzte der Hochadel die Gelegenheit, um den erwähnten Meleager im Angesicht der berühmten Phalanx von Elefanten zertrampeln zu lassen. Die Infanterie wagte keinen Widerstand, ein deutliches Indiz, wie überlegen die berühmte Alexanderreiterei im Ernstfall gewesen wäre. Aus dem Kreis des siegreichen Adels rekrutierten sich in den Folgejahren all jene Königsgeschlechter, die die Geschicke des östlichen Mittelmeers und Vorderasiens für die nächsten Jahrhunderte prägen sollten.

Dieser welthistorisch so dramatische Augenblick spiegelt sich in seiner psychohistorischen Stimmung in höchst eindrucksvoller Weise in dem berühmten Leichenwagen Alexanders. An der goldenen Konstruktion hatte man wohl nicht zuletzt angesichts des Bürgerkriegs zwei Jahre gearbeitet (Abb. 94). Und wie sollte der vergöttlichte Eroberer seine letzte Reise antreten? In einem orientalischen Wagen.

Orientalisch war nicht nur der Wagentypus selbst, sondern auch Details wie die genagelten Räder oder das Attikagebälk mit den Fabelwesen (s. S. 61 Abb. 69). Die Attika verdeckte ein reich geschmücktes Gewölbe, in dem Edelsteine als Sterne angebracht waren. Wir dürfen wohl auf ein Tonnengewölbe schließen. Der Dachaufbau mit seiner möbelartigen Konstruktion ist bereits bei achämenidischen Königsgräbern zu beobachten, doch schmückten ihn bei dem Wagen wohl keine Thronträgerfiguren, sondern die bei Diodor erwähnten Tragelaphen. Allein die ionischen Pflanzensäulen verraten griechischen Einfluß. Der von Ägyptern und Babyloniern einbalsamierte König lag in einem goldenen Sarg, dessen Form wohl der Mumiengestalt ägyptischer Sarkophage nachempfunden war. Spannend ist vor allem die Themenwahl der vier Gemälde hinter den Säulen. Sie waren Alexander und seinen Streitkräften gewidmet.

So finden wir selbstverständlich die Kavallerie, während das aufständische Fußvolk überhaupt nicht dargestellt wurde. Stattdessen firmierten multikulturell geprägte Kontingente wie die Flotte, deren Mannschaften mit Sicherheit zu großen Teilen aus Phönizien kamen. Weit bizarrer waren dann die Kriegselefanten, die neben ihren indischen Lenkern makedonische Kämpfer trugen.

Das vierte Bild zeigt dann Alexander selbst und zwar als persischen Großkönig

***Abb. 93** Alexander erhält beim Gastmahl des Medios von seinem knienden Mundschenken Iolaos vergifteten Wein (Juni 323 v. Chr. in Babylon). Auch diese Miniatur stammt aus der Handschrift Abb. 5 und führt uns wieder in die Welt des christlichen Mittelalters. Das Szenario wirkt beinahe wie ein Abendmahl und nicht wie ein makedonisches Gelage, bei dem man sich nur allzu oft bis zur Besinnungslosigkeit betrank. Die Mordtheorie wurde bereits in der Antike heiß diskutiert und in der Regel von den antiken Historikern abgelehnt, ohne daß man für pro oder contra irgendwelche Beweise anführen konnte. Die romanhafte Tradition nennt sogar die Namen der Mörder und das Gift – das eisige Wasser des Unterweltflusses Styx.*

***Abb. 94** Der goldene Leichenwagen Alexanders des Großen ist uns in einer Beschreibung Diodors erhalten. In dem vergoldeten, 4 x 6 m großen Wagen mit einer innovativen Federung wurde die Mumie des Königs in einem goldenen Sarkophag von Babylon nach Ägypten transportiert. Zeichnung U. Denis nach einem Entwurf von M. Pfrommer. © M. Pfrommer.*

93

94

mit Zepter. Er thront in einem prachtvollen Wagen. Begleitet wird er nach persischer Sitte von seinen Waffenträgern und geschützt von einer ethnisch zweigeteilten Garde – Makedonen vorneweg und Orientalen dahinter. Es handelte sich um persische Melophoroi, «Apfelträger», benannt nach ihren Lanzen, die am unteren Ende eine kleine Kugel trugen. Das entsprach zwar nicht mehr Alexanders Heeresreform, doch war man merklich bemüht, die Orientalen an herausragender Stelle einzubeziehen. Keine Frage, in dieser prekären Situation wollte man Konflikte mit der eroberten Welt nach Kräften vermeiden. Und so zeigte man den König in beinahe kosmopolitischer Manier, auch wenn von seinen Gesellschaftsreformen keine Rede mehr war.

Auch die Vision einer einheitlichen Reichsarmee hielt nicht lange.

Gegenüber der monumentalen Pyra Hephaistions (Abb. 82. 83) erscheint der in der Antike so hochberühmte Leichenwagen geradezu als Miniatur, als Abschied von der Gigantomanie, die sich in den letzten Tagen Alexanders herauskristallisierte. Plötzlich war der König tot, ein Gigant gefallen und nun betritt eine Riege politischer Newcomer die Bühne der Weltgeschichte, die erst noch beweisen müssen, daß sie Riesen sind – und einige werden es sein.

Nahezu am Sterbebett des Königs begann der Zerfall seines Reiches und der Zusammenbruch seines Hauses. Auf die Frage, wem er sein Reich hinterlasse, habe er den Siegelring gehoben und geantwortet – dem Besten. Diese Worte oder besser, diese Herausforderung sind wohl der vernichtendste Fluch, den ein Sterbender je ausgesprochen hat. Er charakterisierte die Zukunft: Alexanders Strategen und Freunde sind ihm gefolgt. Sie versuchten vierzig lange Jahre, auf dem Schlachtfeld den Besten zu ermitteln, den wahren Nachfolger. Vergeblich. Nur einer aus dieser so grandiosen und doch so verfluchten Generation starb friedlich im Kreise seiner Freunde: Ptolemaios I., der sich bei der Reichsteilung von Babylon Ägypten gesichert hatte, zusammen mit dem Leichnam des Königs.

Die multikulturelle Elite, diese letzte Vision eines flamboyanten Lebens trug man nur allzu bald zu Grabe – in einem Sarg aus Gold.

Der tote Gott

Der Gott im Elefantenskalp

Der König hatte testamentarisch verfügt, in Ägypten bestattet zu werden. Dafür spricht auch die Einbalsamierung, eine gänzlich unmakedonische Sitte. Eine Prophezeiung besagte, daß das Grab für jede Stadt Glück und Segen bringen werde (Aelian, *Studia varia* XII, 64). Es kann deshalb nicht erstaunen, daß man forderte, den König in seiner makedonischen Heimat zu bestatten. Doch anscheinend war der Wille des Toten stärker, und so setzte sich nach zweijähriger Bauzeit des Wagens die Karawane mit der Mumie in Bewegung. Wir schreiben bereits das Jahr 321 v. Chr. Gezogen wurde die goldene Karosse von 32 Maultieren. «*Jedes von ihnen war mit einem goldenen Kranz geschmückt, und an jeder Kinnbacke hing ein goldenes Glöckchen. Um den Hals hatten sie ein Geschirr, das mit Edelsteinen besetzt war*» (Diodor XVIII 26, 26).

Unterdessen war das Riesenreich längst verteilt. In Makedonien saß Antipater mit seinem Sohn Kassander, denen die Legende das Komplott gegen Alexander anlastete. Ptolemaios hatte Ägypten übernommen und zog nun der Totenkarawane entgegen. Im Großraum Damaskus kam es jedoch zu Schwierigkeiten. Offenbar favorisierte man erneut die makedonische Option. Doch anscheinend hatte der stets umsichtige Ptolemäer die Situation richtig eingeschätzt und einen hollywoodreifen Trick in petto. Da er keine Gewalt anwenden wollte, hielt er angeblich eine Kopie des Leichnams und des Sarkophags bereit. Der Austausch gelang im Dunkel der Nacht und als die Begleitkontingente den Coup bemerkten, waren die Leichendiebe über alle Berge. Wahr oder erfunden?

Der tote König stieg im ptolemäischen Ägypten schnell zum Staatsgott auf, zumindest unter dem ersten Ptolemäer (323–283/82 v. Chr.). Ptolemaios I. prägt am Anfang seiner Regierungszeit, vor allem in einer Phase, in der er noch nicht den Königstitel führt, mit dem Porträt des vergöttlichten Alexander (Abb. 95). Es ist letztlich die gleiche Münzideologie, die sich auch auf den Alexander/Ammonmünzen des Lysimachos manifestiert (Abb. 39), doch ging die Münzpropaganda Ptolemaios' I. noch einen beträchtlichen Schritt weiter. Seine Münzschneider schufen ein ideologisches Porträt, in dem Alexander als Indieneroberer mit einer Elefantenexuvie erscheint, die er wie Herakles sein Löwenfell auf dem Kopf trägt (Abb. 95).

Es handelt sich um die miniaturisierte Kopfhaut eines indischen Kriegselefanten. Wie an anderer Stelle darzulegen war, handelt es sich hier um eine Verschmelzung Alexanders mit mehreren Gottheiten.[77] Über den Ohren des Königs erkennen wir kleine Widderhörner, die den König als Sohn des Zeus/Ammon ausweisen. Auch die geschuppte Ägis des Göttervaters, die er wie einen Mantel um

***Abb. 95** Tetradrachme Ptolemaios' I. von Ägypten mit dem Bildnis Alexanders. Der Elefantenskalp zeigt den König als Indiensieger, das kleine Widderhorn dokumentiert die Vaterschaft von Zeus/Ammon, und die Stirnbinde porträtiert den König als Neuen Dionysos, den die Ägypter mit Osiris gleichsetzten. Osiris und Dionysos galten wie Alexander als Eroberer Indiens. Silber. Zwischen 317 und 306/305 v. Chr.*

***Abb. 96** Demetrios I. von Baktrien als Indiensieger mit Elefantenkappe, ein Motiv, das den König des Gräkobaktrischen Reiches im heutigen Tadschikistan und Afghanistan als Nachfolger Alexanders ausweist. London, The British Museum. 190–171 v. Chr.*

***Abb. 97** Phantasie vom Grabmal Alexanders in Alexandria und der Königsnekropole der Ptolemäer (s. Abb. 99). Rekonstruktion und Modell Firma Panasensor. © (2000) Panasensor.*

95

96

97

die Schultern trägt, verweist auf seine göttliche Abstammung.

Über der Stirn erscheint zudem die Binde des Dionysos. Hier greift nun die ptolemäische Geschichtsideologie. Ihrer Legende nach war der Alexanderzug nichts als die Wiederholung eines mythischen Geschehens aus grauer Vorzeit. Angeblich war zuerst der ägyptische Gott Osiris nach Indien gezogen, hatte das Land kultiviert und Elefanten gejagt. Auf seinem Rückweg nach Ägypten besuchte er Makedonien und setzte dort «Makedonos» zum König ein.

Jahrtausende später eroberte dann der Dionysos der Griechen den Subkontinent, wobei man beachten muß, daß man allgemein Dionysos mit Osiris gleichsetzte. Schließlich hatte nun mit Alexander der neue Dionysos/Osiris Indien erreicht, so daß sich mit dem Alexanderzug ein Mythos zweier Weltkulturen wiederholte, die damit ein gemeinsames mythisch-historisches Dach erhielten.

So kann es nicht erstaunen, daß die Elefantensymbolik 150 Jahre nach Alexanders Erscheinen in Indien von einem neuen Indieneroberer benutzt wurde. Im antiken Baktrien, dem «Land der tausend Städte», herrschten damals gräko-makedonische Könige, die seit der Mitte des 3. Jhs. v. Chr. unabhängig waren. Einer von ihnen, Demetrios I. von Baktrien (ca. 190–171 v. Chr.), stieß aus dem heutigen Usbekistan und Afghanistan siegreich auf den Subkontinent vor. Auf seinen Münzen trägt er wie weiland Alexander einen indischen Elefantenskalp, der ihn als Indiensieger ausweist (Abb. 96).[78] Die Münzbilder weisen den König zwangsläufig als ideellen Alexandernachfolger aus. Er errichtete ein gräkobaktrisch-gräkoindisches Reich, das allerdings nach einigen Generationen unter dem Ansturm nomadischer Wanderungen zusammenbrach.

Im Friedhof der Götter

In Ägypten schaffte man den Leichnam Alexanders zuerst in die alte Pharaonenstadt Memphis, da Alexandria zu dieser Zeit eher einer Baustelle als einer Metropole glich. Und so verging offenbar geraume Zeit, ehe Ptolemaios I. oder gar erst sein Sohn (285/84–245 v. Chr.) die kostbare Reliquie nach Alexandria brachte. Erst dem vierten Ptolemäer war es dann vorbehalten (222–204 v. Chr.), dem Alexandergrab seine endgültige Form zu geben. Das berühmteste Mausoleum der Antike ging als Denkmal, als Sema, in die Geschichte ein.[79] Die Frage ist nur, wie sah es aus, und wo lag es eigentlich? Auch wäre immerhin denkbar, daß es sich um zwei räumlich getrennte Anlagen handelte – die frühe aus den Tagen Ptolemaios' I. und dann das berühmte Sema Ptolemaios' IV. (Abb. 97. 99).

Unglücklicherweise bietet die antike Literatur nichts außer vagen Anspielungen. Die Schilderung der Sehenswürdigkeiten Alexandriens, wie etwa das umfangreiche Werk des Kallixeinos, sind sämtlich verloren, so daß das Grab bis heute wie eine Fata Morgana durch die Medien geistert.[80] Lag es im lateinischen Friedhof, in der Nähe des berühmten Alabastergrabes? Sicher nicht, denn dort befanden sich schon in der Frühzeit Alex-

98

andriens die antiken Friedhöfe. Das bedeutet jedoch, das Areal lag damals außerhalb der Stadt (Abb. 98), allein schon aus Seuchenschutzgründen. Wäre dies nun tatsächlich die Lokalität der ersten Beisetzung, dann hätte der erste Ptolemäer den berühmtesten Leichnam des Altertums außerhalb der schützenden Stadtmauern beigesetzt, und das, obwohl vom Besitz der Mumie das Gedeihen der Stadt abhing. Man wird zugeben, daß dies überaus unwahrscheinlich klingt.

Und das berühmte Sema, das später den Leichnam (Soma) barg? Nun, von diesem wissen wir zumindest, daß es Teil des königlichen Palastareals war. Die Palaststadt erstreckte sich von der Halbinsel Lochias im Nordosten die Küste des großen Hafens entlang und umfaßte nach Strabo (17,1,8) ein Viertel, wenn nicht gar ein Drittel der antiken Stadt. Ja es läßt sich sogar argumentieren, daß die Anlage in der Nähe des Meeres, sprich des Hafens, gelegen haben muß.

Zudem gilt es festzuhalten, daß bereits der Ptolemäer im späten 3. Jh. v. Chr. nicht nur das Alexandergrab erbaute, nein, er umgab es auch mit den Grabmälern seiner Vorgänger, die zu dieser Zeit sämtlich als Götter verehrt wurden. Auch sein eigenes Mausoleum wurde an dieser Stelle errichtet. Die Verbindung mit Alexander war keineswegs nur Heldenverehrung. Die Ptolemäer sahen sich nach höfischer Fiktion als Blutsverwandte des Königs und als seine legitimen Nachfolger. Deshalb finden wir im Laufe der Geschichte auch immer wieder Ptolemäer, die sich wie ihr imaginärer Ahnherr als «König von Asien» oder als König der Könige feiern ließen. Ptolemaios III. ist hier zu nennen oder der sechste Ptolemäer. Selbst noch Kleopatra VII. proklamierte sich und ihren Sohn aus der Liaison mit Iulius Caesar 34 v. Chr. zu Weltherrschern und Königen der Könige – vier Jahre vor dem Zusammenbruch ihres Hauses und ihrer Epoche.

Ptolemaios IV. Philopator, der Vaterliebende, war nicht nur in seine eigene Göttlichkeit verliebt, er war auch ein eifriger Förderer ägyptischer Kulte. Das bedeutete jedoch keineswegs, daß sich die makedonischen Ptolemäer und die griechische Bevölkerung Alexandrias als Teil einer multiethnischen und multikulturel-

***Abb. 98** Fiktiver Blick über Alexandria zur Zeit der Ptolemäer. Zur Linken im Osten ist die Stadterweiterung der späteren Ptolemäerzeit angedeutet, in deren Zuge die alten Friedhöfe (dunkel abgetönt) überbaut wurden. Im Vordergrund der Hafen mit dem Leuchtturm (Pharos), einem der Sieben Weltwunder. Das Tychaion und das Grab Alexanders (Abb. 99) lagen wohl in der Nähe des großen Hafens am Ostufer (links) im Bereich des Königsviertels, das beinahe ein Drittel der Stadt umfaßte (dunkler abgetönt). Die Hafeneinfahrt war schwer zu meistern, zumal der östliche Teil des Beckens zahlreiche Untiefen und Inseln aufwies, ein Befund, der durch die Unterwasserarchäologie der letzten Jahre ins Blickfeld geriet. Zeichnung U. Denis nach Skizze des Verfassers.*

***Abb. 99** Phantasie vom Grabmal Alexanders in Alexandria. Der Kern der Anlage wurde von Ptolemaios IV. (222–204 v. Chr.) erbaut und bildete das Zentrum der ptolemäischen Königsnekropole. Sicher ist nur, daß Alexander unter einem Hügel bestattet war und daß die Grabmale der Ptolemäer unter Pyramiden lagen. Rekonstruktion und Modell der Firma Panasensor für eine Alexanderdokumentation des ZDF von Eva Beier. © (2000) Panasensor.*

len Welt begriffen hätten. Im Gegenteil, denn so sehr man auch auf den Herrschaftsanspruch über den Orient pochte und sich als Nachfolger des Eroberers sah, seine multikulturellen Visionen trug man unbeschwert zu Grabe. Von einer ägyptisch-makedonisch-griechischen Mischdynastie konnte keine Rede sein. Zwar erscheinen die Ptolemäer auf Tempelreliefs als Pharaonen, doch floß in ihren Adern nach offizieller Lesart nicht ein Tropfen ägyptischen Blutes. Die große Kleopatra VII. war angeblich die erste und einzige Ptolemäerin, die je Ägyptisch lernte. Von Konvergenz keine Spur. Und so drängten sich die Ptolemäer im Tode um das Grab eines Giganten, dessen Botschaft sie ignorierten.

Als dann im Jahre 30 v. Chr. beim Einmarsch Octavians die Zukunft der Ptolemäerherrschaft nur noch nach Stunden zu messen war, als sich die letzte Ptolemäerin in ihr eigenes Grabmal flüchtete, da rührte sich in Ägypten keine Hand zu ihrer Verteidigung. Kleopatra VII. starb einsam und ohne Volk. Eine Dynastie selbsternannter Götter hatte drei Jahrhunderte Zeit gehabt, etwas Neues zu schaffen und hatte versagt.

Betreten wir also das Sema Alexanders, so stehen wir in einem Friedhof von Göttern. Nur, wo könnte er sein?

Hier hilft nun eine Notiz aus den letzten Tagen ptolemäischer Herrschaft. Gegen 30 v. Chr. errichtete Kleopatra ihr Grab und zwar auf königlichem Grund. Es lag in der Nähe eines Isistempels – passend für eine Monarchin, die sich stets als lebende Emanation der Göttin verstanden hatte. Nun wissen wir, daß alle Ptolemäergräber räumlich konzentriert waren, so daß wir annehmen dürfen, daß auch das Grab der Königin in der Nähe lag. Da eine Fensterreihe des Obergeschosses aufs Meer hinaus blickte, lag der Bau offenbar am Strand und zwar im Palastbereich (basileia).[81] Das kann eigentlich nur bedeuten, daß auch das Alexandergrab nicht allzu weit entfernt war. Wenn also kein wissenschaftliches Wunder geschieht, müssen wir im lateinischen Friedhof außerhalb der alten Mauern nicht etwa Alexander beerdigen, sondern einen archäologischen Traum.

Und ein Traum ist es in der Tat. So hatte bereits Mitte des 19. Jhs. ein Dragoman des russischen Konsulats in Alexandria behauptet, er sei in der Nähe der Moschee Nabi Daniel in ein Gewölbe hinabgestiegen und habe durch ein Loch in der Türe die Mumie des Königs gesehen – in einem gläsernen Sarg und mit dem Diadem auf der Stirn. Das klang zwar phantastisch, war jedoch nicht völlig aus der Welt, da ein Vorgängerbau dieser Moschee nach einer Lokaltradition einst ein Heiligtum des Dhu'l Qarnain (des Zweigehörnten) war: Alexanders Name im Koran. Der große Eroberer hatte es also schließlich sogar zum Marabut gebracht. Selbst ein Schliemann erlag der Fiktion Nabi Daniel und versuchte zwecks Ausgrabung die Moschee zu erwerben. Vergeblich.

So ominös wie die Lage des Sema ist auch die genaue Gestalt der Anlage. Strabo berichtet, es handele sich um einen Peribolos, also war der Bezirk wohl von einer Mauer umgeben. Lukans «Pharsalia» (39–65 n. Chr.) verdanken wir schließlich die einzige, wenn auch reichlich literarische Schilderung dieser göttlichen Nekropole (*De bello civili* VIII, 695 ff.):

Cum tibi sacrato Macedon servetur in antro regum cineres extructo monte quiescant, cum Ptolemaeorum manes seriemque pudendam Pyramides claudant indignaque Mausolea ... «Während von Dir (Ptolemaios XIII., dem Bruder Kleopatras VII.) der Makedone (Alexander) in geheiligtem Gewölbe bewahrt wird und die Asche der Könige unter aufgebautem Berge ruht, während Pyramiden und unwürdige Mausoleen die Totengeister und schändliche Reihe der Ptolemäer um-

99

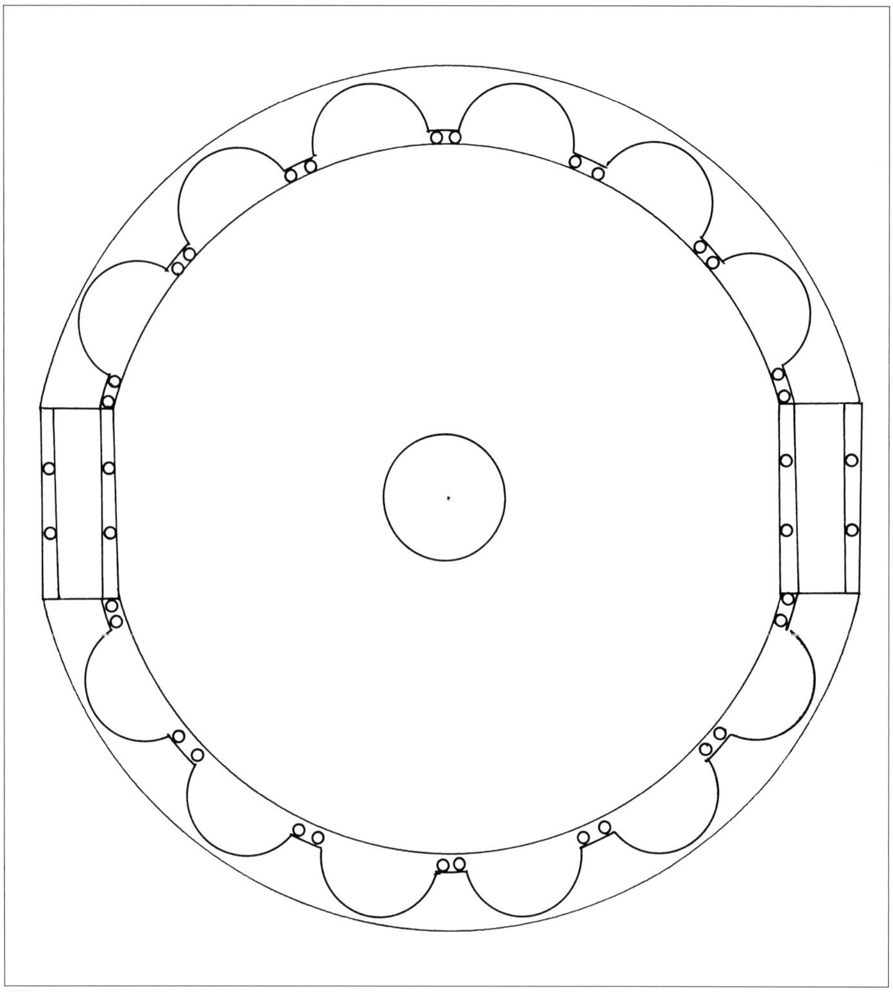

100b

schließen ...»[82] Lukan war alles andere als ein Ptolemäerfreund.

Das klingt leider so, als könnten wir über den Friedhof der Ptolemäer nur spekulieren – und das ist letztlich auch so, jedoch nicht ganz. Archäologie ist eine vergleichende Wissenschaft und so stellt sich die Frage nach möglichen Parallelen, die uns als Richtschnur dienen könnten. Zunächst erfahren wir, daß im Zentrum ein Tumulus lag und daß der eigentliche Grabbau in diesem Tumulus überwölbt war – beides ganz wie in Makedonien. Im Unterschied zu makedonischen Grabanlagen war Alexanders letzte Ruhestädte jedoch zugänglich. Gaius Iulius Caesar stieg in das Gewölbe hinab (Lucan X, 19). In unserer Friedhofsfiktion (Abb. 97. 99) haben wir deshalb einen Kompromiß gesucht und einen begehbaren makedonischen Tumulus geschaffen. In diesem Hügel und in umliegenden Bauten ruhten die Überreste der Ptolemäer – in «*Pyramiden und unwürdigen Mausoleen*».

Nun wissen wir, daß alexandrinische Gräber in der Regel aus einem vertieften Hof mit Hypogäum und einem oberirdischen Grabmonument bestanden.[83] Als oberirdische Denkmäler könnte man sich natürlich kleine Pyramiden denken, doch wären diese angesichts der gewaltigen Pyramiden von Giseh zwangsläufig eher architektonische Karikaturen. Das lag nun schwerlich in der Absicht der Erbauer. Zudem legt der Begriff «Mausolea» nahe, daß es sich um etwas komplexere Strukturen gehandelt haben muß. Zumindest teilweise. Und hier bietet sich nun eine interessante Analogie – die Turmgräber oder Turmmonumente, die wir in Nordafrika bis nach Algerien hinein seit dem Hellenismus antreffen, und die man schon des öfteren mit alexandrinischer Architektur in Verbindung brachte.[84] Die Dächer dieser Bauten haben in der Regel Pyramidenform. Um Mißverständnissen vorzubeugen: Türme dieser Art sind zumeist nichts als überdimensionierte Grabsteine und nicht etwa Grabbauten zur Aufnahme der Verstorbenen. Die eigentlichen Gräber sind unterirdisch zu denken, also Hypogäen. Es wäre also durchaus denkbar, daß eine ganze Reihe von Ptolemäern, zumindest die frühen, zusammen mit Alexander in dem zentralen Tumulus bestattet waren, so wie es später Augustus in Rom für das Mausoleum der Iulier vor Augen hatte.[85] Deshalb wurden auch im Modell zu beiden Seiten des Eingangs wie in Rom Obelisken errichtet. Ein pharaonisches Sonnensymbol, passend für Alexander, den Sohn des Ammon-Re, des ägyptischen Sonnengottes (s. S. 34 ff.).

Bedenkt man nun die Zahl der ptolemäischen Könige und die Tatsache, daß wir auch einige berühmte Königinnen kennen, die lange vor bzw. nach ihren Gatten starben, so könnte die Zahl dieser

***Abb. 100a.b** Anmutung des Tychaions von Alexandria. Das von dem spätantiken Philosophen Libanius (?) als Heiligtum der Schicksalsgöttin apostrophierte Heiligtum war aufgrund seiner Beschreibung ursprünglich ein Alexanderheiligtum, das den König als Weltenherrscher im Kreis der zwölf olympischen Götter zeigte. Der König steht in der Mitte, die Götter waren in den Exedren des runden Platzes aufgestellt. Alexander wird von der Erde (Ge) in Gestalt einer Frau bekränzt. Die Erde wird dann ihrerseits von der Schicksalsgöttin (Tyche) bekränzt und von zwei Siegesgöttinnen flankiert, ein Sinnbild für Alexanders schicksalhafte Weltherrschaft. Auf dem Platz standen zudem die Gesetze der Stadt auf ehernen Tafeln und zahlreiche Standbilder von Kaisern und Königen. Nicht alle, so sagt Libanius, die die Zeit hervorbrachte, sondern nur die Bedeutenden. Der genaue Grundriß ist ebenso wie die architektonischen Details natürlich nicht mehr zu ermitteln. Sicher ist nur, daß man von dem Platz in die große Bibliothek von Alexandria gelangte, doch bleibt offen, ob man den Platz wie in unserer hypothetischen Grundrißskizze überqueren konnte, oder ob es nur den einen Eingang zum Museion gab. © Michael Pfrommer.*

***Abb. 100c** Die Spätantike sah in dem Alexanderheiligtum (Abb. 98a.b) ein Tychaion, ein Heiligtum der Schicksalsgöttin, die hier nicht als Stadtgöttin erscheint, sondern den ganzen Erdkreis vertritt. Tyche hatte bereits im Ägypten der Ptolemäerzeit eine ganz außerordentliche Nähe zum Königshaus, erschienen doch vor allem die großen Königinnen des 3. Jhs v. Chr. immer wieder in Gestalt der Schicksalsgöttin. Auf unserem Ring sehen wir Tyche in Gestalt Arsinoes II. (270 v. Chr.), neben Kleopatra VII. die bedeutendste aller Ptolemäerinnen. Das doppelte Füllhorn steht für den Wohlstand, den die Königin über Ägypten ausgießt, das lange Zepter hinter ihrem Rücken für ihre Göttlichkeit. Da die Ptolemäer ganz im Sinne aller Pharaonen in elementarer Weise für Wohl und Wehe des Nillandes verantwortlich waren, gab es kaum eine gelungenere Ikonographie, um der schicksalhaften Rolle der Könige gerecht zu werden. Zugleich ist Tyche auch eine Personifikation für die besondere Glückhaftigkeit Alexanders des Großen, ein Motiv das später auch Iulius Caesar benutzte, wenn er von «Caesar und seinem Glück» sprach. Chalzedon und Gold; spätes 3. oder früheres 2. Jh. v. Chr.; Dm. etwa 4 cm; J. Paul Getty Museum Inv. 92. AM. 8.9.*

Grabmonumente bedeutend gewesen sein – weit höher als in unserem Modell. Selbst 20 oder mehr wären ohne weiteres vorstellbar. Auch war die architektonische Ausformulierung der Monumente fraglos komplexer, doch wollen wir es dabei belassen, da es ja nur um eine Anmutung geht. Vervollständigt wird unsere Szenario noch von einigen Säulenmonumenten, wie sie mehrfach für ptolemäische Könige überliefert sind. So also könnte er gewirkt haben – der Friedhof der Götter.

Das Tychaion – ein Symbol der Weltherrschaft

Die Idee, Alexander mit seinen ptolemäischen «Verwandten und Nachkommen» zu umgeben, blieb nicht auf das Sema begrenzt. So beschreibt ein spätantiker Autor, der meist mit dem berühmten Libanius gleichgesetzt wird (314–393 n. Chr.), das Heiligtum der Tyche, der Schicksalsgöttin (Abb. 100a–c).[86] Der Text wird hier in der Übersetzung B. D. Heberts wiedergegeben:

«*Die Tychen bringen den Menschen das Schicksal, wie immer sie wollen; mit Recht haben sie ihre Sitze in allen Städten, in denen sie geehrt werden, da sie alles gerecht regeln. Und über die in den verschiedenen Städten wohnenden Tychen reden diejenigen, die sie in einer der Städte gerade sehen, ich aber will die Tyche, die ich gesehen habe, auch beschreiben.*

Ein heiliger Bezirk liegt in der Mitte der Stadt, der zwar mehreren Göttern geweiht ist, aber im Ganzen als der der Tyche bezeichnet wird. Und wer dem Platz seinen Namen gegeben hat, scheint es mir billigerweise getan zu haben. Denn wer sich in allem der Tyche verschließt, dem nimmt Tyche die Möglichkeit, Götter anzurufen.

So etwa ist der Platz gestaltet: Der ganze ist vom Boden bis zur Decke künstlerisch gestaltet; das Bauwerk ist in halbe Kreise unterteilt; jedem (dieser Halbkreise) sind verschiedenartige Säulen vorgesetzt.

Die Kreise aber sind zur Aufnahme von Bildwerken errichtet, und es ist möglich, die Kreise anhand der Statuen zu zählen; zwischen den Statuen ragen die Säulen heraus.

Nicht von allen Göttern sind Statuen aufgestellt, sondern von zwölfen. Und eine Spitze hält den Gründer aus anderen Spitzen und mittleren Höhen heraus; die Statue hat das Aussehen des Soter und trägt das bei sich, wodurch die Stadt gewöhnlich ernährt wird. Und Charis zeigt die natürliche Beschaffenheit des Landes; von der Hälfte der Götterstatuen – der Zahl nach – wird sie (die Charis) in der Mitte eingeschlossen.

Und mitten im Zentrum steht eine Statue der Tyche, die durch einen Kranz die Siege Alexanders kundtut. Und von Tyche wird Ge bekränzt, die selbst aber bekränzt den Sieger. Auf beiden Seiten der Tyche stehen Niken, wobei der Künstler schön die Macht der Tyche dartat, wie eben Tyche alles zu besiegen weiß.

So gipfelt die Gestaltung des Platzes in einem Lorbeerkranz, der vom Standbild bereitgehalten wird. Und einer philosophiert hoch oben auf einem Stuhl, ein anderer steht nackt und trägt für sich in der linken Hand ein Bild des Himmels, die rechte aber ist zu allem bereit; nackt, ohne Bekleidung ist er aufgestellt.

Und eherne Stelen stehen mitten auf dem Boden, in sie sind die Gesetze der Stadt eingegraben. Und in der Mitte (sind) die Tore, die in den heiligen Bezirk der Musen führen. Eherne Könige stehen in der Mitte, nicht alle, wie sie der Zeit nach aufeinanderfolgten, sondern welche von den überbrachten die würdigsten waren.

Dies zu sehen war ein Wunder, ein Gewinn, es kennenzulernen, ein Unrecht wäre es gewesen, es durch Schweigen verborgen zu lassen.»

Auch wenn wir natürlich niemals Details erfahren werden, so ist der Typus der Anlage doch recht klar umrissen. Es handelte sich um eine runde Platzanlage mit Apsiden, in denen die zwölf olympischen Götter stehen. Zwischen diesen Exedren standen unterschiedliche Säulen. Das könnte bedeuten, Säulen aus unterschiedlichem Material oder von unterschiedlichem Typ. In der Zeichnung sind sie farblich unterschieden, um der Variatio Rechnung zu tragen.

Alles andere als eindeutig ist dann leider die Formulierung, die sich auf die Statue des Stifters und ihre Aufstellung bezieht: «*... eine Spitze hält den Gründer aus anderen Spitzen und mittleren Höhen heraus; die Statue hat das Aussehen des Soter und trägt das bei sich, wodurch die Stadt gewöhnlich ernährt wird. Und Charis zeigt die natürliche Beschaffenheit des Landes; von der Hälfte der Götterstatuen – der Zahl nach – wird sie (die Charis) in der Mitte eingeschlossen.*»

Bei der Bezeichnung Soter erinnert man sich natürlich sogleich an den berühmten Gründer der Ptolemäerdynastie, der als Soter, als Retter, in die Geschichte einging (323 bzw. 305/304 –283/282 v. Chr.). Da Ptolemaios I. auf seine eigene Vergöttlichung verzichtete und Alexander zum Staatsgott erhob, wäre aus historischer Sicht ein Alexanderheiligtum völlig plausibel, auch wenn Jahrhunderte später ein weiterer Ptolemäer regierte, der ebenfalls den Beinamen Soter führte (116–107 v. Chr. und 88–80 v. Chr.). Dieser Mann ist allerdings weit unbedeutender als sein berühmter Namensvetter. Selbst wenn die Verbindung des Heiligtums mit Ptolemaios I. durchaus wahrscheinlich ist, so ist doch mehr als fraglich, ob eine runde Platzanlage mit Exedren derart früh angesetzt werden kann. Es wäre gut möglich, daß uns der spätantike Text eine spätere bauliche Ausgestaltung spiegelt, über deren Zeitstellung wir nur spekulieren können. Deshalb ist in der Rekonstruktion auch

100c

auf die Ansprache einer bestimmten Epoche verzichtet worden, gleichgültig ob hellenistisch oder römisch, auch wenn man bei einer Zeichnung natürlich nicht auf alle Details verzichten kann.

Ein besonders kritischer Punkt ist dabei der Terminus «Spitze» (κορυφή). Die antike Architektur bietet für diesen verschwommenen Begriff jedoch nicht viele Möglichkeiten. Schon B. D. Hebert dachte an Säulenmonumente, doch erfahren wir im gleichen Abschnitt auch von der Göttin Charis. Es handelt sich um eine der drei Grazien, die nicht nur als Symbole der Schönheit galten, sondern auch als Boten des Göttervaters oder als Verkünder der Gesetze der Könige. Diese Charis teilt nun den Kreis der zwölf olympischen Götter in zwei Hälften, während der unmittelbar vor ihr erwähnte Soter von einer Spitze aus anderen «Höhen» herausgehalten wird.

Der Kreis der zwölf Götter wird nun ganz zwangsläufig von den Toren geteilt, von denen wir wohl wenigstens zwei annehmen dürfen. Durch eines gelangte man in das Museion, die berühmte Akademie mit der Bibliothek von Alexandria. Statuen von Gelehrten verwiesen auf die Nähe zur «Universität». Es scheint also plausibler, daß sowohl der Gründer wie auch Charis ihren Platz in einem Giebel hatten, wie sie über den Portalen angenommen werden können. Die höheren und mittleren Spitzen könnten dann höhere und niedriger angebrachte Giebel sein, die man an allen möglichen Punkten anbringen kann. So könnten etwa die Tore unterschiedlich hohe Giebel aufgewiesen haben. Man könnte sich auch Giebel oder Archivolten über den Statuen der Olympier denken. Da sich dies beim besten Willen nicht entscheiden läßt, haben wir hier nur das Tor zum Museion mit einem Giebel dargestellt und auf weitere Giebel an den Gebälken verzichtet. Hier kann jeder mit seiner Phantasie ergänzen, was ihm angebracht erscheint.

Im Zentrum des Platzes stand Alexander der Große, der auf diese Weise in den Kreis der olympischen Götter aufgenommen wurde. Eine Personifikation der Erde bekränzt den König, während die Erde von der Schicksalsgöttin Tyche geehrt wird. Ein Sinnbild schicksalhafter Weltherrschaft. Der Triumphalaspekt wird schließlich noch von zwei Siegesgöttinnen an Tyches Seite unterstrichen und Libanius meinte: «*Hier hat der Bildhauer in schöner Weise die Kraft der Tyche klargemacht, da Tyche alles zu besiegen weiß.*» Kein geringerer als Plutarch hat Alexanders glückhafter Tyche eine eigene Abhandlung gewidmet: (*Moralia, De virtute Alexandri*).

Die Einbeziehung Alexanders in den Kreis der zwölf Götter hat ebenso System wie die Einbindung des Königs in den Kreis ägyptischer Pharaonen. Erinnern wir uns: Man schuf eine Legende, um Alexander als Sohn Nektanebos II. darzustellen, des letzten einheimischen Pharaos. Obwohl dieser Mann einfach aus der Geschichte verschwindet, entstand später in Memphis ein aufwendiger Grabtempel, und in Alexandria selbst fand man im 19. Jh. seinen Sarkophag und zwar just in jener Moschee, in der nach einer arabischen Lokaltradition Alexanders Grab gelegen haben soll. Nektanebos kam jedoch auf seiner Flucht vor den Persern auf dem Weg nach Nubien um, und es ist gut möglich, daß sein Leichnam nie offiziell bestattet werden konnte. Die ptolemäische Betonung Nektanebos und seine Verbindung mit Alexander hatte allein ideologische Gründe – sie diente der Legitimation ptolemäischer Herrschaft.

Ganz ähnlich ist es nun mit Alexander und seiner Einbeziehung in den Götterhimmel. Für die ägyptische Seite konstruierte man eine Zeugungslegende, die sich an die vertrauten Geschichten von der «Geburt des Gottkönigs» anlehnte. Damit wurde der König automatisch in den Kreis der Götter aufgenommen, war er nun doch «wesensgleich» mit Amun/Zeus.

Die Einbindung Alexanders in den Kreis der olympischen Götter war also nur konsequent, und man konnte sich sogar auf eine makedonische Tradition berufen, in der diese Assoziation zumindest angedacht war. So trug man Philipp II. kurz vor seiner Ermordung Statuen der zwölf olympischen Götter und eine Porträtstatue des Königs voran, doch war der Vater Alexanders hier offenbar nur so ähnlich wie ein Gott dargestellt (s. S. 24).

Deutlich weiter gingen dann die Ptolemäer und zwar bereits in den Tagen Ptolemaios' II. Bei seinem berühmten Festzug (ca. 275/274 oder 270/271 v. Chr.) erschien Alexander als integraler Bestandteil des Götterhimmels. Kallixeinos von Rhodos, erhalten in Exzerpten bei Athenaios, schildert uns die Prozession, in der Hunderte von Menschen vor überdimensionierten Statuen vorüberzogen: «*Am Anfang kam die ‹Morgenstern-Abteilung› – denn der Festzug nahm seinen Anfang um die Stunde, da dieser Stern aufgeht – dann die Abteilung, die nach den Eltern des Königspaares hieß. Danach folgten Abteilungen aller Götter ...*» (Athenaios V, 197d). Von diesen Sektionen beschreibt unser Gewährsmann im Detail leider nur die des Dionysos, kein Wunder, war doch Dionysos für die Ptolemäer von exzeptioneller Bedeutung.

Neben zahlreichen Darstellungen aus der Geschichte dieses Gottes stellte man besonders den Indiensieg heraus, bis hin zu einer riesigen Figur des Dionysos auf einem indischen Elefanten (Athenaios V 200d). In dieser Prozession existierte jedoch eine eigene Sektion für Alexander den Großen (Athenaios V, 202a): «*Die nächste Abteilung der Parade nahm Bezug auf Zeus und eine weitere hatte Belange verschiedener anderer Gottheiten zum Thema, und wieder eine andere war schließlich Alexander gewidmet, dessen goldenes Bildnis – ihm zu Seiten Nike und Athena – in einem Wagen stand, der von Elefanten gezogen wurde*» (Athenaios V, 202a).

Alexander als Indiensieger im Elefantenwagen wurde später nicht nur von Pompeius, sondern bemerkenswerterweise auch von der modernen Kunst aufgegriffen (Abb. 89. 104). Begleitet wurde der Zug von nicht weniger als 57 600 Infanteristen und 23 200 Kavalleristen (V, 203a). So wie der Festzug am Anfang der alexandrinischen Alexanderdeifikation steht, so erreichen wir mit dem Tychaion dessen Ende. Es ist sogar gut möglich, daß unsere Anlage mit jenem Heiligtum der Schicksalsgöttin identisch ist, das nach 391 n. Chr. in eine Weinhandlung oder ein Restaurant umgewandelt wurde. Tyche ist in der Alexandergruppe ganz offensichtlich nur eine Nebenfigur, auch wenn sie in der Spätantike dem Platz den Namen gab. Alexander scheint gleichsam degradiert, und das erinnert unwillkürlich an Briefe Kaiser Julians, in denen der Kaiser die Alexandriner heftig tadelt, da sie Alexander nicht mehr ausreichend in Ehren hielten.[87] Die Umwidmung eines Alexanderheiligtums in ein Heiligtum der Tyche wirkt beinahe wie eine Bestätigung dieses Vorwurfs.

Der König ist nicht nur Eroberer, er scheint auch der Ordner seiner Welt, und so tragen eherne Tafeln die Gesetze der Stadt. Umgeben ist Alexander jedoch von einer ausgesuchten Herrscherschar. So wie der König in den Kreis der Götter aufgenommen wird, so umstehen ihn all jene Ptolemäer, die das Lagidenreich zur Weltgeltung führten und im 3. Jh. v. Chr. eine antike Weltmacht schufen. Da man in der Spätantike in literarischen Texten auch die Caesaren als Könige bezeichnete, dürfen wir hier auch die Statuen der «guten» Kaiser erwarten: Nicht alle, die die Zeit hervorbrachte, sondern nur die Ehrwürdigsten. Wie Adjutanten standen sie um einen Giganten der Geschichte, der nur noch von der Erde bekrönt und vom Schicksal gefeiert werden konnte.

Der Traum der Caesaren – Alexander und die Römer

Wallfahrt zu einer Mumie

Als Alexander von Sesonchosis erfahren wollte, wann die Stunde seines Todes gekommen sei, verweigerte man ihm im Alexanderroman die Antwort (III, 24), doch der längst verstorbene Pharao tröstete seinen makedonischen Nachfolger: *«Du aber wirst eine bei allen Menschen berühmte Stadt gründen (Alexandria), und viele Könige werden ihren Boden betreten und dich verehren, und du wirst sie bewohnen, tot und nicht tot; denn die Stadt, welche du gründest, wird dein Grabmal sein.»*

Der weise Pharao behielt recht, denn selbst in den Tagen des Römischen Reiches pilgerte eine endlose Schar zur Mumie des Eroberers. Es ist eine Parade großer Namen. Und es gilt festzuhalten, daß es keine Makedonen sind, nicht einmal Griechen. Mit dem Alexanderreich haben sie politisch nichts zu tun. Im Gegenteil. Es sind ausgerechnet Römer, deren Kriege die hellenistische Staatenwelt und damit die politische Erbmasse des Alexanderreichs liquidierten.

Eigentlich haßte man alles Makedonische, denn Makedonien hatte sich sogar auf die Seite Hannibals geschlagen, des größten Feindes, den Rom je kannte. Was folgte waren drei Makedonische Kriege und das Ende makedonischer Eigenstaatlichkeit im Jahre 168 v. Chr. Der letzte Makedonenkönig wird im Triumphzug durch Rom geschleppt und stirbt wenig später in Alba Fucens. Wir sehen auch entscheidende Siege gegen die Seleukidenmacht in Kleinasien und im Vorderen Orient, bis schließlich Pompeius der Große den seleukidischen Reststaat liquidiert und in die römische Provinz Syria umwandelt (64 v. Chr.).

Und selbst den letzten Versuch des politischen Hellenismus, unter Kleopatra VII. von Ägypten, mit Hilfe eines Iulius Caesar oder eines Mark Anton auf

101a

101b

***Abb. 101a.b** Reiterstandbild des Kaisers Mark Aurel (161–180 n. Chr.) auf dem Kapitol in Rom. Der Kaiser sitzt auf einem Pferd mit persischer Reitdecke und hellenistisch-östlichem Zaum, sicher eine programmatische Anspielung auf den Asiensieger Alexander. Bronze.*

die Bühne der Weltgeschichte zurückzukehren, selbst diesen letzten Anlauf beendet Octavian mit dem Sieg von Actium und dem Selbstmord Kleopatras im Jahre 30 v. Chr. Das politische Erbe Alexanders hatte somit einen großen Feind und der hieß Rom. Der Fama des Königs tat dies allerdings keinen Abbruch, auch wenn antike Kommentare zu Alexander in der Regel negativ ausfielen. Selbst die uns heute so vertraute Bezeichnung «der Große» stammt wahrscheinlich von den Römern der ausgehenden Republik.

Über die private Alexanderbewunderung im römischen Pompeji war bereits zu handeln (s. S. 64 ff.). Betrachten wir nun die Elite des Römischen Reiches, die Feldherrn und Caesaren, die über Generationen hinweg nach Alexandria pilgerten, um wenigstens einmal im Leben dem Unglaublichen ins Antlitz zu blicken. Sie waren oftmals die Herren der Welt, doch kaum je aus eigener Kraft. Ein Weltreich geschaffen, das hatte keiner. Die Wallfahrt war wie ein Blick in eine mythische Vergangenheit, die jedoch den Vorzug hatte, keine Fiktion, sondern Realität zu sein. Lassen wir sie also Revue passieren, alle, die davon träumten, wenigstens für einige Augenblicke so zu sein wie Alexander der Große.

Diesen Leuten ging es ausschließlich um eine Imitatio des genialen Eroberers, des Unbesiegbaren. Der Friedensfürst war ganz sicher kein Thema. Diese Botschaft, die Alexander in der Spätantike tatsächlich zuwuchs, die spielte im Denken seiner Imitatoren ganz sicher keine Rolle, zumal seine gesellschaftspolitischen Visionen nie getestet wurden.

Natürlich haben wir keine Besucherliste des Alexandergrabes, unsere Informationen sind eher zufällig, und die tatsächliche Zahl dürfte weit größer gewesen sein. Zu nennen sind etwa Gaius Iulius Caesar oder sein Adoptivsohn Octavian, der spätere Kaiser Augustus. Wir hören von Kaiser Caligula und Jahrhunderte später besuchte auch der Alexanderfanatiker Caracalla bei seinem blutigen Alexandriaabenteuer die Gruft des Eroberers. Doch selbst bei Personen, die wohl nie der Mumie ins Gesicht sahen, lassen sich mitunter Alexanderanwandlungen diagnostizieren.

Die Imitatio Alexandri, die Anlehnung, ja teilweise die Imitation Alexanders hatte in Rom tiefe Wurzeln. Schon in der Geburtslegende und im Leben des Hannibalbezwingers Scipio sind Anspielungen an Alexander unverkennbar und selbst ein eingefleischter Republikaner wie Cicero konnte sich der Faszination des Königs nicht entziehen. So schreibt er in einem Brief, er sei auf dem Schlachtfeld von Issos zum Imperator ausgerufen worden (ad familiares 2.10.3). Die Angelegenheit ist nicht ohne Pikanterie, waren doch Gestalten wie Scipio Africanus oder Cicero zutiefst antimonarchisch. Daß man sich also einen König zum Vorbild nimmt, der noch dazu eine feindliche Staatenwelt personifiziert, ist schlechterdings erstaunlich und zeigt, wie weit Alexander aller tagespolitischen Realität entrückt war. Für die Römer ging es längst um einen Mythos der Weltgeschichte.

Alexanderbezüge sind bei vielen Grossen der römischen Geschichte zu vermerken, auch wenn sie in der antiken Literatur nicht ausdrücklich genannt sind. So sitzt Mark Aurel bei dem kapitolinischen Reiterstandbild (Abb. 101a.b) auf einer persischen Reitdecke reinsten Wassers, wie wir sie bereits auf dem Alex-

102

Abb. 102 Kopf Alexanders des Großen angeblich aus Bubon/Lykien in Kleinasien. Der aus dem Kunsthandel stammende Kopf wurde zusammen mit einer antoninischen Statuengruppe gefunden, darunter wohl auch ein Standbild Mark Aurels. Der Kopf zeigt, welch außerordentliche Bedeutung dem König selbst noch in dieser Zeit zukam. Wohl 2. Hälfte des 2. Jhs. n. Chr. H. 38,5 cm. Bronze. Schweiz, Privatbesitz.

Abb. 103 Porträt des Pompeius Magnus aus Rom (Abguß), das 1885 im «Grab der Licinier» entdeckt wurde. Zeit des Kaisers Claudius, gegen 50 n. Chr. Das Original ist aus Marmor, Kopenhagen, Ny Carlsberg Glyptotek I. N. 733. Abguß Trier, Original- und Abgußsammlung der Universität.

andersarkophag kennenlernten (Abb. 69), und sein Pferd trägt einen im Seleukidenreich gut belegten Zaum.[88] Auch seine pretentiösen Titel sind entsprechend: Particus Medicus Maximus. Das Partherreich war in der Kaiserzeit als östliche Großmacht an die Stelle der Achämeniden getreten. Denkbar ist auch, daß uns sogar Reste einer Statuengruppe erhalten sind, in der Alexander und Mark Aurel zusammen aufgestellt waren (Abb. 102).[89]

Wen kümmert es, daß der Philosoph auf dem Thron nie einen großen Asiensieg erkämpfte? Ein römischer Kaiser war eben immer siegreich. Dennoch scheint er unter einer Gestalt wie Alexander gelitten zu haben, so wie viele nach ihm, denn er schreibt in seinen Selbstbetrachtungen (VI, 24):

«Alexander und sein Maultiertreiber haben nach ihrem Tode dasselbe Schicksal erfahren. Denn entweder wurden sie in dieselben Lebenskeime der Welt aufgenommen oder der eine wie der andere unter die Atome zerstreut.»

Ob das den Imperator wirklich getröstet hat?

103

Pompeius oder Alexanders römisches Gesicht

Weitaus konkreter wird dann die Imitatio Alexandri bei Pompeius, der bei den Römern wie sein großes Vorbild Alexander als «der Große» bekannt wurde (Abb. 103). Schon in Jugendzeiten zog man Vergleiche zu Alexander (Plutarch, *Pompeius* 2):

«Sein Haar flog nach hinten in einer Welle von der Stirn und die Kontur seines Gesichtes um die Augen verlieh ihm ein schmelzendes Aussehen, so daß man sagte, er erinnere an Standbilder König Alexanders, auch wenn die Ähnlich keit nicht sehr eng war ...»

Das kann man bestätigen, wenn man einen Blick auf ein späteres Porträt des Staatsmannes wirft. Die «Minianastole» wird man nur noch mit sehr viel gutem Willen mit Alexander vergleichen wollen, und ob der schmelzende Blick noch erkennbar ist, sei hier dahingestellt. Doch hören wir weiter:

«... Alexander war ein Name, den man ihm öfter in früher Jugend gab und Pompeius hatte auch gar nichts dagegen, so daß die Leute den Namen häufig verwendeten, um ihn aufzuziehen. Aus diesem Grunde sagte Lucius Philippus, ein Mann consularischen Ranges, als er vor Gericht für Pompeius auftrat, daß nichts Seltsames daran war, daß er, Philippus, Alexander liebte.»

Pompeius war nach Caesar der größte Staatsmann der ausgehenden Republik und feierte allein drei Triumphe. Anläßlich seines Afrikatriumphs des Jahres 81 v. Chr. erschien er in einer Elefantenquadriga, ein Motiv, das sofort an den berühmten Festzug Ptolemaios' II. erinnert (ca. 275–270 v. Chr.), in dem man ein goldenes Standbild Alexanders in einer Elefantenquadriga mitführte (*Athenaios* V 202a). Verblüffend ist auch die Analogie zu Entwürfen von Charles LeBrun und seiner Fiktion von Alexanders Einmarsch in Babylon (Abb. 89. 104).

Bei seinem großen Triumph über Mithridates den Großen von Pontos trat Pompeius regelrecht als Alexander auf. Und damit nicht genug, er firmierte auch gleich noch als Herakles und Dionysos.[90] Auch hier fühlt man sich an Ptolemäer erinnert, für die neben Alexander vor allem Dionysos und Herakles zu ihren göttlichen Ahnen zählten. Bemerkenswert ist an dem Mithridatestriumph, daß sich hier letztlich zwei Alexanderadepten im Felde gegenüberstanden, sah sich doch vor allem Mithridates geradezu als Reinkarnation des großen Makedonen. Der pontische König besaß sogar angeblich noch einen Mantel Alexanders, mit dem sich nun Pompeius zeigte.

Eher unter die Rubrik Kurioses fällt dann der Amazonenkampf des Pompeius (Appian b.c. 2, 76, 319). Auch hier ist natürlich die alte Analogie «Amazonenkampf = Perserkampf = Orientsieg = Alexander» unschwer auszumachen.

Die Selbstdarstellung des Pompeius stieß durchaus nicht auf ungeteilte Zustimmung und so bemerkt Sueton tadelnd, der Triumphzug suggeriere, der Feldherr habe die gesamte Welt gefangengenommen. Also eine Alexanderimitatio reinsten Wassers. Anscheinend versuchte man sogar, die Lebensdaten des Pompeius an Alexander anzugleichen und zu behaupten, er habe seine Leistungen vor dem 35. Lebensjahr vollbracht, was natürlich weit von der Wahrheit entfernt war: Pompeius war damals beinahe 40 (Sueton, *Pompeius* 46). Mit Blick auf den späteren Lebensweg des Pompeius merkt der Autor noch höhnisch an, es wäre besser für Pompeius gewesen, wenn

104

auch er damals gestorben wäre – das hätte ihm zumindest seine vernichtende Niederlage im Bürgerkrieg gegen Caesar erspart. Er wurde auf der Flucht in Ägypten ermordet und in Alexandria bestattet.

Caesar oder ein neuer Kopf für Alexander

Ciceros Zeitgenosse und zeitweiliger Gegenspieler Gaius Iulius Caesar machte aus seiner Alexanderbegeisterung kein Hehl. Strabo (XIII, 594) bezeichnet ihn ausdrücklich als Alexanderfreund (philaléxandros). Schon in Spanien seufzte er im Heraklestempel von Gades vor einem Standbild des Königs, als er seine eigene Karriere mit den Leistungen Alexanders verglich (Sueton, *Iulius* 7, 1). Es sollte nicht so bleiben.

Jahre später, mittlerweile Herr des Römischen Reiches, ließ er auf dem gerade erbauten Caesarforum in Rom ein Reiterstandbild Alexanders aufstellen. Die Skulptur war ein Werk des Lysipp und dennoch nicht aussagekräftig genug. Damit die propagandistische Botschaft auch gänzlich unzweideutig wurde, ersetzte man den Kopf des Königs durch ein Porträt des göttlichen Iulius (Statius Silvae I, 1, 86). Das Grab Alexanders hatte er schon während des Alexandrinischen Kriegs und wohl im Beisein Kleopatras, besucht, wie Lucan später berichtet (X, 19, «*descendit in antrum*»).

Auch eine weitere Notiz könnte man als Alexanderimitatio begreifen. So kaschierte der eitle Caesar seine Stirnglatze gerne mit einem Lorbeerkranz, doch im Theater hatte er die Erlaubnis, eine Strahlenkrone zu tragen (Florus II 13, 91 = IV 2, 91: «distincta radiis corona»). Er trat also als Sonnengott auf, und Helios (Sol) ist, wie wir sahen und sehen werden, eine Form hellenistischer Alexanderdeifikation (s. S. 34 ff., 111 ff.).

Schließlich plante Caesar gar in Anlehnung an sein berühmtes Vorbild seinen eigenen Orient- sprich Partherkrieg, der ihn endgültig auf Alexanders Stufe heben sollte. Hochfliegende Pläne, denen die eigenen Freunde ein Ende setzten. Sie ermordeten ihn im Jahre 44 v. Chr.

Der Mann im Schlangenhelm

Bei der Stadtgründung von Alexandria stieß der König plötzlich auf einen Schlangendämon. Zwar ließ er das immer wieder hervorkriechende Tier erschlagen, doch reute ihn die Tat und so stiftete er dem Tierdämon sicherheitshalber einen Tempel.[91] Später erschien dann eine große Zahl von Reptilien, die sich als Schutzdämonen über alle Häuser verteilten. Es waren Emanationen des Agathos Daimon, des guten Dämons, der traditionellerweise als Schlange mit einem spitzen Kehlbart dargestellt wurde. Im Verständnis des Hellenismus war der Schlangengott somit aufs Engste mit Alexander und Alexandria verbunden, und zugleich bot die Ikonographie des bärtigen Reptils die Möglichkeit, zwischen einer normalen Schlange und einem mythischen Wesen zu scheiden. Eben dieser Schlangendämon erscheint nun auf einem prachtvollen Kameo in Wien und zwar auf dem Helm eines Kriegers, hinter dem ein Frauenkopf hervorlugt. (Abb. 105. 106).[92] Geschnitten ist er aus elfschichtigem Onyx.

Der Kämpfer ist jung und bartlos. Zudem spitzt im Nacken unter dem Helmrand mittellanges Haar hervor, und auf der Wangenklappe des Helms plazierte der Gemmenschneider einen Blitz, das Attribut des Zeus. Auch die in Griechenland seit alters her verehrten Schlangendämonen waren traditionellerweise zumeist Emanationen des Göttervaters, der auf dem Nackenschutz des Helms als Zeus/Ammon erscheint: Der Agathos Daimon als mythische Schlange, Zeus Ammon und der Blitz als Zeichen des Zeus, den dieser bei der Zeugung des Kö-

***Abb. 104** Alexanders Einzug in Babylon auf einem Gemälde von Francesco Fontebasso (1761/1762). Der Einzug benutzt die bereits bekannte Elefantenbiga, doch ist auch hier die Architekturkulisse völlig unantik. Bourg-en-Bresse, Musée de l'Ain.*

***Abb. 105** Der sog. «Ptolemäerkameo». Der Kameo zeigt Alexander und seine Mutter Olympias. Der Blitz, die Schlange und der Ammonskopf auf dem attischen Helm des Königs spielen an auf seine Abstammung von Zeus/Ammon. Elfschichtiger Onyx mit moderner Goldfassung. Der Kameo wurde 1574 aus dem Kölner Dreikönigsschrein gebrochen. Dabei gingen die Brustpartien des Paares verloren und sind hier in Gold und schwarzem Email ergänzt. Frühe Kaiserzeit. H. 11,5 cm, ursprünglich wohl gegen 15,5 cm. Wien, Kunsthistorisches Museum, AS IX A 81.*

nigs herabzucken ließ – kein Zweifel, daß hier Alexander gemeint ist. Selbst das Profil des Kriegers erinnert ein wenig an Alexander, soweit man das bei dem idealen Gesicht überhaupt sagen darf.

Daß gerade bei der Physiognomie Vorsicht angeraten ist, lehrt ein Blick in das unbewegte Frauengesicht. Es besteht wenig Zweifel, daß der Künstler bemüht war, die Physiognomien einander anzugleichen. Hier wurde offenbar auf die verwandtschaftliche Verbundenheit der beiden Gestalten abgehoben. Natürlich könnte es sich um eine der beiden legitimen Ehefrauen des großen Makedonen handeln (s. S. 73, 79), doch traten diese eigentlich niemals in einer Weise in den Vordergrund, die ein solches Doppelporträt rechtfertigen würde. Hier ist die Meßlatte wohl weit höher zu legen. Die Antwort gibt ein heute verschollenes Gemmenbild[93], das den jungen König und seine Mutter zeigt, das Diadem im Haar und eine winzige Ammonsbüste zwischen ihnen. Es ist die kleine Götterbüste, die das Szenario klärt, denn diese ist weder mit der baktrischen Prinzessin Roxane noch mit der Perserin Stateira zu verbinden. Kein Zweifel, daß es sich hier um Alexander und Olympias handelt. Sogar die Gesichtszüge der Frau ähneln der unseres Kameos. Das Wiener Prachtstück spielt also an auf Alexander und seine Schlangenzeugung und auf die Vaterschaft des Zeus Ammon. Fall geklärt? Nicht ganz, firmiert doch der Kameo seit einiger Zeit unter dem archäologischen Kunstnamen «Ptolemäerkameo».

Der Grund für diese Interpretation ist der Typus des Doppelporträts an sich, das die Ptolemäer erst im Laufe des 3. Jhs. v. Chr. entwickelten, um der staatsrecht-

105

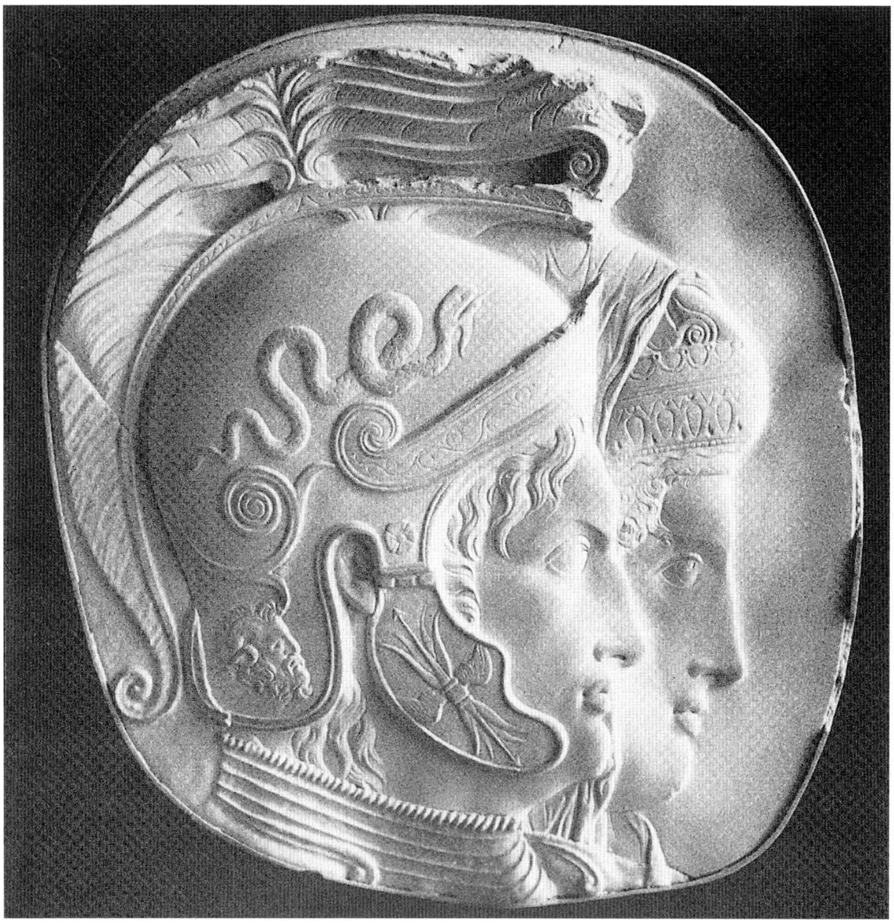

106

läßt sich auch unschwer an frühkaiserzeitliche Werke anschließen.

In den Tagen des Augustus und seiner Nachfolger war nun jedoch diese Stirnbandmode längst obsolet. Doch dafür liebten die Damen um Livia, der Gattin des Augustus, etwas anderes: einen großen, weit nach vorne drapierten Dutt über der Stirn. Wenn man nun über eine derartige Frisur, die sich beinahe wie ein Haarteil ausnimmt, nach Art der Alexanderzeit ein Band ziehen würde, dann würden wir der Haarkontur unserer Kameodame überaus nahe kommen. Verbergen sich hier am Ende Livia und Augustus in der Maske von Alexander und Olympias? Nun, das würde zwar die wedgwoodartige Blässe der Porträts erklären, doch sollte es sich bei dieser Analogie, so sie unterschwellig bedient wird, eigentlich um Mutter und Sohn handeln, da an dem Grundthema Alexander und Olympias nicht zu zweifeln ist.

Die Verbindung Alexander-Augustus ist deshalb so verführerisch, weil der Princeps ein großer Alexanderverehrer war, der eine Weile sogar mit dem Porträt des Makedonen siegelte (Sueton, *Augustus* 50).[95] Man stelle sich vor, der erste römische Kaiser. Wenn sich hier also Augustus in der Maske Alexanders verbergen sollte, dann sollte man vielleicht nicht an seine Ehefrau Livia denken, sondern an Atia, die Mutter. Dies hätte nun noch den Vorzug, uns zurückzuführen in die Sphäre göttlicher Zeugung. So träumte einst der Mutter des Augustus, daß sie in einem Tempel Apolls eingeschlafen sei und dabei von einer göttlichen Natter begattet wurde (Sueton, *Augustus* 94).[96] In der Folgezeit verhinderte ein farbiges Mal in Gestalt einer Schlange, daß sie jemals wieder öffentliche Bäder aufsuchte. Bei der Geburt des Princeps sei der spätere Augustus wie eine Sonne aus dem Mutterleib getreten.

Die Geburt des Augustus fiel mit den Senatsdebatten über die Verschwörung

lichen Stellung der zu Lebzeiten vergöttlichten Königspaare Rechnung zu tragen. Hinter der Kreation des Doppelporträts stehen also ideologische Gründe. Da es zu Zeiten Alexanders derartige Doppelporträts noch gar nicht gab, lag der Gedanke also durchaus nahe, hier das vergöttlichte zweite Ptolemäerpaar zu erkennen: Ptolemaios II. und seine Schwester und Frau Arsinoe II. (285–270/246 v. Chr.). Suggestiv, jedoch leider unhaltbar. Zwar betrachteten sich die Ptolemäer als leibliche Nachkommen des großen Alexander und konnten also auch seine Nativitätssymbolik nutzen. Auch führten sie sich selbst über Dionysos und Herakles auf Zeus zurück, doch ist von einer göttlichen Schlangenzeugung des zweiten Ptolemäers nie die Rede. Man könnte es kaum blumiger formulieren als der große Lyriker Theokrit, wenn er die Geburt des neuen Ptolemäers in Verbindung bringt mit der Zeugung großer Heroen der griechischen Frühzeit (XVII. Eidolon 55)[94]:

«... *Du, tiefbusige Thetis, gebarst dem Aiakos-Sohne Peleus den Helden Achill. Und Strahlende du, Berenike, schenktest dem Helden Ptolemaios als Sohn den Held Ptolemaios ...*»

Von einem Schlangenbezug keine Spur. Zudem fehlen auf dem Wiener Kameo alle pharaonischen Insignien und selbst der auf Münzbildern über Jahrhunderte hinweg so charakteristische Kopfschmuck ptolemäischer Königinnen. Allein der feine, über den Hinterkopf gezogene Mantel ist bei Ptolemäerinnen bezeugt, doch erscheint er auch bei Olympias (Abb. 23. 33).

Zudem wird das so auffällige Stirnband unserer «Olympias» ausgerechnet im Makedonien der Diadochenzeit faßbar, wie ein Blick auf ein winziges Silberköpfchen in einem Trinkbecher aus Stavroupolis / Thessaloniki lehrt (Abb. 81a.b; s. S. 78f.). Bei dem Stirnband ist zu betonen, daß es sich um Haarschmuck und nicht etwa um ein Königsdiadem handelt. Die Mode selbst war vor allem im Italien der Alexander- und Diadochenzeit weit verbreitet.

Vergleicht man die Haartracht der Königin auf unserem Kameo, so fällt die Wölbung des Bandes auf, die auf einen beträchtlichen Haarwust dahinter schließen läßt, und dies ist nun keinesfalls eine Eigentümlichkeit der Alexander- oder Diadochenzeit. Ein Versehen des Steinschneiders? Nun, die Qualität der Arbeit spricht unzweideutig gegen eine solche These. Im Gegenteil, die klassizistische Schärfe und Glätte bezeugt nicht nur die technische Brillanz des Künstlers, die akademische Leblosigkeit seiner Arbeit

Abb. 106 ***Details auf dem Helm Alexanders auf dem «Ptolemäerkameo» (Abb. 105).***

Abb. 107 ***Augustuskameo mit dem schräg von hinten gesehenen Büstenbildnis des Augustus, das Gesicht selbst im Profil, eine seit dem Hellenismus vertraute Darstellungsform. Der Kranz ist in der Renaissance zu einem Diadem umgearbeitet worden. Der erste römische Kaiser erscheint hier alexandergleich mit der Lanze und der Ägis des Zeus, die der Makedonenkönig in Ägypten aufgrund seiner Abstammung von Zeus/Ammon trug. London, The British Museum, Walters Nr. 3577.***

des Catilina zusammen. Vater Octavius kam wegen der Niederkunft seiner Gattin zu spät. Und als man dem Astrologen Publius Nigidius Figulus die Geburtsstunde nannte, da rief er aus: «*Der Herrscher der Welt ist nun geboren.*»

Sueton kannte noch eine weitere Geschichte, die Augustus wiederum mit Alexander verbindet. Denn als der Vater Octavius auf seinem makedonischen Kommando zu einem alten Altar des Dionysos gelangte, da erkundigte er sich nach dem zukünftigen Geschick seines Sohnes. Die Priester schütteten Wein über die alten Steine und das Opferfeuer schoß mit einer gewaltigen Stichflamme in den Himmel, weit höher als das Dach des kleinen Schreins. Nur Alexander selbst hatte einst dieses außerordentliche Zeichen erhalten, als er auf diesem Altar opferte.[97] Der Vater hatte dann in der Nacht einen weiteren Traum: «*... Sein Sohn erschien in übermenschlicher Majestät, bewaffnet mit einem Blitz und versehen mit dem Zepter und den Insignien des Jupiter Optimus Maximus ...*», also des Zeus, wie es ein Grieche formuliert hätte.

Es findet sich also kaum ein Herrscher, der legitimer in der Maske Alexanders mit den Symbolen seiner göttlichen Schlangenzeugung und dem Blitz des Zeus/Jupiter auftreten konnte, als der Kaiser Augustus. Und es war Augustus, der ziemlich genau drei Jahrhunderte nach dem großen Makedonen ebenfalls eine neue Ära begründen sollte – das Goldene Zeitalter, wie es die augusteische Dichtung feiert. Auch daß die Schlange als Agathos Daimon, also, im Sinne des Hellenismus sozusagen als «alexandrinische» Schlange erscheint, kann nicht verwundern, war doch Alexander der Gründer der Stadt und Augustus ihr Eroberer, der im Jahre 30 v. Chr. die besiegte Metropole verschonte und zwar aus Verehrung für Alexander den Großen.

Selbst die Ägistracht Alexanders ist bei Augustus mit spektakulären Beispielen vertreten. Zu nennen ist hier etwa der Augustuskameo in London (Abb. 107).[98] Hinter dem Princeps erkennen wir einen Stab, der angesichts der schrägen Lage wohl nicht als majestätisch aufgestütztes Götterzepter, sondern als Lanze zu sehen ist. Der Speer, von dem schon der Bildhauer Lysipp meinte, es sei die genuine Waffe Alexanders. In der Literatur wird die Ägis in der Regel als Signum des Zeus bzw. des Jupiter gesehen. Und das sicher nicht zu Unrecht. Mit der Alexandertradition im Hintergrund wird wohl kein Zeitgenosse die Nähe zur Symbolik des Makedonenkönigs übersehen haben. Wir haben also stets auch ein Stück Alexanderimitatio vor uns.

Alexander spielte auch sonst bei der «Öffentlichkeitsarbeit» des Princeps eine große Rolle. So stellte er auf dem Augustusforum Skulpturen aus Alexanders Festzelt zur Schau. Gemälde des Apelles zeigten an der gleichen Stelle den Makedonenkönig als Friedensfürsten mit dem gefesselten «Krieg». Das Bild dokumentiert, daß das Propagandathema «Friedensfürst» bereits zu Lebzeiten des Königs en vogue war (s. S. 62). Augustus war übrigens pietätvoller als Caesar, er ließ den Kopf Alexanders unangetastet. Das änderte erst Claudius und ließ den Kopf der Eroberers durch Augustusporträts ersetzen.

Der angesichts des klassizistisch-akademischen Stils wohl frühkaiserzeitliche Kameo in Wien hat also nichts mit Ptolemäern zu tun, jedoch weit mehr mit Alexander und seiner Mutter, wie es bereits A. Furtwängler konstatiert hatte. Von außen Alexander und Olympias und im Hintergrund als Botschaft Augustus und Atia? War die Analogie zu Alexander dem Großen am Ende gar der Anlaß für die Fertigung des Doppelporträts? Wenn ja, dann fassen wir hier gleich zwei schlangengezeugte Begründer ganzer Menschheitsepochen.

Die Portlandvase oder ein höfischer Mythos

Die märchenhafte Zeugung Alexanders, seine mythischen Abenteuer, das alles sind Spätlinge im antiken Mythos. Sie entstanden zu einer Zeit, als der Mythenschatz des Klassischen Altertums längst in all seinen Verästelungen paraphrasiert war. Bei Alexander ging es weniger um einen neuen Mythos, als um die Integration des Epochenbegründers in die mythischen Systeme zweier Weltkulturen. Bei Augustus stand hingegen bereits die Imitatio Alexandri im Vordergrund. Es gibt wohl kein Monument, auf dem dieser hö-

107

fisch-ideologische Ansatz so virtuos verwirklicht wurde wie auf der Portlandvase (Abb. 108a–d).

Die Vase gehört zu den Kameogläsern, das heißt sie imitiert die unterschiedlichen Farbschichten eines geschnittenen Steins wie der «Ptolemäerkameo». Die Gattung blühte in den Tagen des Augustus und scheint bereits in neronischer Zeit auszulaufen.[99] Das als Portlandvase in die Archäologie eingegangene Prachtstück hat in der Moderne eine mehr als bewegte Geschichte hinter sich. Bereits um 1600/01 wird die Vase in einem Brief an Peter Paul Rubens erwähnt und zwar in der Sammlung des Kardinals Del Monte in Rom. Danach gelangte sie durch Kardinal Franceso Barberini in den Besitz der Barberinis, bis sie gegen 1780 veräußert wurde. Schon 1783 erwarb sie Sir William Hamilton, seines Zeichens britischer Botschafter in Neapel und Gatte der berühmten Lady Hamilton, der Geliebten Admiral Nelsons.

Sir Hamilton brachte sie nach London und verkaufte sie an den Herzog von Portland. 1810 erscheint sie als Leihgabe unter den Beständen des Britischen Museums. Im Jahre 1843 wurde sie von einem Geistesgestörten zerschlagen und zerbrach in mehr als 200 Scherben – ein modernes Restaurierungsprojekt, das die Konservatoren des Museums in mehreren Anläufen bis 1989 beschäftigte. Der Aufwand lohnte sich nicht nur angesichts der ungewöhnlichen Qualität, auch die Ikonographie zählt zu den bemerkenswertesten, die uns aus der Antike erhalten sind. Zugleich stehen wir jedoch auch vor einem der faszinierendsten, mythologischen Bilderrätsel.

Daß es sich bei der viel umrätselten Darstellung um einen Schlangenmythos handelt, erkennt man sofort auf der Seite A, die wir als die Vorderseite bezeichnen wollen (Abb. 108a). Dort windet sich ein Reptil mit merkwürdigem Kopf im Schoß einer gelagerten Heroine, die einen jungen Mann empfängt, der aus einer dorischen Pfeilerarchitektur zu ihr herantritt. Hinter ihr steht ein nachdenklicher Mann mit Vollbart, der seinen Fuß auf ein Podest stützt.

Beginnen wollen wir jedoch mit der Rückseite (Abb. 108b). Eine Frau ruht elegisch auf einer Halde von Steintrümmern, eine Fackel in der Rechten. Zu ihren Füßen liegt ein Pfeilerkapitell mit einem mächtigen Dübelloch. Hier hat nun Erika Simon schon vor Jahren eine bestechende Deutung präsentiert, von der wir ausgehen wollen: Die Gelagerte ist Hekabe, die Mutter des trojanischen Königssohnes Paris. Da der Mutter träumte, Paris werde für Troja den Untergang bringen, wurde er ausgesetzt. Er gelangte erst mit Aphrodites Hilfe zurück – und vernichtete durch seine Liaison mit der schönen Helena am Ende tatsächlich seine Heimatstadt.

Aphrodite könnte man tatsächlich in der sitzenden Frau zur Rechten erkennen, die Hand auf ein hohes Götterzepter gestützt, während sich der sitzende Paris zur Linken zu seiner Mutter zurückwendet. Daß Hekabe den Kopf von ihm abwendet, bedingt zwar der weit verbreitete ikonographische Topos «Schlafende Frau mit Hand auf dem Kopf», doch erhält er hier noch eine zusätzliche inhaltliche Wertigkeit.

Die Mythen um Troja spielten nun gerade in den Tagen des Augustus eine besondere Rolle – man veranstaltete sogar Trojaspiele, zu deren Siegern etwa die Enkel des ersten Kaisers zählten. Der ganze Mythenzirkel fügt sich vorzüglich in die augusteische Propaganda, die unter anderem auf die Wiederbelebung alter Traditionen zielte.

Auch Aphrodite/Venus war für den von Caesar adoptierten Octavian eine bedeutungsvolle Gestalt. Als Venus-Genetrix galt sie als Stammutter des Iulischen Hauses, der Caesar auf seinem im Jahre 44 v. Chr. eingeweihten Forum Iulium eigens einen Tempel errichtet hatte. Sie ist also nicht nur die göttliche Patronin des Paris, dem sie die Liebe der schönsten Frau auf Erden vermittelt, sie ist als Stammutter der Iulier auch eine höchst politische Gottheit und erscheint deshalb auch an zentraler Stelle im Giebel des von Augustus gestifteten Mars-Ultor-Tempels. Der Tempel und das Forum waren sozusagen das Zentrum des architektonischen Selbstverständnisses einer neuen Dynastie, die als iulisch-claudisches Kaiserhaus Geschichte machen sollte.

Da auf der Vorderseite unserer Vase nun noch eine Heroine mit Schlange erscheint, scheint sich alles wunderbar zu fügen – Atia, die Mutter des neuen Herrschers, die von dem schlangengestaltigen Apoll den Begründer des goldenen Zeitalters empfing. Über der Frau schwebt ein kleiner Eros, den Bogen in der Hand. Der Liebesbote steht für die Vereinigung des mythischen Paares – Mensch und Gott. Zudem datiert die Vase stilistisch tatsächlich in augusteische Zeit. Die Deutung scheint also kein Problem – sollte man meinen, doch weit gefehlt.

Nehmen wir einmal an, bei dem Reptil handelt es sich tatsächlich um den serpentiformen Gott von Delphi, dann fragt man sich, weshalb die Natter keinen Schlangenkopf sondern den Kopf eines Ketos besitzt. Ein Ketos ist eigentlich ein Seepferd, das jedoch überdimensionale Proportionen annehmen konnte und somit zum Seedrachen oder zur Seeschlange wird. Das lange, stumpfe Maul und die Ohren, alles ist ganz unverkennbar.

Doch ist dies tatsächlich ein Ketos? Eigentlich nicht, denn das Seepferd-Monster hatte nach antiker Vorstellung zumeist Vorderbeine, und Flossen, einen Zackenkamm oder gar Flügel und davon ist nichts zu sehen. Nur an eine Kehlflosse könnte man denken, doch handelt es sich bei dem langen, quastenförmigen Anhängsel tatsächlich um einen Kehlbart, dessen Haarsträhnen am Ende deutlich auszumachen sind. Eine bärtige Schlange mit dem Kopf eines Ketos – das ist mehr als ungewöhnlich.

Augustus wurde zwar in späterer Zeit tatsächlich gelegentlich als Schützer der Seefahrt gefeiert, doch fragt man sich denn doch, weshalb der delphische Gott hier ausgerechnet in Gestalt einer Seeschlange nahen sollte. Ein Seemonster ist eigentlich ein Attribut für maritime Gottheiten wie Thetis, die Mutter Achills – mit der Mutter des Augustus hat sie auf den ersten Blick nichts zu tun. Aber wirklich nur auf den ersten Blick. Denn die Verknüpfung von Achill, Thetis und Schlangenzeugung evoziert natürlich sogleich die Assoziation «Alexander der Große». Könnte es sein, daß hier der Begründer der römischen Kaiserzeit in das Mäntelchen von Alexanders Zeugungslegende geschlüpft ist? Erklärt sich auf diesem Hintergrund die seltsame Schlange? Besonders verwirrend ist, daß unser Künstler glaubte, er könne nahezu durchweg auf Attribute verzichten. Aus seiner Sicht war das Bildprogramm also sonnenklar. Prüfen wir also, wohin uns die Verschmelzung von Alexander und Augustus trägt.

Fragen wir zunächst nach den Grundzügen der Komposition. So nahm man in der Regel an, daß es sich bei dem jungen Mann, dem die Heroine die Rechte entgegenstreckt, um ihren Geliebten oder Ehemann handeln müsse. Die Verfechter

***Abb. 108a–d** Die sog. Portlandvase gehört zu den Kameogläsern und entstand in der frühen Kaiserzeit. Die Szenen spielen mit der göttlichen Schlangenzeugung des Augustus und blenden diese ein in die Schlangenzeugung Alexanders des Großen. Auf diese Weise entsteht ein Werk der augusteischen Hofkunst, die der Alexanderverehrung und Alexanderimitatio des Augustus in hervorragender Weise Rechnung trägt. Glas. H. 24,8 cm. London, The British Museum Inv. 1945.9-27.1.*

der rein mythologischen Deutungsrichtung sahen hier Peleus, den Mann von Thetis und Vater des Achill. Aus dieser Sicht wäre die Schlange mit Ketoskopf eher ein lebendes Attribut. Es nähme nicht nur Bezug auf den maritimen Charakter der Frau, es könnte auch als Anspielung auf den Hochzeitsmythos von Peleus und Thetis verstanden werden. Denn als der Heros seine Auserwählte überwältigen wollte, da verwandelte sich die Göttin in allerlei Monster, darunter auch in eine Schlange. Die Göttin wollte also im wahrsten Sinne erobert werden. Die Frage ist jedoch, ob es sich bei dem jungen Mann tatsächlich um ihren Ehemann handelt?

So naheliegend das auch scheint, aus dem Blickwinkel unseres Alexander-Augustus-Schlangenmythos ist diese Deutung alles andere als stimmig, denn bei diesen Legenden ist der Ehemann tiergestaltig oder als Tier verkleidet, und zudem fällt auf, daß der kleine Liebesgott keineswegs über dem Paar, sondern über der Heroine und der Natter schwebt. Hat er den Ehemann zu seiner Zukünftigen geführt?

Zudem fragt man sich natürlich, welche Rolle der ohne jedes Attribut dargestellte, bärtige Mann spielen könnte, der so sinnend-finster den Kopf in die Hand stützt. Der hat nun wiederum nichts mit Thetis zu tun. Folgt man der Augustusthese, dann könnte es sich bei dem jungen Mann um Apollon handeln – oder um Augustus selbst. Andererseits sollte es sich dann bei dem Bärtigen eigentlich um den gehörnten Ehemann handeln, also um Octavius, den historischen Vater des späteren Augustus. Daß dieser grimmig blickt, wäre eigentlich nicht verwunderlich. Leider war in der späten Republik eine derartige Barttracht völlig unüblich. In diesem Mann hätte kaum jemand Octavius oder einen anderen Römer aus den Tagen des Augustus erkannt.

Aus dem Blickwinkel der Alexanderfamilie sieht dies jedoch völlig anders aus. Der Bärtige ist dann natürlich der sinnende oder besser brütende Philipp II., der von der Schlangenempfängnis seiner Gattin alles andere als begeistert ist. Das erklärt seine Pose und auch seinen Vollbart (Abb. 27. 28). Seine Frau ist dann Thetis-Olympias, die Mutter des neuen Achill-Alexander. Als Thetis-Olympias wurde sie sogar noch auf spätantiken Kontorniaten und Goldmedaillons dargestellt (Abb. 23. 24. 33). Die Bärtigkeit der Schlange beinhaltet also eine Anspielung auf den Agathos Daimon, den im Hellenismus vor allem in Alexandria heimischen Schlangendämon. Wir kennen das bereits von dem Ptolemäerkameo (Abb. 105).

Somit wäre in dem Jüngling, der da auf Zehenspitzen staunend zu seiner Mutter tritt, Alexander zu erkennen. Dieser Alexander trägt jedoch nicht etwa seine charakteristische Haartracht, sondern die kurzen Sichellocken vieler iulisch-claudischer Frisuren. Tatsächlich könnten die idealen Gesichtszüge ohne weiteres als Augustus durchgehen. Der Künstler mußte auf eine Alexanderfrisur verzichten, denn sonst wäre der eigentliche Adressat – Octavian-Augustus – unkenntlich gewesen.

Die Ikonographie ist somit wahrhaft akademisch – ein Bildungsrätsel. Verschmolzen wurden sowohl der Alexander- wie der Augustusmythos und das erklärt auch die divergierenden Aspekte der Komposition, mit denen der Künstler so virtuos spielte. Die Vorderseite ist eigentlich primär eine Darstellung der Alexanderzeugung: Philipp II., Thetis-Olympias und der Schlangendämon, der zugleich Thetis als Mutter des neuen Achill-Alexander charakterisiert; eine Verschmelzung zweier Deifizierungstraditionen des großen Eroberers. Der «neue Achill», der

108a

108b

nach Troja zieht und seine Schlangenzeugung. Alexander selbst glich der Künstler an Augustus an, so daß hier gleich zwei Begründer ganzer Menschheitsepochen insinuiert sind, auch wenn Augustus als Schöpfer des Goldenen Zeitalters im Vordergrund steht. Wie in einem Vexierspiegel könnte man nun in Thetis-Olympias auch Atia erkennen, die 43/42 v. Chr. verstorbene Mutter des Augustus. In augusteischer Zeit verfaßte der Dichter Domitius Marsus ein Grabepigramm für die Mutter des Princeps:

«Glücklich bin ich gepriesen vor allen anderen Frauen,
Ob einen Sterblichen nun, oder einen Gott ich gebar.»

Selbst die Rückseite hält nun noch ein Namensspiel bereit: Nicht genug, daß für Augustus wie für Alexander Troja von großer Bedeutung war, es ist Paris selbst, der uns zu dem Makedonenkönig zurückführt: Denn einer antiken Tradition zufolge hieß der Königssohn von Troja nicht Paris, sondern Alexander.

Bei der Schlangenzeugung sollte nicht unerwähnt bleiben, daß bereits bei Scipio Afrikanus (ca. 253–183 v. Chr.) von einer vergleichbaren Alexanderimitatio berichtet wird. Livius (XXVI, 19, 6–7) ist zwar durchaus ungläubig, doch lassen seine Worte an der Deutung der Zeugungslegende keinen Zweifel aufkommen: «*Die Gewohnheit ... führte bei einigen zu dem Glauben an die verbreitete Meinung, der Mann (Scipio) sei göttlicher Herkunft, und brachte die schon früher über Alexander den Großen ausgestreute, ebenso unbegründete und nur nachgeplapperte Geschichte wieder in Umlauf, Scipio sei im Beischlaf mit einer gewaltigen Schlange empfangen worden; man habe im Schlafzimmer seiner Mutter sehr oft die Erscheinung dieses Wunderzeichens gesehen*» (Übersetzung J. Feix). Livius schrieb in den Tagen des Augustus, so daß die Kenntnis des Schlangenmythos für die Zeit unserer Vase bestens gesichert ist.

Bleibt noch die Frage nach dem auf den ersten Blick seltsamen Bodenschmuck der Portlandvase (Abb. 108c). Ein Orientale oder Perser, kenntlich an seiner Kopfbedeckung und dem Ärmelchiton, der Serapis. Man hat hier an Attis gedacht, einen phrygischen Gott, zu dem auch die Kopfbedeckung gut passen würde, doch ist der Gestus der rechten Hand wenig göttlich – es ist der devote Gestus eines Audienz suchenden Persers vor seinem Großkönig. Eine Begrüßung, wie wir sie bereits auf den Reliefs von Persepolis finden (Abb. 79). Die Bodenplatte ist in der Färbung unterschiedlich und gehörte wohl ursprünglich nicht zu der Vase, auch wenn man sie wohl anscheinend bereits in antiker Zeit zur Ergänzung nutzte.

Die Anspielung gilt natürlich vor allem dem Asiensieg Alexanders, doch folgte Augustus auch hier den Spuren seines großen Vorbilds, zumindest in der Fiktion. An die Stelle der Perser waren längst die Parther getreten, die zu Zeiten Caesars den römischen Legionen des Crassus bei Carrhae eine vernichtende Niederlage beigebracht hatten. Den Kopf des römischen Feldherrn und die römischen Legionsadler hatte man dem Partherkönig gebracht, eine Schmach für jeden Römer.

Augustus verzichtete zwar auf einen großen Asienfeldzug mit dem Ziel einer Eroberung des Partherreiches, doch gelang es, die erbeuteten Feldzeichen im Jahre 20 v. Chr. von Phraates IV. zurückzuerhalten. Auf dem Augustus von Prima Porta wurde die Rückgabe als Unterwerfung des Orients gefeiert und auf dem Forum Romanum errichtete man den Partherbogen, ein wahrhaft ideologisches Monument, das dem diplomatischen Orienttriumph des Augustus gewidmet war. Die Inschriften nannten alle römischen Triumphe von Romulus bis in die Tage des Augustus, der sich somit als Vollender römischer Geschichte präsentierte. Der Parthersieg war nach den Prophezeiungen des sibyllinischen Orakels eine wesentliche Voraussetzung für den Beginn des Goldenen Zeitalters.

Man sollte diesen diplomatischen Triumph nicht geringschätzen und auch nicht den Einfluß des Augustus auf den parthischen Osten. Parthische Geiseln weilten an seinem Hof und auch manche Nachfolge östlicher Könige wurde nach dem Ratschluß des Augustus geregelt. Ein sich unterwerfender Orientale als Bodenmotiv der Vase – der für die Ergänzung verantwortliche Meister hätte nichts Besseres, nichts Sprechenderes wählen können.

Der Orientsieg und Orientkrieg spielte auch im kurzen Leben eines Augustusenkels eine bedeutende Rolle. Gaius Caesar, der Sohn der Iulia und des Agrippa starb im Jahre 4 n. Chr. im lykischen Limyra nach einer Verhandlung mit einem parthischen Prinzen. Auch dieses Ereignis wurde im Sinne höfischer Ideologie als Alexanderanspielung «verkauft». So kennen wir in Ephesos einen Kult von Alexander und den Augustusenkeln Gaius und Lucius Caesar.[100]

Eine Schöpfung wie die Portlandvase ist somit ein Stück augusteische Hofpropaganda und bot sicherlich einen willkommenen Anlaß zu gebildeten Tischgesprächen, bei denen man zugleich seine Loyalität zu Kaiser und Staat unter Beweis stellen konnte.

108c

108d

Caligula und der Panzer des Königs

Die Alexander- und Alexandriabegeisterung trieb so manche Blüte. So pilgerte der Kaiser Caligula zum Grab Alexanders und entwendete, wie Sueton (*Caligula* 52) ausdrücklich anmerkt, einen Panzer des legendären Königs. Dies lehrt, daß im Grab Alexanders selbst vier Jahrhunderte nach seinem Tod noch immer Grabbeigaben aufbewahrt wurden, seien es nun Originale oder Replikate. Der Panzer war eine Devotionalie wie Alexanders Mantel bei Pompeius. Aus Caligulas Sicht war Alexander natürlich längst über homerische Heroen hinausgewachsen. Und so wie Alexander die Waffen Achills an sich genommen hatte, so brachte Caligula nun einen Panzer des «Neuen Achill» in seinen Besitz.

Zurück in Italien, überquerte Caligula in Anlehnung an Xerxes und Alexander auf einer riesigen Schiffsbrücke in fiktiver Weise den Hellespont. Neben seinem Wagen mußte eine parthische Geisel gehen, die zufällig Dareios hieß. Nur kreuzte der Imperator leider nicht von Europa nach Asien, sondern von Puteoli nach Baiae. (Sueton, *Gaius* 19). So einfach schreibt man Weltgeschichte – als Kaiser.

Der Koloß des Nero

Die beiden gewaltigsten Bronzestatuen der Antike waren Bilder des Sonnengottes. Die eine Skulptur, der Koloß von Rhodos, ist sprichwörtlich geworden. Sein Pendant war zwar größer und stand in Rom, doch ist es weit weniger bekannt: Der Koloß des Nero (Abb. 109).[101] Auf den ersten Blick sollte man gar nicht meinen, daß ein Porträt des Nero-Helios etwas mit Alexander zu tun haben könnte, doch konnten wir ja bereits mehrfach feststellen, daß Alexander-Helios im Hellenismus zu einem Götterpaar verschmolz. Da Nero zudem ein ausgesprochener Alexanderfreund gewesen sein muß, wie schon seine makedonische Phalanx beweist (s. S. 114), stellt sich die Frage, ob uns dieses monströse Porträt- und Götterbild nicht einiges über Neros Alexanderleidenschaft erzählen könnte.

Der Koloß stand anfangs wohl in der Domus Aurea, dem Stadt- und Gartenpalast des Kaisers und später in der Nähe des Kolosseums. «*Sie (die Domus Aurea) hatte ein Vestibül, das so gestaltet war, daß in ihm der 120 Fuß hohe Koloß, ein Bildnis Neros, stehen sollte/konnte.*» (Sueton, *Nero* 31).

Martial meinte (epigr. 1,70,7 f.): «*Lasse dich nicht aufhalten durch die strahlenversehene Größe des staunenswerten Kolosses, der das Werk der Rhodier stolz übertrifft ...*» Die antiken Maßangaben differieren zwischen 29,5–35,5 m, doch war der Nerokoloß wohl tatsächlich etwas größer als der Koloß von Rhodos, der etwa 31 m erreichte.

Plinius hat hingegen einige Informationen zur Herstellung parat (*Naturalis historia* 34,45 ff.): «*Die ganze Größe der Standbilder dieser Art übertraf aber zu unserer Zeit Zenodoros durch den Merkur, den er in der Stadt der Arverner in Gallien in zehn Jahren für einen Arbeitslohn von 40 000 000 Sesterzen herstellte; nachdem er seine Kunst dort genügend bewiesen hatte, wurde er von Nero nach Rom berufen, wo er den zum Standbild jenes Kaisers bestimmten Koloß von 119,5 Fuß Höhe ausführte, der, dem Sol geweiht, Verehrung findet, nachdem man die Verbrechen jenes Kaisers verurteilt hat. Wir bewunderten in der Werkstatt (des Zenodoros) nicht nur die auffallende Ähnlichkeit an dem aus Ton gefertigten Modell, sondern auch noch das aus sehr kleinen Stäbchen gemachte, was das Erste bei der Herstellung war. Dieses Standbild zeigte, daß die Kenntnis des Bronzegusses verloren gegangen war, obwohl Nero bereit war, Gold und Silber reichlich zu spenden, wie auch Zenodoros in der Fähigkeit des Modellierens und Ziselierens keinem der Alten nach gesetzt wird ... Je größer die Vortrefflichkeit eines Zenodoros war, desto mehr erkennt man den Verfall der Kunst der Erzgießerei.*»

Nun verfiel ja Nero bekanntlich der damnatio memoriae und so blieb auch der Koloß nicht verschont: «*Mit Hilfe des Architekten Decrianus versetzte er (Hadrian) auch den Koloß, in aufrechter Position angeseilt, weg von der Stelle, an der sich jetzt das Templum Urbis befindet; dabei war dieser von so enormem Gewicht, daß er (Hadrian) dafür 24 Elefanten einsetzen mußte. Und da er das Bild dem Sonnengott weihte, nachdem er die Züge Neros zerstört hatte, dem es vorher gewidmet war – bemühte er sich, ein zweites, das der Luna gelten sollte, nach einem Entwurf des Architekten Apollodoros machen zu lassen.*» (Historia Augusta, *Hadrian* 19,12 f.).

Hadrian ließ also die Gesichtszüge des Nero unkenntlich machen. Commodus wiederum «*... ließ den Kopf des Kolosses abschneiden und ihn durch ein Bildnis seiner selbst ersetzen, gab ihm eine Keule und unterlegte ihn mit einem bronzenen Löwen, so daß er die Gestalt eines Herakles bekam. Und er ließ außer seinen erwähnten Beinamen darauf auch schreiben: der erste der Secutores, der als Linkshänder allein zwölfmal tausend Gegner besiegt hat.*» (Cassius Dio

73,22,3). Commodus, der es liebte sich als Herakles und Gladiator zu sehen, war also nicht weniger unbescheiden als Nero, der sich ein Jahrhundert früher als Sonnengott darstellen ließ. Nach dem Sturz des verhaßten Commodus wurde die Statue übrigens wieder in ein Heliosbild zurückverwandelt.

Nun hat seit langem irritiert, daß der auf seine Selbstdarstellung so erpichte Nero ausgerechnet auf ein Heliosporträt verfiel; denn der Helios/Sol war im griechischen wie im frühkaiserzeitlichen Pantheon eigentlich keine sonderlich auffällige Größe. Die Frage ist also: Weshalb Helios und nicht Apoll? Der Gott der Musen hätte sich doch angeboten, liebte es doch der Kaiser, als Dichter und Kitharöde aufzutreten. Helios ist jedoch eher als Wagenlenker bekannt, stellte man sich doch vor, daß er mit glänzenden Rossen über den Himmel brause. Helios-Nero nahm tatsächlich in Olympia am Wagenrennen teil – kaiserlich und nicht mit vier, sondern mit zwölf Pferden. Es kam, wie es kommen mußte und zwar in doppelter Hinsicht. Natürlich stürzte das unförmige Gespann und natürlich wurde der Imperator dennoch zum Sieger ausgerufen.

Zur Erklärung des Heliosbildes ist dies jedoch etwas wenig. Man hat verschiedentlich auf Augustus verwiesen, der in der Tat auf Münzen mitunter als Helios erscheint (Abb. 110a), doch konnten wir bereits sehen, daß Augustus ein begeisterter Alexanderadepte war. Als erster römischer Pharao und Alexandernachfolger ist es indes nicht sonderlich schwer, die Heliosdarstellungen des ersten Princeps mit Alexander-Helios zu verbinden.

Bei Nero ist die ägyptische Achse noch weit offenkundiger. Zunächst war der Mann ein ausgesprochener Ägyptomane. Er beklagte sich, daß er in Rom leben müsse und nicht in Alexandria, er wollte in ägyptischem Porphyr bestattet werden, und als er seine schwangere Frau Poppaea zu Tode getreten hatte, ließ er sie einbalsamieren – eine noble Geste (Abb. 111b).

Neros Verhältnis zu Frauen hatte wahrhaftig etwas Göttliches, denn der liebenswürdige Kaiser hatte vorher seine Mutter Agrippina beseitigen lassen, weil sie gegen seine neue Favoritin Poppaea intervenierte. Wir kennen einige Darstellungen dieser «Paare», die ganz deutlich machen, daß bei Nero stets mit einer Alexanderangleichung in ptolemäischer Form zu rechnen ist. So erscheint Agrippina als Schicksalsgöttin Tyche neben dem Kaiser, der mit der Ägis des Zeus auf seinem Thron Platz genommen hat. Eine Münze hingegen zeigt Nero-Sol-Helios neben Poppaea oder seiner nächsten Frau Mes-

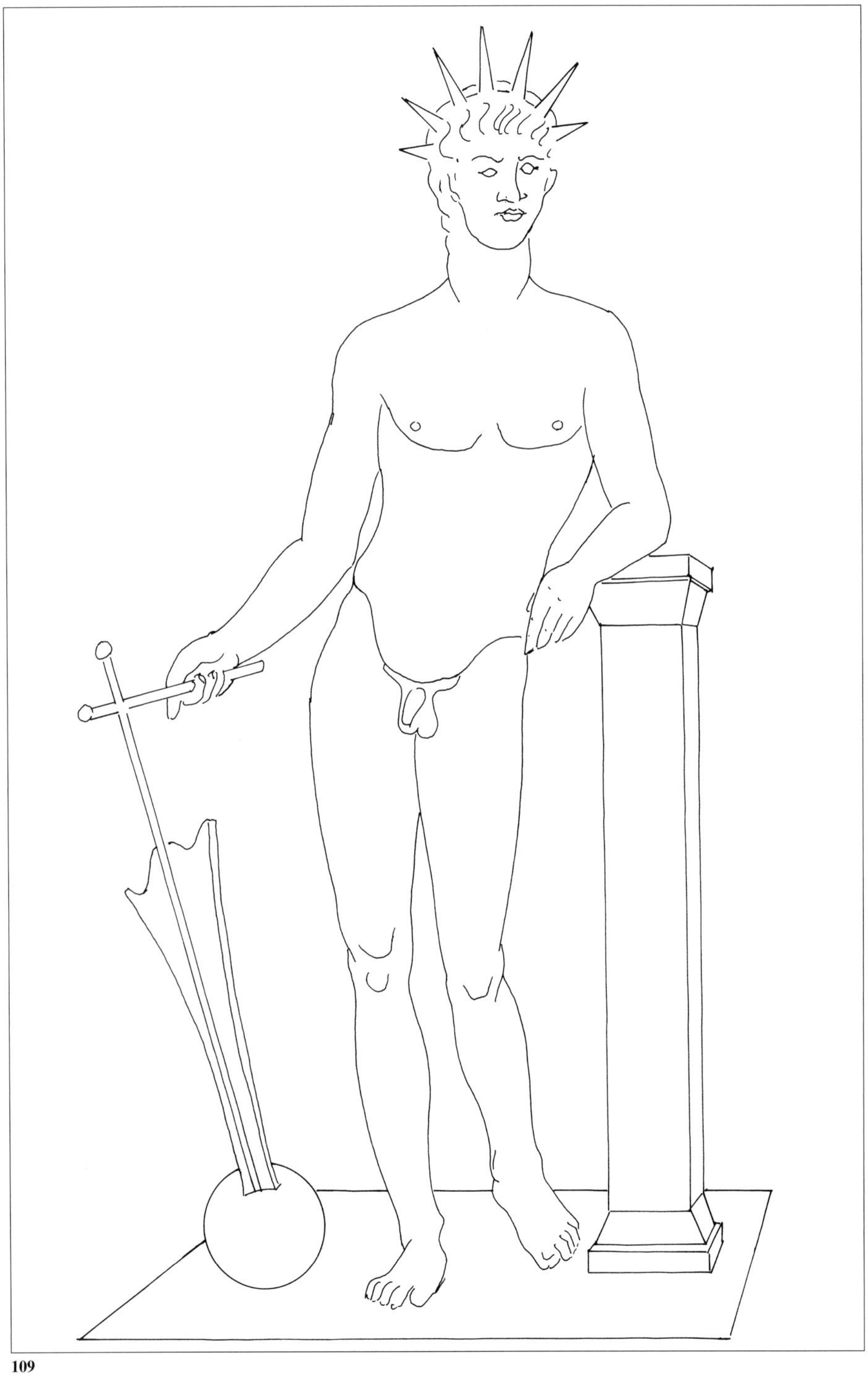

109

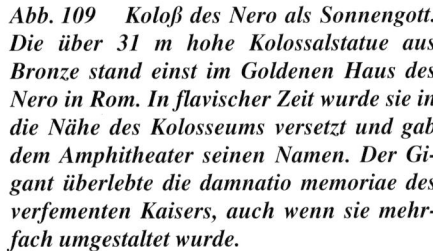

***Abb. 109** Koloß des Nero als Sonnengott. Die über 31 m hohe Kolossalstatue aus Bronze stand einst im Goldenen Haus des Nero in Rom. In flavischer Zeit wurde sie in die Nähe des Kolosseums versetzt und gab dem Amphitheater seinen Namen. Der Gigant überlebte die damnatio memoriae des verfementen Kaisers, auch wenn sie mehrfach umgestaltet wurde.*

***Abb. 110a.b** Alexandrinische Tetradrachme mit dem Porträtkopf des deifizierten Kaisers Augustus als Helios im Strahlenkranz. Auf der anderen Seite ein Porträtkopf des Kaisers Nero als Alexander/Helios. 66/67 n. Chr. Silber. Universitätssammlung Trier.*

***Abb. 111a–d** Alexandrinische Tetradrachmen mit dem Porträtkopf des Kaisers Nero als Sonnengott Sol/Helios im Strahlenkranz. a. b) Nero noch ohne die Ägis Alexanders. Auf der Rückseite ein Porträt seiner Gattin Poppaea, die er 65 n. Chr. durch einen Tritt umbrachte und dann einbalsamieren ließ. 63/64 n. Chr. Silber. Universitätssammlung Trier.*
c. d) Nero als Alexander/Helios mit der von dem Makedonenkönig und den Ptolemäern in Ägypten des öfteren getragenen Ägis, eine Anspielung auf die Abstammung Alexanders und seiner Nachfolger von Zeus. Auf der Rückseite der Adler des Zeus, das alte Münzsymbol der Ptolemäer. 65/66 n. Chr. Silber. Universitätssammlung Trier.

110a

110b

111a

111b

111c

111d

salina, die als Schicksalsgöttin diesmal gar das Doppelfüllhorn Arsinoes II. trägt, und Arsinoe war neben Kleopatra VII. die berühmteste Monarchin des ptolemäischen Hauses.[102]

Und so lohnt sich ein Blick auf die Motive der unter Nero herausgegebenen Münzen Alexandrias (Abb.110. 111).[103] Dort erscheint der Princeps nicht nur als Helios, sondern in der Art Ptolemaios' III. Euergetes mit dem Strahlenkranz des Sonnengottes und der Ägis des Zeus-Alexander. Die Münzsymbolik des Ptolemäers erinnerte daran, daß er sich als neuer Alexander zum Herrn des Orients erklärt hatte.

Nero, der gerade durch seine Truppen in Armenien engagiert war, sah sich offenbar schon als Orientsieger, auch das in bester augusteischer Alexandertradition. Bezeichnenderweise kennen wir Heliosadaptionen noch bei zwei weiteren Kaisern, die ebenfalls dem Alexandermythos verfallen waren: Caligula und Julian Apostata (s. S. 115 f.). In diesen Rahmen passen auch die gigantischen Sonnensegel des Pompeiustheaters in Rom, auf denen der Kaiser im Jahre 66 n. Chr. wohl als wagenfahrender Helios erschien und zwar bezeichnenderweise bei der Inthronisation eines östlichen Monarchen von Neros Gnaden (Cassius Dio 63, 6, 2). Der Kaiser, der davon träumte, wie Augustus ein goldenes Zeitalter zu begründen, fühlte sich also auch wie Alexander als eigentlicher Herrscher des Ostens.

Bleibt uns noch das Steuerruder, das Nero als Zeichen seiner Schicksalsfähigkeit in der Hand hielt. Der kaiserliche Helios firmiert hier als Herr und Meister über das Glück seiner Untertanen, ganz so wie es der ptolemäische Hofdichter Kallimachos Jahrhunderte vorher beschrieb (*Epigramm* 23). Mit seinem Helios (=Ammon Re) spielte er fraglos an auf die segensreiche Tätigkeit des dritten Ptolemäers, der mit seiner Frau nicht nur als Helios, sondern auch als Wohltäter (Euergetes) in die Geschichte einging. Bei den Ptolemäern war dieser schicksalhafte Aspekt allerdings eher den Königinnen vorbehalten. Mit Hilfe des Ruders hatte der Kaiser seine Damen also stets an der Hand, wenn auch nur als Attribut.

Im Grunde vollendet der Koloß des Nero das, was mit dem Koloß von Rhodos begann – die Heliosadaption Alexanders. Bei dem rhodischen Bronzewerk des Chares erhielt der Gott die Züge Alexanders, und nun adaptiert ein Kaiser den Typus des Alexander-Helios.

Caracalla – Der neue Alexander

Der römische Kaiser Septimius Severus hatte zwei Söhne, Geta und Antoninus. Der letztere ging als Caracalla in die Geschichte ein.

«In seiner Kindheit war er (Caracalla) gewinnend, begabt, respektvoll gegenüber seinen Eltern und zu deren Freunden. Er war beliebt beim Volke und auch im Senat. Seine Fähigkeit, Zuneigung zu gewinnen, kam seinem Charakter zugute ... Wenn er einen Verurteilten sah, der den wilden Tieren vorgeworfen wurde, dann weinte er oder wendete die Augen ab und dies war mehr als anrührend für die Bevölkerung. Als Knabe von sieben, als er hörte, daß ein Spielkamerad wegen seiner jüdischen Religionszugehörigkeit schwer geschlagen worden war, sah er für lange Zeit weder seinen Vater noch den Vater des Kameraden an, als ob sie für den Angriff verantwortlich seien ... Als er die Knabenzeit hinter sich ließ, wurde er entweder auf Anweisung seines Vaters oder aus eigenem Antrieb ernster, reservierter und teilweise sogar wilder in seinem Ausdruck, weil er dachte, er müsse sich auf eine Stufe stellen mit Alexander dem Großen, dem Makedonen. Viele, die ihn als Knaben gekannt hatten, konnten nicht glauben, daß er es sei. Unaufhörlich hatte er Alexander und seine Taten auf den Lippen ...» (Historia Augusta, *Antoninus Caracallus* I).

Antoninus Caracalla trat nach Ermordung seines Bruders 211 n. Chr. die Nachfolge seines Vaters an. Seine Alexanderbegeisterung, wurde schnell zur Alexanderimitatio und ebenso schnell zur Obsession[104]: «*... Er identifizierte sich mit Alexander, trug mit Vorliebe makedonische Tracht, ließ überall Bilder von Alexander aufstellen und ... erneuerte sein Andenken auf jede Art und Weise.*»

«Nachdem er den Leichnam Alexanders des Makedonen inspiziert hatte, ordnete er an, daß er selbst, Caracalla, nunmehr «der Große» genannt werde und «Alexander», da er von den Lügen einer Schar von Schmeichlern zu dem Punkt gebracht worden war, sich selbst zu überzeugen, daß ihre Gesichtszüge sehr ähnlich seien, vor allem indem er die finsteren Brauen und die Kopfwendung zur Linken hin übernommen hatte» (Anonymous Epitome de Caesaribus Sexti Aurel Victoris 21, 4). Was haben die Höflinge ihrem Caesar wohl gesagt? Caesar, Imperator, du siehst aus wie Alexander! Oder doch eher: Alexander sieht aus wie du?

Wie sein berühmtes Vorbild wollte Caracalla den Orient erobern und stellte nach der Sicherung der Donaugrenze 214/15 n. Chr. eine Armee zum Angriff auf das Partherreich zusammen. Es genügte ihm nicht, wie Alexander zu reden, er wollte auch seine Armee befehligen. So bezeichnete er ein Kontingent von 16 000 Mann nicht nur als «Phalanx», er bewaffnete sie auch so. Mit dieser Marotte stand er nicht allein, hatte doch bereits ein Nero seine eigene «Phalanx» zusammengestellt (Sueton, *Nero* 19, 2). Ganz wie bei den «Großen Kerls» Friedrich Wilhelms gab es auch hier für die Auserwählten eine Mindestgröße: sechs Fuß also etwa 1,77 m.

Caracalla ging noch einige Schritte weiter. Es wäre sogar denkbar, daß sich die rechtliche Gleichstellung aller Reichsangehörigen, die Caracalla überraschend 212 n. Chr. verordnete, letztlich an Alexanders Reichsvision und der Gleichstellung von Orient und Okzident orientierte. Darüber hinaus räumte er

***Abb. 112** Büste Alexanders des Großen auf einem Goldmedaillon. Das Porträt zeigt einen virilen Eroberer mit zerfurchtem Gesicht und Backenbart, eine seit dem Hellenismus öfter zu beobachtende Stilisierung des Alexanderporträts. Wohl severisch (spätes 2., frühes 3. Jh. n. Chr. Angeblich aus der Nähe von Abukir/Ägypten, ehem. Sammlung Kyticas, Kairo. Baltimore, The Walters Art Gallery Inv. 59.1.*

***Abb. 113a.b** Büste Kaiser Caracallas im Panzer, mit Paludamentum, Schild und Speer. Die Darstellung ist bei dem fanatischen Alexanderverehrer Caracalla (211–217 n. Chr.) wohl als Angleichung an Alexander zu verstehen, denn die Rückseite des Medaillons zeigt den Makedonenkönig selbst auf der Eberjagd. Die Erlegung eines Ebers galt im alten Makedonien als Mannbarkeitssymbol und gab dem glücklichen Jäger das Privileg, bei Tisch zu liegen und nicht zu sitzen. Zu vergleichbaren Medaillons severischer Zeit s. Abb. 23. 24. Gold. Baltimore WAG 59.3.*

112

113a

113b

Makedonien zahlreiche Privilegien ein und integrierte sich in die Familie Alexanders.

Schließlich unterbreitete er dem Partherkönig Artabanos V. das Angebot, eine Partherprinzessin zu heiraten, ganz wie einst Alexander die Dareiostochter Stateira. Schon 215 n. Chr. lehnte er jedoch ein Friedensangebot ab und eröffnete den Angriff auf den parthischen Osten, nicht ohne Alexandria einen verhängnisvollen Besuch abzustatten.

Die Stadt hatte sich über seine Alexandermanie lustig gemacht. Nach seinem Einmarsch besuchte er das Grab seines Helden und versammelte dann die Bürgerschaft im Gymnasium, einst das größte der hellenistischen Welt. Er tadelte sie und ordnete dann an, die Waffenfähigen sollten sich für den Kriegsdienst registrieren lassen. Kaum war das geschehen, stürzten sich seine Truppen auf die unglücklichen Alexandriner und brachten sie um. Das Blutbad erreichte fürchterliche Dimensionen und führte sicherlich auch zu nachhaltigen Zerstörungen des einstigen Palastviertels. Groteskerweise folgte der Kaiser dabei einem ähnlichen Massaker, das Ptolemaios VIII. im Jahre 125 v. Chr. unter der Bevölkerung angerichtet hatte. Für Caracalla sicher eine bemerkenswerte Art, das Andenken Alexanders zu feiern. Hier zeigt sich das Pathologische in seinem Verhalten und es ist viel zu wenig, wenn Cassius Dio (77, 7, 11) von «*närrischer Leidenschaft*» spricht.

Caracalla ist der letzte Caesar, von dem wir mit Sicherheit wissen, daß er vor Alexanders Leichnam stand. Danach verschwindet das Grab im Dunkel der Geschichte. Schon ein Jahrhundert später provozierte ein Bischof die Alexandriner mit den höhnischen Worten: Dann zeigt es mir doch, das Alexandergrab! Hatte man den heiligen Leichnam in Sicherheit gebracht? Zusammen mit den Überresten der Lagiden? Wir werden es wohl nie erfahren.

Um den Makedonenkönig zu feiern, emittierte Caracalla als Memorialprägungen eine Serie brillanter Goldmedaillons mit den Bildnissen Philipps, Alexanders und auch von Olympias (Abb. 23. 24. 112). Eine dieser Münzen zeigt den Kaiser im Lorbeerkranz der Caesaren sowie mit Schild und Lanze (Abb. 113a). Auf der Rückseite erscheint hingegen Alexander auf der Eberjagd, eindeutig bezeichnet durch die Bildlegende (Abb. 113b). Angesichts des Themas Eberjagd zog man Parallelen zu verunglückten Heroen wie Meleager und wollte hieraus einen Hinweis auf eine posthume Entstehung der Gedenkmünzen ableiten. Zu Unrecht, denn die Eberjagd hat einen spezifisch makedonischen Hintergrund. Es handelt sich um ein Mannbarkeitsritual der Alexander- und Diadochenzeit (s. S. 29) und so erstaunt es auch nicht, wenn die Historia Augusta zu berichten weiß, daß der Kaiser als echter Makedone mit Vorliebe Eber jagte. Wir haben also keinen Grund, die Münzen später als 217 n. Chr. zu datieren, dem Todesjahr des Kaisers.

Eine weitere dieser Prägungen zeigt Philipp II. im Panzer mit dem Diadem eines hellenistischen Herrschers (Abb. 27; s. S. 26). Olympias erscheint im Typus, der später auch von den Kontorniaten benutzt werden wird (Abb. 33). Der statuarische Typus war also bestens bekannt. Die Rückseite spielt mit einem Seekentauren und einer Nereide auf Thetis an, der Mutter Achills.

Vervollständigt wird die Serie durch eine prachtvolle Alexanderprägung (Abb. 112). Auf der Rückseite erscheint der «König Alexander» im Triumphwagen mit Nike an seiner Seite und auf der Vorderseite der König selbst im Panzer mit Lanze und Schild. Der Porträttypus erinnert mit seiner gefurchten Stirn und dem Backenbart an den König des Alexandermosaiks (Abb. 44). Die Schulterklappe des Panzers ziert nicht etwa eine Nike, sondern eine Göttin in Helm, Panzer und Schild. Vielleicht ist es Dea Roma als Zeichen, daß nun, dank «Alexander-Caracalla», der große Makedone schließlich auch den römischen Westen und das Römerreich erobert habe.

Nicht minder sprechend ist auch das Motiv auf der Brust des Panzers – ein Gigantenkampf. Die Schlacht der Götter gegen die Giganten, die sich anschicken den Olymp zu stürmen, diente seit alters her als Gleichnis für den Kampf der zivilisierten Welt gegen das Barbarentum. Das berühmteste Beispiel wäre etwa die Gigantomachie am Großen Altar zu Pergamon. Der König wird hier also als Wahrer der ewigen Weltordnung gefeiert. Noch faszinierender sind jedoch die Tierkreiszeichen auf dem Rundschild des Eroberers. Die Sternbilder weisen Alexander als Herrn über das Schicksal aus und stellen ihn in einen astralen Kontext, den wir schon an anderer Stelle kennenlernten (s. S. 34 ff.).

In diesen Zusammenhang gehören schließlich auch Fragmente einer Gruppe von Bronzestatuen wohl türkischer Provenienz, die Alexander offenbar in einen Gruppenzusammenhang mit Mark Aurel, Lucius Verus, Septimius Severus und Caracalla stellen (Abb. 102).[105]

Seine Alexandermanie brachte dem Kaiser kein Glück. Der 6. April 217 n. Chr. sieht Caracalla im Osten auf seinem eigenen «Asienzug». Auf dem Weg nach Edessa in Syrien ist er abgestiegen, um zu urinieren. Als er wieder aufsitzen will, trifft ihn der Dolch seines Mörders. Für einen Alexander ein wahrhaft unrühmliches Ende.

Julian Apostata oder die Reinkarnation Alexanders

Julian Apostata, der Abtrünnige und letzte heidnische Kaiser, wurde 331 n. Chr. in Konstantinopel geboren. Er war der Sohn des Stiefbruders Konstantins des Großen. Julian wurde sorgfältig erzogen. Seine Lehrer waren Neuplatoniker wie Maximus von Tyros und kein Geringerer als Libanius, aus dessen Umfeld bereits die Beschreibung des alexandrinischen Tychaions stammte (Abb. 100a.b).

Der hoch gebildete Prinz wurde im Jahre 355 n. Chr. aus seinen Studien gerissen und in Mailand zum Caesar ernannt: Plötzlich stand er an der Schwelle zur absoluten Macht. In der Machtkonstellation der Spätantike standen die beiden Caesares den beiden Kaisern, den Augusti, zur Seite und waren zugleich für die Nachfolge prädestiniert. Auch wenn Julians erstes gallisches Kommando wohl eher repräsentativ zu sehen war, so wandelte er sich doch in harter Selbstzucht zum Feldherrn und Militär. Er sicherte die Rheingrenze und schlug die Allemannen 357 n. Chr. bei Straßburg.

Im Februar 360 n. Chr. riefen ihn seine Truppen zum Imperator aus, und nach dem Tode Constantius II. zog Julian im Dezember 361 n. Chr. als Alleinherrscher in Konstantinopel ein. Auch wenn Julian offiziell weiterhin Christ blieb, so bekannte er sich doch seit 351 n. Chr. zu einem Sonnengott, der als «König Helios» auch stark politische Züge trug. Julian selbst sah sich als Reinkarnation Alexanders des Großen. Der Geist des großen Makedonen sollte ihn befähigen, Persien zu erobern (Sokrates, *hist. eccles.* 3, 21, 7; Ammianus Marcellinus 25, 4, 15). Daß ein Bewunderer Alexanders ausgerechnet auf eine Heliosverehrung verfiel, ist angesichts der Gleichsetzung des Helios mit Alexander nicht weiter erstaunlich (s. S. 34 ff.).

Die Christen verdammten den in seinem Naturell toleranten Herrscher als Apostata. Mit seinem Tod scheiterte auch der letzte Versuch einer heidnischen Renaissance des Kaisertums.

Das bedeutet indes nicht, daß heidnische Symbolik nicht weiterhin verwendet worden wäre. Gerade in der 2. Hälfte des 4. Jhs. n. Chr. emittierte man große Serien von Gedenkmünzen ohne Zah-

114

Chr. in Mesopotamien. Der Mythos und der Geist allein konnten die politischen Tatsachen nicht verändern. Alexander hatte die Meßlatte hoch gelegt, allzu hoch, für Julian und viele andere, die sich aufmachten, ihm zu folgen.

Ein Friedensfürst?

Was auch immer die Caesaren und ihre Soldaten an Alexander fasziniert haben mag, es war nicht die Friedensvision, sondern der Krieg. Noch fünf Jahrhunderte nach Alexanders Tod werden römische Reiter das Gesicht Alexanders auf ihre Helme schmieden. Der Traum der Soldaten ist mit Händen zu greifen (Abb. 114–116)[106]: Wenigstens einmal so reiten wie der König und einmal so siegen. Sie tragen nicht die Gesichter Caesars, nicht die Züge des Augustus oder die eines Trajan. Es ist der König der Makedonen, dessen Geist sie beschwören. Sein Mythos schien unbesiegbar, selbst in den Römerkastellen an Rhein und Donau.

Es ist Libanius, der ganz am Ende der Antike in den Tagen Julians plötzlich zurückkommt auf eine Vision, die der König wohl einst träumte. Libanius beschreibt eine Statue in Alexandria, ein Reiterstandbild der Königs. Direkt am Meer.

Der König hoch zu Roß, das Pferd bäumt sich auf über der See. Ein Pferd mit einem Schädel wie ein Stier, jedoch ohne Hörner: Bukephalos. Der König im Panzer, den er jedoch mit einem Mantel bedeckt, weil er den Frieden höher wertet als den Krieg. Auch trägt er nur eine Beinschiene als Zeichen, daß der Krieg nun dem Frieden gewichen sei. Kein Helm, kein Schild und nicht einmal eine Lanze, nicht einmal die genuine Waffe

lungswert – die bronzenen Kontorniaten. Sie entstanden nicht nur in Rom, wir kennen sie auch aus der Kaiserresidenz Trier. Dargestellt wurden große Gestalten der heidnischen Vergangenheit darunter auch Alexander und seine Mutter Olympias (Abb. 33). Man hat diese Prägungen als Bildpropaganda gedeutet, herausgegeben von der heidnischen Oberschicht. Einzelne Serien sind mit Zirkus und Wagenrennen verbunden, so daß sie vielleicht auch als Spielsteine dienten.

Julian wandelte in seiner kurzen Regierungszeit auch politisch auf den Spuren seines großen Vorbilds und plante die Eroberung Persiens. Im Vorderen Orient herrschten damals längst nicht mehr die einst aus Zentralasien eingewanderten Parther. Das alte Persien hatte seit der Mitte des 3. Jhs. n Chr. nach beinahe 600jähiger Fremdherrschaft durch hellenistische Herrscher und nomadische Parther eine politische Renaissance erlebt und war unter dem Haus der Sasaniden als eigenständige Größe auf die weltgeschichtliche Bühne zurückgekehrt. Im Gegensatz zu einem Caesar, einem Augustus oder zu einem Caracalla stand Julian somit «echten» Perserkönigen gegenüber. Sein Vorstoß des Jahres 363 n. Chr. führte ihn bis Ktesiphon am Euphrat. Doch bei der alten Kapitale der Parther und Sasaniden mußte er umkehren. Er fiel bei Rückzugsgefechten am 26. Juni 363 n.

***Abb. 114** Ein römischer Reiter in der Rekonstruktion von M. Junkelmann. Der Gesichtshelm des Kavalleristen trägt die Gesichtszüge Alexanders des Großen. (Photo B. Merz, München)*

***Abb. 115** Rekonstruktion eines Gesichtshelms mit den Zügen Alexanders des Großen. Nach einem Original aus Carnuntum. Die Gesichtszüge entsprechen eher hellenistischen Vorbildern, was auch der lange, vergoldete Backenbart unterstreicht. Rekonstruktion Dieter Krompholz. (Photo B. Merz, München)*

***Abb. 116** Rückseite des Helms Abb. 115. Das goldene Stemma (Binde) im Haar ist eigentlich kein Königsdiadem, sondern eine Priesterbinde, wie sie von hellenistischen Königen offenbar bei sakralen Handlungen getragen wurde. (Photo B. Merz, München)*

Alexanders. Die Haare fliegen wie die Strahlen der Sonne als Abbild ägyptischen Gottkönigtums. Die Geschichte feiert den König bis heute als Herrn der Schlachten, seine gesellschaftliche Vision, die Konvergenz der Kulturen, sie scheint vergessen. Wann entstand dieses Standbild? War es ptolemäisch oder kaiserzeitlich? Immerhin sah bereits Apelles den König auf seinem Gemälde als Friedensfürsten, der den Krieg gefesselt hatte (s. S. 107).

Hinter den Worten des Libanius steht natürlich die Vorstellung vom reitenden König wie er uns sogar noch auf einem Stoffragment aus dem koptischen Ägypten überliefert ist (Abb. 117). Das Bild vom unwiderstehlichen Reiter, es hat Geschichte gemacht, auch wenn die Geschichtsschreibung seit jeher mit dem König ringt, schon in der Antike. Und heute, nach dem wohl blutigsten Jahrhundert der Geschichte, wird die Auseinandersetzung beileibe nicht einfacher. Gewaltmenschen vom Schlage des Makedonenkönigs halten uns einen Spiegel vor, und wir sind nicht allzu erfreut von dem, was uns da entgegenblickt. Nach zwei Weltkriegen akzeptiert man nur widerwillig, daß Menschen mit überdurchschnittlichem Gewaltpotential im Stande sind, Welthistorisches zu leisten.

Die traurige Wahrheit ist: Für uns Menschen ist Gewalt unterhaltend – real und als Fiktion. Bereits die homerischen Heroen waren weit entfernt von Amerikas antiseptischem Supermann. Sie waren sinnenfreudig und brutal. Blut und Tod war ihr vertrautes Metier. Da wird gestorben und gemeuchelt, da wird eine Priesterin wie Kassandra am Altar niedergemetzelt. Dies alles war Alexanders Welt, und mit ihr wuchs er auf. Und so sollte man nicht vergessen, daß die hochfliegenden ethischen Grundsätze, die wir heute angeblich so erfolgreich praktizieren, und die wir im 20. Jh. so anschaulich unter Beweis gestellt haben, daß diese sittlichen Normen in den Tagen Alexanders noch gar nicht formuliert waren. Er lebte in einer Welt der Gewalt und manchmal könnte man denken, es habe sich nichts geändert. Im Gegenteil. Es genügt ein Blick auf Hollywood und in unsere Fernsehprogramme. Eine sendenswerte Nachricht ist Blut, Sex und Skandal. Neulich wurde ausgerechnet, daß jeder durchschnittliche amerikanische Jugendliche Tausende, wenn nicht sogar Zigtausende von Toten sieht, ehe er erwachsen wird: im Fernsehen und im Kino, als Unterhaltung. Wir sind eine überaus gewalttätige Spezies. Als Churchill am Anfang des Zweiten Weltkrieges seine berühmte Rede hielt, die in den Worten gipfelte, er habe nichts zu bieten außer Blut, Schweiß und Tränen, da hätte er hinzufügen können, daß er eigentlich die ganze Menschheitsgeschichte mit diesem Satz charakterisiere. Wir sind so grausam wie unsere Mythen.

Alexanders Leben ist die Geschichte eines sehr jungen Mannes, der in einer Zeit aufwuchs, in der Gedanken wie Menschenfreundlichkeit, Respekt vor anderen Völkern oder gar Theorien von universellen Menschenrechten nichts als Fremdworte waren. Ganz im Gegensatz zum 20. Jh., das zwei Weltkriege entfesselte und Millionen Menschen liquidierte, weil sie angeblich die falsche Großmutter hatten. Alexanders Lehrer Aristoteles, unstreitig einer der prägendsten Denker des Abendlandes, kam in so mancher Aussage faschistischen Denkweisen bedenklich nahe (s. S. 39 ff.). Daß Aristoteles dies naturgemäß nicht bewußt war, steht auf einem anderen Blatt. Krieg war für Alexanders Zeit ein völlig normaler Ausnahmezustand. Und dies galt vor allem für den Kampf gegen das Perserreich, das die Griechen als Erbfeind begriffen. Und so fordert man von einem 20–30jährigen vielleicht etwas viel, wenn man erwartet, er solle die Geisteswelt seiner Epoche gefälligst hinter sich

115

116

117

lassen. Doch er tat es, wenn auch nur ansatzweise. Daß seine Nachfolger dieser Vision die Gefolgschaft verweigerten, ist nicht sein Fehler.

In einem Lebensalter, in der es heutzutage ein Abenteuer ist, Rafting zu betreiben oder als Globetrotter um die Welt zu ziehen, schrieb er Weltgeschichte und lenkte die Geschicke des Vorderen Orients und des östlichen Mittelmeers in andere Bahnen. Natürlich als Katalysator welthistorischer Prozesse, jedoch fraglos als unabdingbarer. Mit Alexander war das Leben eines Sterblichen in den Bereich des Heroischen gerückt. Über den historischen Kern seiner Person ist nicht zu streiten. Er hat gelebt, selbst wenn sein Leben einer Legende so unglaublich nahe kommt, mit allem Licht und allem Schatten – märchenhaft.

Spätestens seit Alexander ist das Bild des Reiters in unserer Vorstellung des Heroischen fest verwurzelt und hat auch Hollywood erreicht. Niemand hat es pathetischer verkörpert als Charlton Heston in dem Monumentalfilm El Cid. Auf dem Höhepunkt des Dramas verspricht El Cid in der Entscheidungsschlacht seinen Männern voranzureiten. Doch er ist schwer verletzt. Entweder läßt er sich behandeln, überlebt und läßt seine Armee im Stich – oder er verzichtet auf Hilfe, stirbt und reitet als Toter an der Spitze seiner Männer. Natürlich wählt der Held den Tod und damit den Sieg, denn Mythen sind unsterblich. Die visuelle Botschaft diese Bildes charakterisiert eindringlich ein Essay von Salman Rushdie.[107] Er beschrieb die Wirkung des unbesiegbaren Reiters auf die pakistanische Zensur. Da man dem islamischen Publikum nicht zumuten wollte, daß am Ende ein toter Ritter die Moslems besiegt, verzichtete man kurzerhand auf das pathetische Ende des Films. Der reitende Mythos, das war zuviel an Botschaft für die pakistanische Öffentlichkeit – dachte die Zensur.

Und so ritt der Cid ein in die Geschichte und wurde zur Legende. Spanien hat Don Rodrigo Diaz, El Cid – die Welt hat Alexander.

***Abb. 117** Alexander der Große zu Pferd auf einem koptischen Stoff. Der König wird hier wappenartig dupliziert. Die Darstellung dokumentiert seine Beliebtheit in Ägypten, das nun nicht mehr von den koptischen Christen, sondern eigentlich bereits vom Islam beherrscht wird. Der König wird hier jedoch noch ganz antik als Krieger und nicht in islamischem Sinne als Gesandter Allahs gezeigt. 7./8. Jh. n. Chr. Washington, Textile Museum Inv. no. OC 11.18.*

***Abb. 118** Babylon, die letzte Station Alexanders im Modell. © (2000) Firma Panasensor.*

Anhang

Abkürzungen

BERVE, *Alexanderreich*
H. BERVE, *Das Alexanderreich auf prosopographischer Grundlage* I und II (1926).

GRIMM, *Alexandria*
G. GRIMM, *Alexandria. Die erste Königsstadt der hellenistischen Welt. Zaberns Bildbände zur Archäologie. Sonderheft der Antiken Welt* (1998).

LAUFFER, *Alexander*
S. LAUFFER, *Alexander der Große* 3 (1993).

MICHEL, *Alexander*
D. MICHEL, *Alexander als Vorbild für Pompeius, Caesar und Marcus Antonius, Coll. Latomus* 94 (1967).

PFROMMER, *Alexandria*
M. PFROMMER, *Alexandria – Im Schatten der Pyramiden. Zaberns Bildbände zur Archäologie. Sonderheft der Antiken Welt* (1999).

Search
The Search for Alexander. An Exhibition, Washington, Chicago, Boston, San Francisco (1980). Mit Supplementen.

SEIBERT, *Alexander*
J. SEIBERT, *Alexander der Große* 4 (1994).

STEWART, *Faces*
A. STEWART, *Faces of Power. Alexander's Image and Hellenistic Politics* (1993).

TARN, *Alexander*
W. W. TARN, *Alexander der Große* (1968).

Anmerkungen

1 Man vgl. etwa: BERVE, *Alexanderreich. – Tarn, Alexander.* – O. REVERDIN, (Hrsg.), *Alexandre le Grand. Image et Réalité. Entretiens sur l'Antiquité Classique* 22 (colloque Vandoevres-Genève 1975). – P. GREEN, *Alexander of Macedon, 356–323 B. C. A Historical Biography* (1991). – STEWART, *Faces.* – LAUFFER, *Alexander.* – SEIBERT, *Alexander.* – L. A. B. BOTHWORTH, *Alexander and the East* (1996). – J. CARLSEN et al. (ed.), *Alexander the Great: Reality and Myth. Analecta Romana Instituti Danici Supplementum* 20 (1993). – *Alessandro Magno. Storia e Mito. Exhibition catalogue Palazzo Ruspoli*, Rome. 21. Dez. 1995 – 21. May 1996 (1995). – HARF-LANCNER / C. KAPPLER / F. SUARD, *Alexandre le Grand dans les littératures occidentales et proches-orientales, Actes du Colloque de Paris*, 27.–29. Nov. 1999 (1999). Eine vorzügliche Zusammenstellung islamischer Zeugnisse bietet: *Alessandro Magno. Storia e Mito (*1995) 177f. 334ff. – Zum Nachleben auch: M. Bridges – J. C. Bürgel (Hrsg.), The Problematics of Power, Eastern and Western Representations of Alexander the Great (1996). – F. Polleross, Alexander redivivus et Cleopatra nova. L'identification avec les héros et héroines de l'histoire antique dans le 'Portrait historique', in: C. Grell – W. Paravicini – J. Voss, Les princes et l'histoire du XIVe au XVIIIe siècle (1998) 427–472.

2 J. HAHN, *Alexander in Indien 327–325 v. Chr.* (2000).

3 E. MEDERER, *Die Alexanderlegenden bei den ältesten Alexanderhistorikern, Würzburger Studien zur Altertumswissenschaft* 8 (1936). – MICHEL, *Alexander.* – R. MERKELBACH, *Die Quellen des griechischen Alexanderromans, Zetemata* 9 (2. Auflage 1977). – *Alexander the Great in the Middle Ages. Ten studies on the last days of Alexander in literary and historical writing. Symposiuum Nijmegen* (1978). – A. LOLOS (Hrsg.), *Zwei mittelgriechische Prosafassungen des Alexanderromans* I, *Beiträge zur Klassischen Philologie* 141 (Köln 1983). – D. J. A. ROSS, *Alexander Historiatus. A guide to medieval illustrated Alexander literature, Beiträge zur Klassischen Philologie* 187 (1988). – G. BOUNOURE / B. SERRET, *Pseudo-Callisthène. Le Roman d'Alexandre* (1992). – D. J. A. ROSS, *Studies in the Alexander Romance* (1995). – W. BERSCHIN, *Walter von Châtillon, Das Lied von Alexander dem Großen* (1990).

4 O. SCHMITT (Hrsg.), *Reallexikon zur deutschen Kunstgeschichte* I (1937) 332 ff. – M. GEISBERG, *The German Singe-leaf Woodcut: 1500–1550* (1974) S. XI Abb. 1063.

5 V. I. SARIANIDI, *The Golden Hoard of Bactria* (1985) 182f. Abb. 124. 125. – M. PFROMMER, in: B. FUNCK (Hrsg.), *Hellenismus. Beiträge zur Erforschung von Akkulturation und politischer Ordnung in den Staaten des hellenistischen Zeitalters, Akten des Internationalen Hellenismus-Kolloquiums* 9.–14. März 1994 in Berlin (1996) 91–119. – *Göttinger Miszellen. Beiträge: zur ägyptologischen Diskussion* 155 (1996) 107 Anm. 10 (Vögel als ägyptisches Motiv?).

6 Die folgenden Zitate aus: *Curtius Rufus, Alexandergeschichte. Die Geschichte Alexanders des Großen von Q. Curtius Rufus und der Alexanderroman*, übersetzt von J. SIBELIS und H. WEISMANN (neu bearbeitet von G. JOHN) (1987) 497 f. Zum Alexanderroman vgl. zusammenfassend: *Der Neue Pauly* I, 435 ff. 457 ff. 500 f. (s. v. Alexanderroman).

7 Zitiert nach: G. STRECKENBACH, *Walter von Châtillon – Das Lied von Alexander dem Großen* (1990) 29.

8 WIDUKIND VON KORVEL, *Res gestae Saxonicae* I, 2. – W. C. SCHNEIDER, in: *Exotische Welten. Europäische Phantasien*, Ausstellung Stuttgart (1987) 235.

9 GRIMM, *Alexandria* 68. – Zu Alexander im Islam vgl. *Der Neue Pauly* I, 461 f.

10 Diese und andere Hinweise zur islamischen Überlieferung werden P. Bachmann (Göttingen) verdankt, der diese Aspekte in anderem Zusammenhang ausführlicher darstellen wird.

11 *Der Koran. Das heilige Buch des Islam.* Nach der Übertragung von L. ULLMANN, neu bearbeitet und erläutert von L. W. WINTER (1959) 242 f. (18. Sure).

12 G. JUNGBAUER (Hrsg.), *Märchen aus Turkestan und Tibet* (1923) 197 ff.

13 *FAZ* 30. 6. 2000 (FRANK KASPAR). Zur islamischen Legendenüberlieferung vgl. man etwa: NIZAMI, *Das Alexanderbuch* (Iskandarname) (1991), ein monumentales Gedicht über Alexander, entstanden zwischen 1165–1198. Zu Illustrationen vgl. man in Los Angeles, County Museum: P. PAL (Hrsg.), *Islamic Art. The Nasli M. Heeramaneck Collection* (1973) 107 ff. Zu nennen ist natürlich auch das Shahnama von Firdausi (10. Jh. v. Chr.), das Buch der Könige.

14 Zur Schlacht von Chaironeia: *Diodor* XVI 86. – *Polyaenus* II, 2.2 und II, 2.7. – *Dio Chrysostomus, Peri Basileias* II, 2 (spontaner Angriff mit Verweis auf Alexanders Jugendlichkeit). – F. HAMPL, *Alexander der Große* (1965) 14 (spontaner Angriff). – LAUFFER, *Alexander* (s. v. Chaironeia).

15 Zu Olympias immer noch grundlegend: BERVE, *Alexanderreich* II 283 ff. Nr. 581. – LAUFFER, *Alexander* 35 ff.

16 M. ERRINGTON, *Geschichte Makedoniens* (1986) 42 ff. 235 Anm. 9 (Es ist unsicher, ob Philipp II. nicht sogar seine ersten Regierungsjahre nur als Vormund für seinen Neffen Amyntas verbrachte).

17 Vgl. H. DRESSEL, *Fünf Goldmedaillons aus dem Funde von Abukir, Abh. Der Preussischen Akademie der Wissenschaften* (1906) 19. – SEARCH 103 f. Nr. 10 mit Abb. und Farbtaf. 5. – A. UND E. ALFÖLDI, *Die Kontorniat-Medaillons, Antike Münzen und geschnittene Steine* VI (1990) 85.

18 M. ANDRONICOS, *Vergina. The Royal Tombs and the Ancient City (1984)* 62 ff.

19 *Didymus Chalcenterus* col. 12, 43ff. Zu weiteren Quellen vgl. A. J. W. PRAGUE / R. A. H. NEAVE / J. A. MUSGRAVE, *Praktika des 12. Symposiums für Klassische Archäologie*, Athen 4.–10. Sept. 1983 (1985) 231 Anm. 13.

20 «We believe that these features are real and not imaginary. We are also aware that Philips body was cremated and that bones warp and shrink during burning. Full account has been taken of this fact and we made strenuous efforts to make allowances for post mortem changes and to quantify our findings wherever possible. Nevertheless we concluded that all of the features described above could be better attributed to trauma and/or congenital abnormality than to the effects of fire.» (PRAGUE / NEAVE / MUSGRAVE [Anm. 19] 228). In dramatischer Weise anders urteilte: A. BARTSIOKAS, *Science* 288, April 2000, 511 ff. (keine Verletzung feststellbar; entschieden gegen Philipp II.).

21 M. M. LESNITSKAJA, *Vestnik drevnej istorii 192* (1990) Heft 1, 154 ff. (Elfenbeinporträts von Lysipp. Kein Möbelschmuck).

22 P. G. THEMELIS / G. P. TOURATSOGLOU, *Hoi Taphoi tou Derveniou* (1997).

23 Zu der Fundgruppe vgl. STEWART, *Faces* 116 ff. 438 ff.

24 Diese und die folgenden Passagen nach: G. JOHN, *Curtius Rufus, Alexandergeschichte* (Anm. 6). 355 ff. Zu Alexander und Nektanebos: W. Huss, Der makedonische König und die ägyptischen Priester, Historia Einzelschriften 85 (1994) 133ff. – A. Schmidt-Colinet in: M. Bridges-J. C. Bürgel (Hrsg.), The Problematics of Power, Eastern and Western Representations of Alexander the Great (1996) 87ff.

25 G. M. A. RICHTER, *The Portraits of the Greeks* III (1965) 254 Abb. 1713. – A. UND E. ALFÖLDI, *Die Kontorniat-Medaillons, Antike Münzen und geschnittene Steine* VI (1990) 85 ff.

26 GRIMM, *Alexandria* 19 ff. Abb. 16. 17. – PFROMMER, *Alexandria* 49 ff. Abb. 81. 83.

27 PFROMMER, *Alexandria* 21 f. Abb. 35.

28 PFROMMER, *Alexandria* 25 Abb. 42.

29 PFROMMER, *Alexandria* 49 ff. Abb. 81.

30 Zu Aristandros vgl. BERVE, *Alexanderreich* II 62 f. Nr. 117. Vgl. auch PFROMMER, *Alexandria* 28.

31 Vgl. die vorzügliche Zusammenstellung von SEIBERT, *Alexander* 116 ff.

32 BERVE, *Alexanderreich* I (1926) 95. – SEIBERT, *Alexander* 143 f.

33 H. BRUNNER, *Die Geburt des Gottkönigs. Studien zur Überlieferung eines altägyptischen Mythos, Ägyptologische Abhandlungen* 10 (1986). Die folgende Darlegung des Mythos bezieht sich vor allem auf S. 191 ff.

34 Bei den Kühen denkt man unwillkürlich an die

Geschichte der griechischen Io als Mutter des Pharaos: PFROMMER, *Alexandria* 32 ff.

35 PFROMMER, *Alexandria* 78 ff. Zu den kaiserzeitlichen Münzen: M. PFROMMER, *Lexicon iconographicum mythologiae classicae* VIII/2 (1997) 392–395 (s.v. Zeus in Ägypten).

36 Zum Porträt des Aristoteles vgl. etwa G. M. A. RICHTER, *The Portraits of the Greeks* II (1965) 170 ff. Abb. 976–1014. Zu Alexander und seinem Verhältnis zu Aristoteles vgl. immer noch grundlegend: BERVE, *Alexanderreich* 70 ff. Nr. 135. – TARN, *Alexander* u. a. 750 ff. – SEIBERT, *Alexander* 72 f. – LAUFFER, *Alexander* 26 ff.

37 Platon, *Rep.* V, 470 C – 471 A. – Aristoteles *Pol.* I, 8 1256 b, 25. Diese und weitere Belege bei TARN, *Alexander* 752.

38 E. MEDERER, *Die Alexanderlegenden bei den ältesten Alexanderhistorikern, Würzburger Studien zur Altertumswissenschaft* 8 (1936) 84 ff.

39 M. PFROMMER, *Untersuchungen zur Chronologie und Komposition des Alexandermosaiks auf antiquarischer Grundlage, Aegyptiaca Treverensia* 8 (1998).

40 PFROMMER (Anm. 39) 32 ff. (mit Lit.).

41 M. VICKERS, *The Changing Image of Alexander the Great*, in: M. HENIG / D. PLANTZOS (Hrsg.), *Classicism to Neo-classicism. Essays dedicated to Gertrud Seidmann, BAR International Series* 793 (1999) 29 ff. Abb. 3.

42 B. ANDREAE, *Das Alexandermosaik aus Pompeji* (1977) 40. – STEWART, *Faces* 341 ff. (vorzügliche Zusammenstellung der schriftlichen Überlieferung).

43 P. R. FRANKE / M. HIRMER, *Die griechische Münze* 2 (1972) 119 Taf. 176.

44 Für eine Verbindung des Köpfchens mit der Zeit des Philipp Arrhidaios bereits: STEWART, *Faces* 53.

45 Die zahlreichen Quellen dazu am übersichtlichsten bei STEWART, *Faces* 341 ff.

46 Pseudo-Polemon, *De physiognomonia* (Bd. 1 S. 144 FOERSTER). Leicht zitterndes, großes Auge. Zur Adlernase: Anonymos, *Itinerarium Alexandri* 13.

47 MICHEL, *Alexander* 16 Taf. 6, 1 (gegen Lysipp). – P. MORENO (Hrsg.), *Lisippo, l'arte e la fortuna* (1995) 152 ff. (mit Lit.). – A. COHEN, *The Alexander Mosaic. Stories of Victory and Defeat* (1997) 111. 220 Anm. 90 Abb. 63 (Alexander?). – STEWART, *Faces* Abb. 21.

48 A. MALLWITZ, *Olympia und seine Bauten* (1972) 128 ff. Abb. 95. 96. – S. G. MILLER, *Mitteilungen des Deutschen Archäologischen Instituts, Athenische Abteilung* 88 (1973) 73 ff.

49 M. BIEBER, *Alexander the Great in Greek and Roman Art* (1964) 34 f. Taf. 10. – SEARCH 120 Nr. 41 mit Abb. – STEWART, *Faces* 163 ff. Abb. 32.

50 SEARCH 118 Nr. 38 mit Abb. – STEWART, *Faces* 163 ff. 427 ff. Abb. 35.

51 Kairo, Ägyptisches Museum C. G. 33267: K. PARLASCA, *Mumienporträts und verwandte Denkmäler* (1966) 70 f. Taf. 19, 1. – K. PARLASCA, in: K. PARLASCA / H. SEEMANN (Hrsg.), *Augenblicke. Mumienporträts und ägyptische Grabkunst aus römischer Zeit.* Ausstellung Frankfurt (1999) 44 Abb. 39 (Tag und Monat angegeben, wohl gleichzeitig zu Tode gekommen).

52 Zu Osiris / Dionysos vgl. PFROMMER, *Alexandria* 49 ff. 66 ff.

53 STEWART, *Faces* 199 ff. 436 Abb. 67.

54 *Athenaios* XII, 537 e (nach Ephippos). – STEWART, *Faces* 357 T 48 (Originalquelle gegen 320 v. Chr.).

55 MICHEL, *Alexander* 29 Taf. 8, 4. 5. – M. MITCHINER, *Indo-Greek and Indo-Scythian Coinage* I, *The Early Indo-Greeks and their Antecedants* (1975) 8 f. 20 Nr. 21 Abb. (kein Helm, sondern Tiara. Geschlagen in Baktra, nicht in Babylonien. Dargestellt sei die Schlacht von Gaugamela nicht Poros). – STEWART, *Faces* 201 Abb. 68 links.

56 STEWART, *Faces* 199 Abb. 65 (mit Lit.).

57 Zum Porträt des Aristoteles vgl. etwa G. M. A. RICHTER, *The Portraits of the Greeks* II (1965) 170 ff. Abb. 976–1014. Zu Alexander und seinem Verhältnis zu Aristoteles vgl. immer noch grundlegend: BERVE, *Alexanderreich* 70 ff. Nr. 135. – TARN, *Alexander* u. a. 750 ff. – SEIBERT, *Alexander* 72 f. – LAUFFER, *Alexander* 26 ff.

58 Platon, *Rep.* V, 470 C – 471 A. – Aristoteles *Pol.* I, 8 1256 b, 25. Diese und weitere Belege bei TARN, *Alexander* 752.

59 M. M. MARKLE III, *Macedonian Arms and Tactics under Alexander the Great*, B. BARR-SHARRAR / E. N. BORZA (Hrsg.), *Macedonia and Greece in Late Classical and Early Hellenistic Times, Studies in the History of Art* 10 (1982) 87 ff.

60 PFROMMER, *Alexandermosaik* 144 f. Taf. 27, 2.

61 A. M. DEVINE, *Ancient World* 12 (1985) 25 ff. – DERS., *Ancient World* 13 (1986) 87 ff.– STEWART, *Faces* 134 ff. Abb. 2. 3.

62 PFROMMER, *Alexandermosaik* 13 ff. – PFROMMER, *Alexandria* 55 f.

63 Dies könnte bedeuten, daß der Sarkophag zumindest in Teilen weit jünger ist als bisher angenommen, doch soll das in anderem Zusammenhang erörtert werden.

64 STEWART, *Faces* 47 f. 431 Abb. 25–28. – PFROMMER, *Alexandermosaik* 5. 136 ff. 146. 162. 175 ff. Abb. 27.

65 STEWART, *Faces* 132 Taf. 1.

66 PFROMMER, *Alexandermosaik* 209 Anm. 1326.

67 Zur Alexanderimitatio Ludwigs XIV.: C. MICHEL / C. GRELL, *L'école des princes ou Alexandre disgracié: essai sur la mythologie monarchiques de la France absolutiste, Belles Lettres*, Paris (1988).

68 L. TRÜMPELMANN, *Persepolis. Ein Weltwunder der Antike* (1988) 50 f. – G. WIRTH, *Der Brand von Persepolis. Folgerungen zur Geschichte Alexanders des Großen* (1993).

69 Thessaloniki, Mus. 7427: *Treasures of Ancient Macedonia.* Ausstellung Thessaloniki (ohne Jahr) 74 Nr. 280 Taf. 41. Zur Becherform: M. PFROMMER, *Studien zu alexandrinischer und großgriechischer Toreutik frühhellenistischer Zeit, Archäologische Forschungen* 16 (1987) 42 ff., bes. 59. 235 KaB M 6.

70 Diodor XVII 114.3 ff. – Arrian (Ausgabe Tusculum, G. WIRTH) VII.14.8, S. 978 f. Anm. 58 (Alexander berät sich mit Stasikrates). – Justin 12.12.2. – PLUTARCH, *Alexander* 72 (Architekt Deinokrates). – BERVE, *Alexanderreich* II 174 (s. v. Hephaistion). – J. G. DROYSEN, *Geschichte des Hellenismus* I (1952) 459. 464. – F. R. WÜST, *Jahreshefte des Österreichischen Archäologischen Institutes in Wien* 44 (1959) 147–157. – R. M. ERRINGTON, in: *Alexandre le Grand, Image et Réalité* (1975) 142. – S. G. MILLER, *Ancient Macedonia* IV (1986) 402 (Oriental grave monument). – LAUFFER, *Alexander* 183 f. – J. SEIBERT, *Alexander der Große* 4 (1994) 232 Anm. 12.

71 SEIBERT, *Alexander* 7 ff. 207 ff.

72 PFROMMER, *Festschrift für D. v. Bothmer* (im Druck).

73 Vgl. die Quellen bei LAUFFER, *Alexander* 186 ff.

74 Zuletzt: D. W. OLDACH / E. N. BORZA / R. M. BENITEZ, *New England Journal of Medicine* 1 (1998) (Vol. 338 Nr. 24).

75 A. B. BOTHWORTH, *The Death of Alexander the Great. Rumour and Propaganda, Classical Quarterly* 21 (1971) 112 ff. bes. 136 (the probability is, that Alexander was murdered).

76 Zu dieser Funktion paßt auch das «Stemma», die goldene Binde aus dem «Philippgrab» von Vergina: PFROMMER, *Alexandria* 68 Abb. 100.

77 PFROMMER, *Alexandria* 49 ff. Abb. 81.

78 Man vgl. etwa: M. MITCHINER, *The Early Indo-Greeks and their Antecedants, Indo-Greek and Indo-Scythian Coinage* I (1975) 57 Typus 103 mit Abb.

79 GRIMM, *Alexandria* 66 ff.

80 A. ADRIANI, *La tomba di Alessandro. Realté ipotesi e fantasie* (2000). Die Diskussion hat längst auch unsere Printmedien erreicht. Man vgl. etwa: Der Spiegel 10 (1999) 212 ff. – Der Spiegel 14, (1999) 14 (u. a. G. Grimm). – S. Wilhelm, FAZ 10. 11. 1999.

81 Zu dem Bau PFROMMER, *Alexandria* 142 ff. Abb. 194.

82 GRIMM, *Alexandria* 67 (Übersetzung H. HEINEN).

83 V. A. DASZEWSKI, in: M. MINAS / J. ZEIDLER (Hrsg.), *Aspekte spätägyptischer Kultur, Festschrift für Erich Winter, Aegyptiaca Treverensia* 7 (1994) 55.

84 H. G. HORN / C. B. RÜGER, *Die Numider. Reiter und Könige nördlich der Sahara.* Ausstellung Bonn (1979) 145 ff.

85 GRIMM, *Alexandria* 157 ff. Abb. 147c.

86 *Progymnasmata* 12, 25. – B. D. HEBERT, *Spätantike Beschreibung von Kunstwerken – Archäologischer Kommentar zu den Ekphraseis des Libanios und Nikolaos* (1983) 10 ff. – GRIMM, *Alexandria* 70. Zu einer hellenistischen Datierung der Anlage vgl. H. LAUTER, *Die Architektur des Hellenismus* (1986) 179. – GRIMM, *Alexandria* 70. Vgl. auch FRASER, *Alexandria* 242 (zum Ende des Tychaions). Zu dem Grabmal des Nektanebos: *A. Schmidt-Colinet* in: *M. Bridges / J. C. Bürgel* (Hrsg.), *The Problematics of Power, Eastern and Western Representations of Alexander the Great* (1996) 87 ff. Zum Sarkophag des Nektanebos: GRIMM, *Alexandria* 10 f. Abb. 4c. Zum Festzug: GRIMM, *Alexandria* 51 ff. – PFROMMER, *Alexandria* 62 ff. (jeweils mit Lit.). Zu Alexander und Dionysos: P. GOUKOWSKY, *Essai sur les origines du mythe d'Alexandre II: Alexandre et Dionysos (1981).*

87 B. K. WEIS (Hrsg.), *Julian, Briefe* (1973) 171 (Brief 53); 191 (Brief 61).

88 M. PFROMMER, *Metalwork from the Hellenized East. Catalogue of the Collections.* The J. Paul Getty Museum (1993) 15 Abb. 10.

89 A. P. KOZLOFF, *The Bulletin of the Cleveland Museum of Art*, März 1987, 82 ff.

90 MICHEL, *Alexander* 54 f. 115.

91 zitiert hier nach FRASER, *Alexandria* 209 Anm. 162 mit Verweis auf *Pseudokallisthenes* I 32, 5–7.

92 Zur kontroversen Literatur vgl. man etwa: D. HERTEL, in: *FS für Nikolaus Himmelmann* (1989) 417 ff. (mit Lit.). – W. OBERLEITNER, in: *FS für Max Wegner zum 90. Geburtstag* (1992) 329 ff. (mit Lit.). – GRIMM, *Alexandria* 73 Abb. 73.

93 G. M. A. RICHTER, *The Portraits of the Greeks* III (1965) 255 Abb. S. 254 (ehemals in der Collection Ursinus).

94 Zitiert nach: F. P. FRITZ, *Theokrit Gedichte. Tusculum* (1970) 123.

95 Zu Augustus und Alexander vgl.: D. KIENAST, *Gymnasium* 76 (1969) 431 ff.

96 Vgl. auch Cassius Dio XLV, 1: H. HEINEN, in: *Aufstieg und Niedergang der römischen Welt* II: *Principat. Bd.* 18.5 (1995) 3171.

97 M. BERGMANN, *Der Koloß Neros, die Domus Aurea und der Mentalitätswandel im Rom der frühen Kaiserzeit, Trierer Winckelmannsprogramme* 13 (1993) 25 (Mit Verweis auf Sueton, *Augustus* 94 und älterer Lit.). Zu Helios im Herrscherkult vgl. allgemein: M. BERGMANN, *Die Strahlen der Herrscher* (1998).

98 GRIMM, *Alexandria* 149 Abb. 138 (London).

99 E. SIMON, in: R. LIERKE, *Antike Glastöpferei. Ein vergessenes Kapitel der Glasgeschichte, Zaberns Bildbände zur Archäologie. Sonderheft der Antiken Welt* (1999) 89 ff.

100 R. M. ERRINGTON, in: *Alexandre le Grand, Image et Réalité* (1975) 169. Vgl. auch: NENCI, *Introducione alle guerre Persiane* ... (1958) 309 ff.

101 BERGMANN (Trier) (Anm. 97) 7 ff.

102 BERGMANN (Trier) (Anm. 97) 6 Taf. 1, 3. 4. Zum Füllhorn Arsinoes vgl. PFROMMER, *Alexandria* 65 ff.

103 Zur reichen Silberprägung Neros vgl.: E CHRISTIANSEN, *Alexandrian Coins. Quantitative Studies* (1988).

104 Diese und noch weitere Beispiele für Caracallas Alexanderverehrung in dem Beitrag von D. Salzmann, in: J. Bergemann (Hrsg.), *Wissenschaft mit Enthusiasmus.* FS. Klaus Fittschen (2001) 173ff.

105 SEARCH 103 Nr. 9 Farbtaf. 4 (mit Lit.).

106 M. JUNKELMANN, *Reiter wie Statuen aus Erz* (1996) 41 ff. Umschlagbild und Abb. 77–85.

107 S. RUSHDIE, *Heimatländer der Phantasie. Essays und Kritiken 1981–1991* (1992) 53 ff.

Bildnachweise

Frontispiz: nach: P. Mingazzini, Jahrbuch der Berliner Museen 33 (1961) 7–17 Abb. 1.

Abb. 1, 42: Photos Archäologisches Museum, Pella.

Abb. 2, 3: nach Großer Atlas zur Weltgeschichte (1963) 14 f., 22 f., © Westermann Schulbuchverlag, Braunschweig.

Abb. 4: Photo Palazzo Doria, Rom.

Abb. 5, 6, 20, 30, 60, 86, 93: Kupferstichkabinett der Staatlichen Museen zu Berlin – PK, Photos © Bildarchiv Preußischer Kulturbesitz.

Abb. 7, 9, 10, 11b: nach Les Dossiers d'Archéologie, éditions Faton, Alexandre le Grand. Abb. S. 28 unten; S. 101; S. 105 oben; S. 108 unten.

Abb. 8: nach 150 Jahre Deutsches Archäologisches Institut Taf. 44.

Abb. 11a: Photo H. Parzinger.

Abb. 12, 19a.b, 33, 57, 58, 96, 107: Photos © The British Museum, London.

Abb. 13, 61: Photo Hessische Landes- und Hochschulbibliothek Darmstadt, Hs 4256 fol. 79ᵛ und fol. 69ᵛ.

Abb. 14: nach M. Geisberg (überarbeitet und hrsg. von W. L. Strauss), The German Singleleaf Woodcut: 1500–1550, vol. III (1974) 1015, Abb. G. 1063.

Abb. 15: Photo R. Fellmann.

Abb. 16: nach V. I. Sarianidi, The Golden Hoard of Bactria (1985) Abb. S. 183 Abb. 124.

Abb. 17, 54, 71a.b, 72, 82, 83, 92a.b, 98, 100b, 109, 110a.b, 111a-d: Photos und Skizzen vom Verfasser.

Abb. 18: Photo The Bodleian Library, University of Oxford, Ms. Bodl. 264, fol. 50r.

Abb. 21: Zeichnung J. Zeidler.

Abb. 22, 62: nach M. B. Hatzopoulos / L. D. Loukopoulos, Philipp of Macedon (1980) Abb. 49.

Abb. 23, 24, 28, 34, 48, 94, 95, 100c: nach Pfrommer, Alexandria, Abb. 25, 32, 43, 81a, 154, 155, 171, 172b.

Abb. 25: nach A. J. W. Prague / R. A. H. Neave / J. A. Musgrave, Praktika des 12. Symposiums für Klassische Archäologie, Athen 4.–10. Sept. 1983 (1985) 226 ff. Taf. 41.

Abb. 26a.b: Photos Ny Carlsberg Glyptotek, Kopenhagen.

Abb. 27: Cliché Bibliothèque Nationale de France, Paris.

Abb. 29: Photo Nationalgalerie, Prag.

Abb. 31: Zeichnung U. Denis, Zeichnungssammlung des Archäologischen Instituts der Universität Trier.

Abb. 32, 49: Photos The J. Paul Getty Museum, Malibu, California, U.S.A.

Abb. 33: Photo Bibliothèque Nationale, Paris.

Abb. 35: Photo Ägyptologisches Institut der Universität Trier.

Abb. 36, 37, 39: Photos Hirmer Photoarchiv, München.

Abb. 38, 103, 105, 107: nach Grimm, Alexandria, Abb. 13, 21, 73, 123, 138.

Abb. 40: Photo Musée royaux d'Art et d'Histoire – Brüssel.

Abb. 41: KHM, Wien.

Abb. 43: Photo Nationalgalerie und Alexandros Soutzos Museum, Athen.

Abb. 44, 45, 52, 64: AKG, Berlin.

Abb. 46: nach F. Hartt, Giulio Romano (1981) 218 Abb. 466.

Abb. 47, 53, 75: © Photo RMN, Paris.

Abb. 50: Photo Nationalmuseum, Neapel.

Abb. 51: nach Stewart, Faces of Power Abb. 52.

Abb. 55: Photo Fogg Art Museum Havard University.

Abb. 56: Photo The State Hermitage Museum, St. Petersburg.

Abb. 59: nach Alexander the Great. History and Legend in Art (1980) 70.

Abb. 63a.b: nach A. M. Devine, Grand Tactics at the Battle of Issus, Ancient World 12 (1985) 39–59.

Abb. 63c: nach Lauffer, Alexander, Abb. S. 95.

Abb. 65: nach V. von Graeve, Der Alexandersarkophag und seine Werkstatt, Istanbuler Forschungen, Tafel 1.

Abb. 66, 67, 68a: Photos D. Johannes, Universität Trier.

Abb. 68b: Photo W. Schiele.

Abb. 69: nach M. Pfrommer, Untersuchungen zur Chronologie und Komposition des Alexandermosaiks auf antiquarischer Grundlage, Aegyptiaca Treverensia 8 (1998) Abb. 5, 8, 9, 27, Taf. 11, 1.

Abb. 70: nach Untersuchungen zur Chronologie und Komposition des Alexandermosaiks auf antiquarischer Grundlage, 74, Abb. 27.

Abb. 73: Photo A. Idini, Kapitolinische Museen, Rom.

Abb. 74: Bayerische Staatsgemäldesammlung, Alte Pinakothek, München, Photo J. Blauel-ARTOTHEK.

Abb. 76, 77: Photo R. Beck.

Abb. 78a–c: Mostra delle Opere di Giovanni Antonio Bazzi detto «il Sodoma». Catalogo a cura di Enzo Carli. Siena (1950) Abb. 63–68.

Abb. 79: nach R. Ghirshman, Iran Protoiranier Achämeniden (1964) Abb. 255 auf S. 206.

Abb. 80: Photo The Pierpont Morgan Library, New York. MS M. 471, f. 330.

Abb. 81a.b: nach Treasures of Ancient Macedonia Taf. 41 Abb. 280.

Abb. 84, 85, 97, 99, 118: © (2000) Firma Panasensor, Bernd P. Kammermeier.

Abb. 87: Photo Hessisches Landesmuseum, Darmstadt.

Abb. 88, 91: Photo The Metropolitan Museum of Art, New York.

Abb. 89, 102, 112, 113a.b: nach The Search for Alexander 18 Abb. 6, 9, 11, 33.

Abb. 90a–c: Photo B. Thorvaldsen, Thorvaldsen Museum, Kopenhagen.

Abb. 100a: Zeichnung U. Denis nach Skizze Verfasser. Zeichnungssammlung des Archäologischen Instituts der Universität Trier.

Abb. 101a.b: nach Cat. Marco Aurelio (1989) Abb. 31. 176.

Abb. 104: Cliché Michel Grefferat, Musée du Brou, F–Bourg-en-Bresse.

Abb. 106: Photo Archäologisches Institut der Universität Trier.

Abb. 108a–d: nach E. Simon, in: R. Lierke, Antike Glastöpferei. Ein vergessenes Kapitel der Glasgeschichte, Zaberns Bildbände zur Archäologie. Sonderheft der Antiken Welt (1999) Abb. 225, 226, 236.

Abb. 112, 113a.b: Photos The Walters Art Gallery, Baltimore.

Abb. 114, 115, 116: nach M. Junkelmann, Reiter wie Statuen aus Erz (1996) Umschlagbild, Abb. 85, 86.

Abb. 117: Photo The Textile Museum Washington.

Adresse des Autors

PROF. DR. MICHAEL PFROMMER
Universität Trier
Fachbereich III
Klassische Archäologie
Universitätsring 13
D-54286 Trier